PATENT

INFRINGEMENT

专利侵权行政处理

实务问题解析

高文律师事务所知识产权部

王正志◎主编

章建勤◎撰稿

ANALYSIS
ON ADMINISTRATIVE PROTECTION OF
PATENT INFRINGEMENT CASES

中国民主法制出版社
全国百佳图书出版单位

图书在版编目(CIP)数据

专利侵权行政处理实务问题解析/高文律师事务所知识产权部主编. —北京:中国民主法制出版社,2017.4

ISBN 978-7-5162-1487-9

Ⅰ.①专… Ⅱ.①高… Ⅲ.①专利侵权—行政诉讼—案例—中国 Ⅳ.①D923.425

中国版本图书馆 CIP 数据核字(2017)第 074460 号

图书出品人:刘海涛
出版统筹:乔先彪
策划编辑:逯卫光
责任编辑:张立明

书名/ 专利侵权行政处理实务问题解析
作者/ 高文律师事务所知识产权部
王正志 主编
章建勤 撰稿

出版·发行/ 中国民主法制出版社
地址/ 北京市丰台区玉林里 7 号(100069)
电话/(010) 63055259(总编室) 63057714(发行部)
传真/(010) 63056975 63056983
http://www.npcpub.com
E-mail:mzfz@npcpub.com
经销/ 新华书店
开本/ 16 开 710 毫米×1000 毫米
印张/ 17.5 **字数**/ 289 千字
版本/ 2017 年 4 月第 1 版 2017 年 4 月第 1 次印刷
印刷/ 北京世汉凌云印刷有限公司

书号/ ISBN 978-7-5162-1487-9
定价/ 48.00 元

编写说明

专利权保护是为"大众创业、万众创新"、实现中国产业升级换代保驾护航不可或缺的重要举措,特别是对专利侵权纠纷的行政处理制度,是符合中国国情的专利权保护的特有制度。其不仅是专利权司法保护的重要补充,更有其不可替代的独特优势。专利侵权纠纷行政处理,在制止专利侵权方面更具有程序简单,快捷高效的制度优势。其中应专利权人请求由专利行政执法机关到侵权现场去调查取证,这一制度设计对解决权利人取证难,提高维权成功率及降低维权成本,进而促进专利权保护,促进创业创新具有巨大的制度优势。但就中国社会整体而论,"专利"基本上还属于"新生事物"。不论是对于社会大众,还是对于基层专利执法人员,如何更好更合理地运用专利侵权行政处理制度维护智力成果转化而来的"专利权",还不同程度地存在一些困难。尽管国家知识产权局及各省市专利执法机构为此做出了巨大的努力,编写发布了详尽的专利行政执法指南,但由于基层专利执法人员大多数属于非专业人员,并且没有充足的时间进行系统的业务学习,因此仅仅依靠《专利法》、《专利法实施细则》、《专利行政执法办法》及《专利行政执法操作指南(试行)》等法律文件来正确高效地维护专利权还是存在一定程度的困难。与此同时,能够胜任代理专利维权业务的专业律师,可以说还是相当稀缺的;如何促进快速成长一批专业的专利维权代理律师,为即将出现的大量的专利维权业务提供优质服务,也是律师界公认的急迫任务。

北京高文律师事务所律师团队,特别是知识产权团队,不论是在为客户的专利维权代理服务中,还是与同行的交流中都深感如果能尽快编写出一本类似于"例题集"的专利侵权行政处理实务解析,不论是对提高高文团队自己的法律服务水准,还是对基层专利执法人员乃至权利人自己都应该是很有帮助的。国家知识产权局的领导和相关专家也多次对高文知识产权团队表达了这方面的期望。在此背景下,高文知识产权团队开始了这方面的努力。

既然初衷是作为"例题集",那么我们的期望是收集专利侵权纠纷行政处理整个过程中的全部材料,包括权利人提出处理请求的请求书及所依据的全部证据、专利行政机关受理的流程材料及受理决定文本,向被请求人发出的受理答辩通知书及请求人的请求书副本、被请求人的答辩书及其提交的证据、专利执法机关调查取得的证据、口头审理(类似于开庭审理)的记录,双方在审理时发表的书面意见,以及完整的处理决定书;特别是其中体现被控产品或者方法的技术方案或者被控产品设计特征的证据材料。以举例说明的方式,就专利侵权纠纷处理的全过程向读者进行"形象"具体的解释说明。特别是,对于被控技术方案的技术特征和专利保护的技术方案的技术特征各自是如何划分的,两者的技术特征是如何比对的,进而是如何判定被控技术方案是否落入了专利保护的技术方案范围的,或者被控产品的外观设计与专利保护的外观设计是否构成相同或者实质相同的,也即是如何判定是否构成外观设计专利侵权的,进行尽可能的解释说明。并且在此基础上对整个处理过程及处理结论进行解析和点评,对其中出现的"难点""亮点"加以着重说明,特别是对被控技术方案或者设计是否落入了专利权的保护范围这一专利侵权纠纷处理中公认的难点予以尽可能充分的解释。以此给相关专利侵权行政处理的初学者以力所能及的帮助。但是,尽管我们经过多个渠道,费了九牛二虎之力,也未能得到所期望的完整材料。

值得庆幸和感谢的是,北京市知识产权局提供了一批经过隐私处理的《专利侵权纠纷处理决定书》,高文知识产权团队通过北大法宝等网络途径搜索到了一批关于专利侵权行政执法的《行政判决书》,笔者自己也根据相关线索检索到了对应的涉案专利授权文件。至此,相关专利侵权纠纷行政处理案件中的行政处理请求、理由及证据,被请求人的答辩观点、理由及证据,专利行政机关作出处理决定的证据、认定的事实及法律依据等,只能以所得到的《专利侵权纠纷处理决定书》或专利侵权纠纷的《行政判决书》中所反映的"事实"作为事实。在这样的条件下,实现本书的编写初衷难免有做无米之炊的无奈和想当然的成分,编写工作是否还要进行下去笔者也一度犹豫再三。但团队领头人及国家知识产权局的领导和有关专家一直在鼓励和督促,笔者专门到北京西单图书大厦和北京王府井图书大楼去查找相关的参考书,发现编写一本专利侵权纠纷行政处理的"例题集"完全是拓荒性的。出于聊胜于无的安慰,就在现有条件下坚持完成这项工作。为了保持"客观"、"真实"及给读者提供案件的尽可能充分全面的信息,每个"例题"将《专利侵权纠纷处理决定书》(有些决定书提供给我们时就删去了编号)或《行政判决书》全文引用。原始材料作了隐私处理的,仍然按原始材料保持相关隐私,原来网上公开的材料没有作隐私处理的,仍然保持原貌。对于其中部分案例按照专利侵权纠纷行政处理过程的全环节予以解析，对于其余案例仅就其中的“难点”、“亮点”加以解析或说明。之所以原文原样引用《专利侵权纠纷处理决定书》，是因为，这些决定书本身就非常难得，是北京市知识产权局出于对该书编写工作的支持才特意提供给我们的。就目前的状况，其他途径是很难得到决定书原文的。加之这些决定书都很好地体现了执法者的专业水准和敬业精神，其本身就有很好的示范价值，笔者坚信仔细阅读这些决定书本身就能给读者很大帮助。离开原文所显示的原始信息，本书所作的相关解析就失去了根基和依据。对这些“根基”和“依据”如果不是通过原文显示而是“引述”给读者的话，必然存在信息遗漏的问题。对于判决书，虽然是通过网络公开的渠道得到的，但都是经过笔者在大量的案例中精心挑选的。这些案例不论是在行政处理阶段，还是在司法裁判阶段，要么是应该作为“经验”学习的，要么是作为“教训”吸取的，另外其中还有不少值得商榷的问题。因此，出于类似考虑，对相关判决书也作了全文引用。

本书包括四个部分。北京市知识产权局作出的，认定构成侵权没有经过诉讼的十一个案例及针对其中相关问题的解析作为第一部分；第一部分分为十一个单元，每个单元包括行政处理决定书原文、相关问题及其解析以及本案点评。北京市知识产权局作出的，认定不构成侵权没有经过诉讼的八个案例及针对其中相关问题的解析作为第二部分；第二部分分为八个单元，每个单元包括行政处理决定书原文、相关问题及其解析以及本案点评。其他地方专利行政执法机关作出的，当事人不服行政处理决定提起行政诉讼，法院判决维持了行政处理决定的九个案例及其问题解析作为第三部分；第三部分分为九个单元，每个单元包括判决书原文、本案概要、本案需要解析的问题及其解析以及本案点评。其他地方专利行政执法机关作出的，当事人不服行政处理决定提起行政诉讼，法院判决撤销了行政处理决定的八个案例及需要解析的问题及解析作为第四部分；第四部分分为八个单元，每个单元包括判决书原文、本案概要、需要解析的问题及解析。

需要说明的是，在笔者看来，不论是被维持了的行政判决或处理决定，还是被撤销了的行政判决或处理决定，其中有些是需要商榷的。但重要的不是争论行政处理决定或者判决的正确与否，针对其中牵涉到或引申出的问题该如何正确理解和对待进行讨论，才是本书的初衷，因此针对引用的案例提出了一些在笔者看来具有普遍性或者疑难性的问题并努力加以解析。当然不论是问题的提出还是进行的解析，一定是不成熟的，甚至是有错误的，期望能得到读者的批评指正，以助提高和改进。对于第三部分、第四部分，由于判决书一般都较长，为了便于读者理出其中的脉络、抓住其中的要点，笔者按照自己的理解，概括总结出了本案概要。但笔者坚持认为，仔细阅读判决书原文本身，不论是对全面深入地了解案情乃至理解笔者解析的问题，进而提高专利侵权行政处理中各方当事人应当具备的能力，实现本书的初衷，都是很有帮助的。

期望这勉为其难的努力能够起到抛砖引玉的作用，能够激发专家、同道对其中提出的问题进行更多的讨论，进而编写出能给读者带来更多帮助的专利侵权行政处理实务问题解析。高文知识产权团队也会在此基础上做出更大的努力，在相关领导、专家、同道的指导支持下继续编写更加符合初衷的实务问题解析。特别欣慰和感谢的是，已经有越来越多的领导、专家、同道对本书的编写出版给予了越来越多的关注和支持。有他们的指导和支持，高文团队有信心在不远的将来给读者奉献出更有帮助的实务问题解析。

章建勤

2017 年 1 月 28 日于北京西便门

目　　录

第一部分　认定构成侵权未经诉讼的案例

第二部分　认定不构成侵权未经诉讼的案例

第三部分　经诉讼维持了行政处理决定的案例

第四部分　经诉讼撤销了行政处理决定的案例

第一部分

认定构成侵权未经诉讼的案例

案例一 “班台”外观设计专利侵权纠纷

一、《北京市知识产权局专利侵权纠纷处理决定书》(京知执字〔2013〕758-34号)

北京市知识产权局
专利侵权纠纷处理决定书

京知执字〔2013〕758-34号

请求人:北京A家具公司
住所地:
法定代表人:
委托代理人:
委托代理人:
被请求人:张×(北京B家具销售中心 经营者)
经营场所:
案由:“班台”(专利号:ZL201130150464.8)外观设计专利侵权纠纷

2013年6月28日,请求人北京A家具公司就其“班台”(专利号:ZL201130150464.8)外观设计专利与被请求人张×(北京B家具销售中心 经营者)专利侵权纠纷,向本局提出处理请求。本局于2013年7月4日受理后,依据《专利行政执法办法》组成合议组,并向被请求人张×(北京B家具销售中心经营者)发出答辩通知书及请求书副本,2013年9月2日,对本案进行了口头审理,请求人的委托代理人参加了口头审理,被请求人缺席口头审理。请求人北京A家具公司于2013年9月11日提交补充证据,本局于2013年9月16日向被请求人张×(北京B家具销售中心经营者)发出请求人提交的补充证据文件,被请求人拒收。现本案已审结。

请求人北京A家具公司称:本公司是“班台”(专利号:ZL201130150464.8)

外观设计专利的专利权人,该专利至今有效。被请求人张×(北京B家具销售中心经营者)在北京某家居广场销售、许诺销售的家具产品,其与涉案专利权利外观设计整体视觉效果上无差异,构成相同的外观设计,落入了请求人专利权的保护范围,侵犯了请求人的专利权。请求人请求北京市知识产权局查明侵权事实、依法做出处理,责令被请求人停止销售、许诺销售侵权产品。请求人提交了证据1:“班台”(专利号:ZL201130150464.8)外观设计专利的专利证书、外观设计专利授权公告文本、国家知识产权局专利收费收据复印件,用于证明请求人是涉案专利专利权人;证据2:(2013)京方圆内经证字第05833号公证书复印件,口头审理时提交原件,并当庭拆封证物袋,其用于证明北京某家居广场三层办公区北京B家具销售中心销售侵权产品;证据3:(2013)京方圆内经证字第20026号公证书原件,用于证明北京B家具销售中心销售侵权产品;请求处理事项变更请求书。

被请求人张×(北京B家具销售中心经营者)收到答辩通知及请求书副本之后,拒收口头审理通知书、转文,缺席口头审理。未进行意见陈述。

经审理查明:请求人北京A家具公司是“班台”(专利号:ZL201130150464.8)外观设计专利的专利权人,该专利至今有效。涉案外观设计的产品名称为班台,简要说明说明产品的用途为一种在办公室或家庭里使用的办公家具,从主视图和后视图可以看出,该班台左右两侧各有并列在一起的两条桌腿,两侧桌腿之间有一长方形平板,平板上方与桌面连接,下方距离地面有一定距离,班台桌面平直;从右视图和左视图可以看出,该班台左右两侧的桌腿呈长方形框架形状,且框架中一侧有长方形隔板;从俯视图可以看出,该班台桌面呈长方形,且在其中一角位置有矩形框;从仰视图可以看出,班台桌面下方有两条横梁,且两侧桌腿之间的长方形平板通过两个连接件连接。被请求人张×(北京B家具销售中心经营者)许诺销售、销售的办公家具中包括一张桌子,该桌子左右两侧各有并列在一起的两条桌腿,两侧桌腿之间有一长方形平板,平板上方与桌面连接,下方距离地面有一定距离,该桌子左右两侧的桌腿呈长方形框架,且框架中一侧有长方形隔板,该桌子桌面呈长方形,且在其中一角位置有矩形框,桌面下方有两条横梁。以上事实有外观设计专利证书、外观设计授权公告文本、国家知识产权局专利收费收据;专利授权公告文本、口审笔录、(2013)京方圆内经证字第05833号公证书、(2013)京方圆内经证字第20026号公证书等在案佐证。

本局认为:

1. 专利法第五十九条第二款规定:“外观设计专利权的保护范围以表示在图片或者照片中的该产品的外观设计为准,简要说明可以用于解释图片或者照片所表示的该产品的外观设计。”张×(北京B家具销售中心经营者)许诺销售、销售的办公家具组合包括的桌子与涉案外观设计专利产品属于相同种类,其外观设计与涉案专利外观设计相比,区别在于,从涉案外观设计专利仰视图中可以看出两侧桌腿之间的长方形平板通过两个连接件连接桌面,而未发现涉嫌侵权产品两侧桌腿之间的长方形平板通过两个连接件连接桌面。上述区别从产品仰视方向才能看到,是使用时不容易看到的部位,且区别极其细微。通过整体观察、综合判断的判断方式,两者属于相近似的外观设计。

2. 专利法第十一条第二款规定:"外观设计专利权被授予后,任何单位或者个人未经专利权人许可,都不得实施其专利,即不得为生产经营目的制造、许诺销售、销售、进口其外观设计专利产品。"张×(北京B家具销售中心经营者)在北京某家居广场许诺销售、销售办公家具组合中的桌子的行为侵犯了请求人的外观设计专利权。

根据《中华人民共和国专利法》第六十条之规定,决定如下:

责令张×(北京B家具销售中心经营者)立即停止许诺销售、销售侵犯北京A家具公司"班台"(专利号:ZL201130150464.8)外观设计专利权的侵权产品。

当事人如不服本决定,可自收到处理决定书之日起十五日内依照《中华人民共和国行政诉讼法》向北京市第二中级人民法院起诉。

合议组:

北京市知识产权局

2013年11月4日

二、本案解析

(一)案件来源合法

本案来源于专利权人请求查处,符合案件来源的法律规定。

(二)请求人提出的请求内容符合专利侵权纠纷行政处理的职权范围

本案中请求人提出处理请求时主张:请求人是"班台"(专利号:ZL201130150464.8)外观设计专利的专利权人,该专利至今有效;被请求人张×(北京B家具销售中心经营者)在北京某家居广场销售、许诺销售的家具产品,其与涉案专利权外观设计整体视觉效果上无差异,构成相同的外观设计,落入了请求人专利权的保护范围,侵犯了请求人的专利权;请求人请求北京市知识产权局查明侵权事实、依法做出处理,责令被请求人停止销售、许诺销售侵权产品。请求人的上述主张符合专利行政执法机关处理专利侵权纠纷的职权范围。

(三)请求人提交的证据达到了立案标准立案合法

1. 专利权人提交的证据如下。

证据(1):“班台”(专利号:ZL201130150464.8)外观设计专利的专利证书、外观设计专利授权公告文本、国家知识产权局专利收费收据复印件,用于证明请求人是涉案专利专利权人;

证据(2):(2013)京方圆内经证字第05833号公证书复印件(口头审理时提交了原件,并当庭拆封证物袋),其用于证明北京某家居广场三层办公区北京B家具销售中心销售侵权产品;

证据(3):(2013)京方圆内经证字第20026号公证书原件,用于证明北京B家具销售中心销售侵权产品。

2. 执法机关对请求人所提交的证据进行分析判断后决定受理立案合法。

证据(1)证明请求人是现行有效专利的专利权人;证据(2)公证证明被请求人销售涉嫌侵权产品;证据(3)公证证明被请求人销售的涉嫌侵权产品的特征。

直接从文字来判断,证据(3)也是“北京B家具销售中心销售侵权产品”,此与证据(2)重复,而缺少了涉嫌侵权产品的特征的证据。但从后来口审中有对涉嫌侵权产品的详细特征的描述,专利行政机关没有自己进行过调查取证,被请求人也没有进行举证。因此,请求人提交的证据(3)应该是公证证明被请求人销售的涉嫌侵权产品的特征。此处的重复似乎是其证据名称描述欠缺所致。

(四)决定立案并向被请求人张×(北京B家具销售中心经营者)送达答辩通知及请求书副本符合法律规定

(五)被请求人拒收相关送达材料,专利行政机关此时决定口头审理是合法而审慎的

(六)向双方送达口头审理通知书,在出现被请求人拒收口头审理通知书、转文的情况下,决定如期举行口头审理是合法而审慎的

(七)按通知时间、地点如期依法举行口头审理,在被请求人缺席的情况下依法查明以下事实

1. 请求人的专利权真实存在、合法有效。

2. 被请求人实际销售了涉嫌侵权的产品。

3. 被请求人实际销售的产品落入了请求人专利权的保护范围。

由于请求人的专利权为外观设计专利权,其保护范围以有效专利授权文本中的图片和照片表示的产品为准,简要说明可以用于帮助确定受保护产品的用途。涉嫌侵权产品则以请求人公证保全的实物为准。要判定外观设计专利侵权,首先应该判定被控产品和专利保护的产品用途是否相同或者相近,如

果两者用途不同也不相近，就不可能构成外观设计专利侵权，不需要对其中的具体特征进行比对，就应该得出不构成侵权的结论。本案中，被请求人张×（北京 B 家具销售中心经营者）许诺销售、销售的办公家具组合里的“桌子”与涉案外观设计专利产品属于同一用途，属于相同或相近种类，因而可能构成专利侵权。其次，应该以一般消费者的眼光来判断被控产品与专利产品是否相同或者近似。本案通过口审中的上述产品相关特征的详细比对，发现其差别在于：从涉案外观设计专利仰视图中可以看出两侧桌腿之间的长方形平板通过两个连接件连接桌面，而未发现被控产品两侧桌腿之间的长方形平板通过两个连接件连接桌面。而这一差别是一般消费者不容易注意到的，因此从整体视觉效果来看，二者构成实质相同。

依据上述查明的事实，判定被控产品落入了请求人的专利权的保护范围合法正确。

4. 被请求人销售、许诺销售涉嫌侵权产品的行为没有获得专利权人的授权，也没有其他不构成侵权或者免责的抗辩事由。

（八）作出行政处理决定合法

依据查明的上述事实，认定被请求人的侵权行为成立，依法按照请求人的请求作出行政决定。责令张×（北京 B 家具销售中心经营者）立即停止许诺销售、销售侵犯北京 A 家具公司“班台”（专利号：ZL201130150464.8）外观设计专利权的侵权产品。并告知当事人如不服本决定，可自收到处理决定书之日起十五日内依照《中华人民共和国行政诉讼法》向北京市第二中级人民法院起诉。

三、本案点评

本案对专利侵权的整体执法过程和处理决定是符合法律规定的，具有示范价值。特别值得肯定的是，在被请求人拒绝接收所有法律文书而且缺席口审的前提下，执法机关仍然严格按照执法程序进行，特别是对涉诉产品是否落入专利权的保护范围，仍然一丝不苟地依法对比分析，是难能可贵的，是值得发扬的。特别需要注意的是，尽管被请求人拒绝接收所有法律文书并缺席口审，但执法过程及执法结论一旦出现瑕疵乃至错误时，如果被请求人提起行政诉讼，行政处理决定可能就要被判违法甚至可能被撤销。

另外，本案决定书对涉案专利的描述似有欠缺。处理决定所述的“涉案外观设计专利两侧桌腿之间的长方形平板通过两个连接件连接桌面”，仅从仰视图中似乎无法看出，如结合主视图或后视图则能清晰看出。但这一微小瑕疵并不影响处理决定结论的正确性及本案的示范价值。

特别要说明的是,请求人提交的公证书在本案中起到了非常重要的作用,被作为认定被请求人销售被控产品及其产品特征的直接依据。《最高人民法院关于执行〈中华人民共和国行政诉讼法〉若干问题的解释》(法释〔2000〕8号)第九十七条规定,人民法院审理行政案件,除依照行政诉讼法和本解释外,可以参照民事诉讼的有关规定。民事诉讼法规定:经过法定程序公证证明的法律行为、法律事实和文书,人民法院应当作为认定案件事实的根据。但有相反证据足以推翻公证证明的除外。据此规定,对于没有相反证据足以推翻的依照法定程序作出的公证书所证明的事实,人民法院应当直接予以认定。作为最终的合法性可能要经过法院判决认定的专利侵权行政处理决定,当然应该遵守这一关于公证证据的规定。因此,在专利侵权纠纷行政处理中,对公证书所证明证据的采信是非常重要的。本案就是一个根据没有相反证据足以推翻的公证证据证明的,被请求人销售涉案产品和涉案产品特征的事实,作出处理决定的典型案例。对于请求人来说,对相关证据进行公证后,作为公证证据提交,在专利侵权纠纷行政处理中起着非常重要的作用。

案例二 “敲击式可膨胀的保温系统锚栓”实用新型专利侵权纠纷

一、《北京市知识产权局专利侵权纠纷处理决定书》

北京市知识产权局
专利侵权纠纷处理决定书

请求人:A 建筑锚栓有限公司
法定代表人:
住所地:
委托代理人:
被请求人:B 科技公司
法定代表人:
住所地:
委托代理人:
案由:敲击式可膨胀的保温系统锚栓(专利号:ZL200720071045.3)实用新型专利侵权纠纷

请求人 A 建筑锚栓有限公司于 2012 年 6 月 20 日就被请求人 B 科技公司侵犯其“敲击式可膨胀的保温系统锚栓”(专利号:ZL200720071045.3)实用新型专利权一案,向本局提出处理请求。本局受理后,依法组成合议组并于 2012 年 6 月 20 日按照请求人提供的地址,向被请求人发出答辩通知书和请求书副本,未能送达。2012 年 7 月 5 日本局再次向被请求人发出答辩通知书和请求书副本,被请求人于 2012 年 7 月 19 日向本局提交了国家知识产权局专利复审委员会做出的无效宣告请求受理通知书。2012 年 7 月 20 日本局向请求人和被请求人发出中止处理通知书。2013 年 8 月 20 日请求人向本局提交恢复处理请求书。2013 年 8 月 23 日本局向请求人和被请求人发出专利侵权纠纷案件恢复处理通知书。2013 年 9 月 13 日合议组对本案进行了口头审理,请求人代理人、被请求人代理人参加了口头审理。本案现已审结。

请求人称:本公司为"敲击式可膨胀的保温系统锚栓"实用新型专利(专利号为 ZL200720071045.3)的专利权人。该专利于 2007 年 6 月 14 日申请,2008 年 8 月 20 日取得授权,至今有效。2012 年 1 月 20 日,经本公司请求,国家知识产权局出具了针对本专利的实用新型检索报告,认为本专利的权利要求 6 和 7 具备新颖性和创造性。被请求人未经本公司许可,制造、销售和许诺销售的 MJL—BZ—01 的锚栓产品,包含了涉案专利权利要求 6 的全部技术特征,落入了涉案专利权利要求 6 的保护范围,侵犯了本公司的专利权。特请求北京市知识产权局依法处理,责令被请求人立即停止侵权行为。请求人提交的证据 1:"敲击式可膨胀的保温系统锚栓"实用新型专利(专利号为 ZL200720071045.3)的专利证书、实用新型专利授权公告文本、国家知识产权局专利收费收据复印件,用于证明请求人是涉案专利的专利权人,涉案专利有效;证据 2:"敲击式可膨胀的保温系统锚栓"实用新型专利(专利号为 ZL200720071045.3)的专利检索报告,用于证明权利要求 6 具有新颖性和创造性;证据 3:(2012)京国信内民证字第 02620 号公证书附口审当庭拆封的证物袋,用于证明被请求人制造、销售、许诺销售涉案专利产品;证据 4:(2012)沪闵证经字第 684 号公证书用于证明被请求人销售、许诺销售涉案专利产品;证据 5:(2012)沪闵证经字第 685 号公证书附口审当庭拆封的证物袋,用于证明被请求人销售涉案侵权产品。

被请求人辩称:被诉涉案产品中膨胀节上的膨胀肋作用为防止锚栓受到负压力而被拔出,起到提高拉拔强度,提高膨胀节与孔壁之间摩擦力的作用,与涉案专利权利要求 6 中"膨胀节上设置有若干止转膨胀肋"的技术特征既不相同,也不等同,没有落入涉案专利权利要求 6 的保护范围,没有侵犯请求人的涉案专利权。请求人提交的证据 3:(2012)京国信内民证字第 02620 号公证书及附件,不能证明被请求人在生产、销售涉案专利产品;证据 4:(2012)沪闵证经字第 684 号公证书只能证明被请求人有许诺销售行为,不能证明有销售行为;证据 5:(2012)沪闵证经字第 685 号公证书中,加盖有邯郸市 B 五金制造有限公司印章的《收据》,只能证明邯郸市 B 五金制造有限公司销售涉案锚栓产品,不能证明 B 科技公司存在销售涉案锚栓产品的行为。

本局经审理查明:

1. 请求人 A 建筑锚栓有限公司是"敲击式可膨胀的保温系统锚栓"实用新型专利(专利号为 ZL200720071045.3)的专利权人,专利申请日为 2007 年 6

月14日,授权公告日为2008年8月20日,该专利至今有效。涉案实用新型专利权利要求6为“如权利要求1所述的敲击式可膨胀的保温系统锚栓,其特征在于,所述的螺钉头部具有若干凹陷,螺钉安装后,螺钉头部与锚栓接头之间产生若干空腔,形成若干空气柱”。涉案实用新型专利权利要求1为“一种敲击式可膨胀的保温系统锚栓,其特征在于,包含膨胀部分和与膨胀部分连接的接头,还包含敲击式螺钉,所述的膨胀部分和接头具有中孔,可以导入所述的敲击式螺钉,所述的膨胀部分还具有扩张器部件;所述的膨胀部分包含至少两个膨胀节;所述的膨胀节上设置有若干止转膨胀肋;所述的敲击式螺钉具有螺钉体部和与螺钉体部呈一体化连接的螺钉头部;所述的扩张器部件设置在膨胀部分与接头相连接的部分,包含至少两个膨胀斜面,所述的若干膨胀斜面相互均匀设置”。

2. 2012年5月8日,北京某知识产权代理有限公司委托代理人到位于北京市大兴工业开发区(北京)B科技发展有限公司,从(北京)B科技发展有限公司工作人员处取得“外墙保温锚栓”(白色)样品若干,同时取得《产品合格证》《国家建筑材料质量监督检验中心检验报告》《B建筑锚固系列产品价目表》、产品宣传册及工作人员名片,并进行了公证。经公证的“外墙保温锚栓”(白色)包含膨胀部分和与膨胀部分连接的接头,还包含敲击式螺钉,膨胀部分和接头具有中孔,可以导入敲击式螺钉,膨胀部分还具有扩张器部件;膨胀部分包括2个膨胀节,膨胀节上设置有2条呈螺旋状的膨胀肋;敲击式螺钉具有螺钉体部和与螺钉体部呈一体化连接的螺钉头部;扩张器部件设置在膨胀部分与接头相连接的部分,包含有2个膨胀斜面,膨胀斜面相互均匀设置。螺钉头部具有2个凹陷,螺钉安装后,螺钉头部与锚栓接头之间形成空腔和空气柱。

3. 2012年4月1日,A建筑锚栓有限公司上海分公司工作人员打开(北京)B科技发展有限公司网站,在产品应用,外墙保温锚栓栏目下可看到B—阻热桥外墙保温锚栓产品图片,请求人对上述过程进行了保全证据公证。

以上事实有专利名称为敲击式可膨胀的保温系统锚栓,专利号为ZL200720071045.3的实用新型专利证书,实用新型专利权利要求书、说明书、说明书附图、年费缴费发票;涉案专利的专利检索报告;(2012)京国信内民证字第02620号公证书及公证处封存的锚栓实物样品;(2012)沪闵证经字第684号公证书及口审笔录在案佐证。

本局认为:

1. 请求人与被请求人在涉案专利权利要求6与涉案产品的技术特征对比中,对除“膨胀肋”以外的技术特征一一对应相同没有异议;本案争议的焦点是请求人涉案专利权利要求6中的“止转膨胀肋”技术特征与被请求人涉案产品中的“膨胀肋”是否相同。请求人认为被请求人涉案产品中的“膨胀肋”与请求人涉案专利权利要求6中的“止转膨胀肋”技术特征相同。被请求人认为请求人涉案专利权利要求6中的“止转膨胀肋”与被请求人涉案产品中的“防拉拔膨胀肋”技术特征不相同也不等同。《中华人民共和国专利法》第二条明确规定“实用新型是指对产品的形状、构造或者其结合所提出的适于实用的新的技术方案。”《中华人民共和国专利法》第五十九条第一款规定:“发明或者实用新型专利权的保护范围以其权利要求的内容为准,说明书及附图可以用于解释权利要求的内容。”被请求人涉案产品中膨胀肋的形状、构造、位置与请求人涉案专利说明书附图中“止转膨胀肋”的技术特征相同,应认定被请求人的涉案产品再现了请求人涉案专利权利要求6的全部必要技术特征,落入了请求人涉案专利的保护范围,对被请求人不侵权的辩护主张不予支持。

2.《中华人民共和国专利法》第十一条第一款规定:“发明和实用新型专利权被授予后,除本法另有规定的以外,任何单位或者个人未经专利权人许可,都不得实施其专利,即不得为生产经营目的制造、使用、许诺销售、销售、进口其专利产品,或者使用其专利方法以及使用、许诺销售、销售、进口依照该专利方法直接获得的产品。”请求人提供的(2012)京国信内民证字第02620号公证书公证的在(北京)B科技发展有限公司所在地由其工作人员提供的外墙保温锚栓样品、《B建筑锚固系列产品价目表》及工作人员名片;请求人提供的(2012)沪闵证经字第684号公证书公证的(北京)B科技发展有限公司,“B精工”网站产品应用栏目中B—阻热桥外墙保温锚栓产品介绍;能够证明被请求人未经专利权人许可为生产经营目的制造、许诺销售了涉案专利产品,其行为侵犯了请求人的涉案专利权。

经调解双方当事人未能达成一致。

根据《中华人民共和国专利法》第六十条之规定,本局决定如下:

责令B科技公司停止制造、许诺销售侵犯A建筑锚栓有限公司敲击式可膨胀的保温系统锚栓(专利号:ZL200720071045.3)实用新型专利权的行为。

当事人如不服本决定,可自收到处理决定书之日起十五日内依照《中华人民共和国行政诉讼法》向北京市第二中级人民法院起诉。

合议组:

北京市知识产权局

2013年11月11日

二、本案解析

(一)本案的受理合法

请求人提交了请求书,请求有管辖权的专利行政部门依法处理,责令被请求人立即停止侵权行为时提交了如下证据。

证据1:“敲击式可膨胀的保温系统锚栓”实用新型专利(专利号为ZL200720071045.3)的专利证书、实用新型专利授权公告文本、国家知识产权局专利收费收据复印件,用于证明请求人是涉案专利的专利权人,涉案专利有效。

证据2:“敲击式可膨胀的保温系统锚栓”实用新型专利(专利号为ZL200720071045.3)的专利检索报告,用于证明权利要求6具有新颖性和创造性。

证据3:(2012)京国信内民证字第02620号公证书并附证物袋,用于证明被请求人制造、销售、许诺销售涉案专利产品。

证据4:(2012)沪闵证经字第684号公证书用于证明被请求人销售、许诺销售涉案专利产品。

证据5:(2012)沪闵证经字第685号公证书并附证物袋,用于证明被请求人销售涉案侵权产品。

根据以上证据可以初步判定请求人是涉案专利的专利权人,而且该专利权在提出请求时合法有效,具备新颖性和创造性;被请求人涉嫌制造、销售侵权产品。因此,专利行政执法机关应请求人的请求依法受理并向被请求人送达请求书副本及答辩通知书,符合法律规定。特别值得肯定的是,执法机关在第一次未能送达的情况下再次向被请求人发出答辩通知书和请求书副本。

(二)本案的中止与恢复审理合法

在被请求人提交了国家知识产权局专利复审委员会作出的无效宣告请求受理通知书并提出中止审理申请时,执法机关决定中止审理并通知双方当事人,符合法律规定。在时隔一年之后,收到请求人提交的恢复处理请求书时,决定恢复审理并向请求人和被请求人发出专利侵权纠纷案件恢复处理通知书,符合法律规定。

(三)举行口头审理是合法慎重的

由于本案争议焦点之一是被控产品是否落入专利权保护范围,涉及技术方案的比对,因此决定采取口头审理,以便于当面陈述理由、举证、质证、辩论,是合法而审慎的行为。

（四）关于是否落入专利权保护范围的认定合法

1. 经口头审理查明并且双方认可的事实

（1）请求人A建筑锚栓有限公司是“敲击式可膨胀的保温系统锚栓”实用新型专利（专利号为ZL200720071045.3）的专利权人，专利申请日为2007年6月14日，授权公告日为2008年8月20日，该专利至今有效。涉案实用新型专利权利要求6为“如权利要求1所述的敲击式可膨胀的保温系统锚栓，其特征在于，所述的螺钉头部具有若干凹陷，螺钉安装后，螺钉头部与锚栓接头之间产生若干空腔，形成若干空气柱”。涉案实用新型专利权利要求1为“一种敲击式可膨胀的保温系统锚栓，其特征在于，包含膨胀部分和与膨胀部分连接的接头，还包含敲击式螺钉，所述的膨胀部分和接头具有中孔，可以导入所述的敲击式螺钉，所述的膨胀部分还具有扩张器部件；所述的膨胀部分包含至少两个膨胀节；所述的膨胀节上设置有若干止转膨胀肋；所述的敲击式螺钉具有螺钉体部和与螺钉体部呈一体化连接的螺钉头部；所述的扩张器部件设置在膨胀部分与接头相连接的部分，包含至少两个膨胀斜面，所述的若干膨胀斜面相互均匀设置”。

因此，涉案专利权利要求6的技术方案全部技术特征（其包含权利要求1的全部技术特征）为“一种敲击式可膨胀的保温系统锚栓，其特征在于，包含膨胀部分和与膨胀部分连接的接头，还包含敲击式螺钉，所述的膨胀部分和接头具有中孔，可以导入所述的敲击式螺钉，所述的膨胀部分还具有扩张器部件；所述的膨胀部分包含至少两个膨胀节；所述的膨胀节上设置有若干止转膨胀肋；所述的敲击式螺钉具有螺钉体部和与螺钉体部呈一体化连接的螺钉头部；所述的扩张器部件设置在膨胀部分与接头相连接的部分，包含至少两个膨胀斜面，所述的若干膨胀斜面相互均匀设置；所述的螺钉头部具有若干凹陷，螺钉安装后，螺钉头部与锚栓接头之间产生若干空腔，形成若干空气柱”。

（2）被控产品技术方案包括如下技术特征。“外墙保温锚栓”（白色）包含膨胀部分和与膨胀部分连接的接头，还包含敲击式螺钉，膨胀部分和接头具有中孔，可以导入敲击式螺钉，膨胀部分还具有扩张器部件；膨胀部分包括2个膨胀节，膨胀节上设置有2条呈螺旋状的膨胀肋；敲击式螺钉具有螺钉体部和与螺钉体部呈一体化连接的螺钉头部；扩张器部件设置在膨胀部分与接头相连接的部分，包含有2个膨胀斜面，膨胀斜面相互均匀设置。螺钉头部具有2个凹陷，螺钉安装后，螺钉头部与锚栓接头之间形成空腔和空气柱。

2. 对照上述查明的两个技术方案的全部技术特征，从组成、结构和形状上，认定两者技术特征属于相同或者实质相同

3. 对被请求人辩称的分析认定

被请求人不承认涉案产品落入专利权保护范围的理由是“涉案产品中膨

胀节上的膨胀肋作用为防止锚栓受到负压力而被拔出，起到提高拉拔强度，提高膨胀节与孔壁之间摩擦力的作用，与涉案专利权利要求6中‘膨胀节上设置有若干止转膨胀肋’的技术特征既不相同，也不等同，没有落入涉案专利权利要求6的保护范围，没有侵犯请求人的涉案专利权。”对此，执法机关首先依据《专利法》第五十九条第一款的规定，使用专利说明书及附图中公开的“止转膨胀肋”的形状、构造、位置对权利要求6中“止转膨胀肋”的含义及功能进行了界定。在此基础上与涉案产品中被请求人所称的“膨胀节上的膨胀肋”的技术特征进行比对，得出被控产品中的技术特征与权利要求6的技术特征对应且相同，认定被控产品再现了请求人涉案专利权利要求6的全部必要技术特征，落入了请求人涉案专利的保护范围，对被请求人不侵权的辩护主张不予支持。这种以理服人的做法是本案处理的关键和特别精彩的所在，应该被推广学习。

4. 执法机关认定被控产品落入专利权的保护范围正确

被请求人抗辩的理由是，其产品组成部分，膨胀节上的膨胀肋与涉案权利要求技术方案组成部分“膨胀节上的膨胀肋”的功能或者所起作用不同。以此主张其技术方案与专利技术方案实质不同，没有落入相关专利权的保护范围。被请求人的该抗辩是不能成立的。由于产品组成构件的功能或者所起的作用是由其在产品中的位置、结构、构件的形状及材料所决定的。产品组成构件在产品中的位置、结构、构件的形状及材料相同或者实质相同，其功能或者所起的作用必然是相同或者实质相同的。因此，执法机关认定涉诉产品落入专利权的保护范围是正确的。

（五）关于侵权行为的认定

1. 关于被请求人制造了侵权产品的认定

由于请求人提供的公证证据证明：请求人是在被请求人（北京）B科技发展有限公司所在地，从其工作人员获得外墙保温锚栓样品、《B建筑锚固系列产品价目表》及工作人员名片；被请求人（北京）B科技发展有限公司的“B精工”网站产品应用栏目中有“B—阻热桥外墙保温锚栓产品”的介绍。在涉案产品被认定落入专利权保护范围的前提下，被请求人并没有主张该产品是从他人处取得，因此推定该产品为被请求人制造是正确的。

2. 关于被请求人销售侵权产品的认定

虽然请求人主张被请求人实施了销售被侵权产品的行为，但没有相关证据予以证明，在被请求人不予认可的情况下，执法机关认定被请求人没有实施销售被侵权产品的结论是正确的。

3. 关于被请求人实施了许诺销售的认定

在请求人有公证证据证明被请求人实施了许诺销售侵权产品，而且被请求人予以承认的情况下，认定被请求人实施了许诺销售的行为的结论是正确的。

（六）先行调解合法

2015年5月29日修正前的《专利行政执法办法》第十五条（该条内容修正时予以保留）规定："管理专利工作的部门处理专利侵权纠纷案件时，可以根据当事人的意愿进行调解。双方当事人达成一致的，由管理专利工作的部门制作调解协议书，加盖其公章，并由双方当事人签名或者盖章。调解不成的，应当及时作出处理决定。"因此，专利行政执法机关在处理专利侵权纠纷时，在查明事实、分清是非的前提下，对相关纠纷予以积极调解，不仅有利于化解矛盾、节约资源，而且也有助于社会和谐稳定。当然在调解达不成一致意见时，及时作出处理决定无疑是正确的。

（七）处理结论正确

在查明涉诉产品落入专利权的保护范围，被请求人存在制造、许诺销售侵权产品，未取得专利权人同意，也未提出抗辩或者存在免责事由的情况的，在调解未果的前提下，作出处理决定，责令被请求人停止制造、许诺销售侵犯请求人可膨胀的保温系统锚栓（专利号：ZL200720071045.3）实用新型专利权的行为，并告知其如不服本决定，可自收到处理决定书之日起十五日内依照《中华人民共和国行政诉讼法》向该市中级人民法院起诉。该专利侵权纠纷处理决定不仅合法，而且内容完整。

三、本案点评

本案处理环节完备、事实认定清楚、准确、完整，证据确实充分，法律适用正确，说理充分、逻辑严密，是应当被大力推广学习的优秀案例。

案例三 “装饰板”实用新型专利侵权纠纷

一、《北京市知识产权局专利侵权纠纷处理决定书》

北京市知识产权局
专利侵权纠纷处理决定书

请求人:解××
住所地:
委托代理人:
被请求人:北京A橱柜加工厂
法定代表人:
住所地:
委托代理人:
被请求人:北京B建材市场公司
法定代表人
住所地:
委托代理人:
案由:“装饰板”(专利号:ZL200620003740.1)实用新型专利侵权纠纷

2013年1月23日,请求人解××撤回就其“装饰板”(专利号:ZL200620003740.1)实用新型专利与北京A橱柜加工厂、北京B建材市场公司 案号为2012—691的专利侵权纠纷处理请求后,又于2013年1月28日重新提出专利侵权纠纷处理请求且请求事项、被请求人以及证据材料与案号2012—691专利侵权纠纷处理请求一致。本局于2013年2月4日受理后,依据《专利行政执法办法》组成合议组并于2013年2月4日向两被请求人发出答辩通知书,两被请求人仍坚持在案号2012—691专利侵权纠纷案件中的答辩意见。

本局已于2012年11月26日对案号为2012—691的专利侵权纠纷进行口

头审理，请求人解××及其代理人、被请求人北京A橱柜加工厂的委托代理人、被请求人北京B建材市场公司的委托代理人参加了口头审理。因请求人未提出新的证据，两被请求人未提出新的答辩意见，本局故不再对本案进行口头审理，现案件已审结。

请求人解××称：

本人是“装饰板”（专利号：ZL200620003740.1）实用新型专利的专利权人，该专利至今有效。北京市某家居建材市场建材城A橱柜专卖店陈设、展示、表示销售意愿的“碳光板橱柜”主要部件“超白亮银曲线碳光板橱柜门板”（ZD—107）覆盖了“装饰板”专利权利要求书中的权利要求7的全部技术特征，侵犯了“装饰板”实用新型专利权。2011年11月14日，北京长安公证处公证员到北京市某家居建材市场建材城A橱柜专卖店对订购橱柜的过程进行了保全证据公证，出具了编号为（2011）京长安内经证字第19535号公证书，公证书附件包括：《北京市B橱柜订购买卖合同》、“名片复印件”“照片十张”。请求北京市知识产权局认定北京A橱柜加工厂制造、销售“超白亮银曲线碳光板橱柜门板”的行为侵犯专利权，认定北京B建材市场公司许诺销售、销售“超白亮银曲线碳光板橱柜门板”的行为侵犯专利权，并依法责令被请求人北京A橱柜加工厂、北京B建材市场公司立即停止侵权行为。

被请求人北京A橱柜加工厂辩称：

我公司仅是销售商，并非制造商。

被请求人北京B建材市场公司辩称：

我公司接到北京市知识产权局答辩通知书及请求书副本后，已立即要求A橱柜加工厂停止该产品的销售。

经审理查明：

解××是“装饰板”（专利号：ZL200620003740.1）实用新型专利的专利权人，该专利至今有效，该专利权利要求书中共记载有10项权利要求，权利要求7为“另一种装饰板，包括基板，其特征在于，所述基板为防潮刨花板，所述基板的外侧表面设有通过胶层粘合的玻璃板，内侧表面上设有装饰面；所述玻璃板的边缘设有切边，所述基板和所述玻璃板的各个端面中至少有一个端面包装固定有铝合金拉手，其他各端面包装固定有铝合金封边，所述铝合金封边外侧的一个端面与所述切边的外缘相齐；所述铝合金拉手的截面呈‘C’形，所述‘C’形的开口朝向所述基板的外侧一面，在与所述‘C’形的开口相邻的一个外侧面上设有与其垂直连成一体的拉手嵌入板，所述拉手嵌入板端部的两个侧面分别设有若干拉手楔形刺，所述拉手嵌入板通过所述拉手楔形刺固定在所述基板中。”

北京市北京B建材市场公司A橱柜专卖店销售的名为“超白亮银曲线碳

光板橱柜门板”为北京某科技有限公司生产的“法拉尼”牌碳光板，该橱柜门板包括基板，基板为防潮刨花板，基板的外侧表面设有通过胶层粘合的玻璃板，内侧表面上设有装饰面；玻璃板的边缘设有切边，基板和玻璃板的各个端面中有一个端面包装固定有铝合金拉手，其他各端面包装固定有铝合金封边，铝合金封边外侧的一个端面与切边的外缘相齐；铝合金拉手的截面呈“C”形，“C”形的开口朝向基板的外侧一面，在与“C”形的开口相邻的一个外侧面上设有与其垂直连成一体的拉手嵌入板，拉手嵌入板端部的两个侧面分别设有若干拉手楔形刺，拉手嵌入板通过拉手楔形刺固定在基板中。

请求人解××与被请求人北京市B建材市场有限公司、北京A橱柜加工厂签订有橱柜订购买卖合同。

以上事实有实用新型专利证书；国家知识产权局专利收费收据；专利授权公告文本；实用新型专利检索报告；(2011)京长安内经证字第19535号公证书及其附件；橱柜订购买卖合同；产品实物；口审笔录等在案佐证。

本局认为：

1. 专利法第五十九条规定：“发明或者实用新型专利权的保护范围以其权利要求的内容为准，说明书及附图可以用于解释权利要求的内容。”涉案“超白亮银曲线碳光板橱柜门板”与请求人的“装饰板”实用新型专利权利要求7全部必要技术特征一一对应并且相同。应认定涉案“超白亮银曲线碳光板橱柜门板”落入了涉案专利权利要求7的保护范围。

2. 专利法第十一条第一款规定：“发明和实用新型专利权被授予后，除本法另有规定的以外，任何单位或者个人未经专利权人许可，都不得实施其专利，即不得为生产经营目的制造、使用、许诺销售、销售、进口其专利产品，或者使用其专利方法以及使用、许诺销售、销售、进口依照该专利方法直接获得的产品。”被请求人北京A橱柜加工厂在北京市某建材市场建材城A橱柜专卖店展示有使用法拉尼牌“超白亮银曲线碳光板橱柜门板”组装的橱柜，及法拉尼牌“超白亮银曲线碳光板橱柜门板”样品。消费者选定“超白亮银曲线碳光板橱柜门板”样式后，由北京A橱柜加工厂上门测量，并将测量尺寸、花色、样式等告知给北京某科技有限公司即法拉尼牌“超白亮银曲线碳光板橱柜门板”生产厂家，北京某科技有限公司按照要求制作门板提供给北京A橱柜加工厂，北京A橱柜加工厂将“超白亮银曲线碳光板橱柜门板”与橱柜其他部分组装完毕后，上门给消费者安装。北京A橱柜加工厂的行为应属于使用、销售行为。请求人解××与被请求人北京市B建材市场公司、北京A橱柜加工厂签订有橱柜订购买卖合同，北京市B建材市场公司应属于销售行为。北京A橱柜加工厂使用、销售；北京市B建材市场公司销售“超白亮银曲线碳光板橱柜门板”的行为侵犯了请求人的实用新型专利权。

根据《中华人民共和国专利法》第六十条、第七十条之规定，决定如下：

1. 责令北京A橱柜加工厂立即停止使用、销售侵犯解××装饰板专利权的“超白亮银曲线碳光板橱柜门板”。

2. 责令北京市B建材市场公司立即停止销售侵犯解××装饰板专利权的“超白亮银曲线碳光板橱柜门板”。

当事人如不服本决定，可自收到处理决定书之日起十五日内依照《中华人民共和国行政诉讼法》向北京市第一中级人民法院起诉。

北京市知识产权局
二〇一三年六月十七日

二、本案解析

（一）本案对撤回请求及重新提起请求的处理是正确的

与查处假冒专利，专利行政机关可以依据自己发现的线索予以查处不同，专利侵权纠纷的查处，专利行政执法机关只能应权利人的请求查处。因此，在专利权人提出请求，被请求人答辩后，如果专利权人撤回请求，即使执法机关根据已经掌握的证据，能够得出存在侵权的结论，也只能撤案。因此，本案在请求人撤回请求后，撤案的做法是正确的。另外，在专利权人撤回请求后又以相同的诉求、理由、事实和证据再次提出请求的，只要请求符合立案的相关要件，就应当再次受理。因此，本案中执法机关再次立案审理也是正确的。

（二）在被请求人未提出涉案产品没有落入专利权保护范围抗辩的前提下，进行口头审理并就涉案产品是否落入专利权保护范围进行认定是必要的

本案中尽管被请求人没有提出涉案产品没有落入涉案专利权的保护范围，即不存在侵犯专利权的抗辩，但执法机关仍然进行了口头审理并对被控产品的技术方案与涉案专利权的技术方案进行仔细比对，并在此基础上得出被控产品落入专利权的保护范围的结论，这一严谨做法是值得肯定和发扬的。这样就会避免被请求人自己的误判而导致的“冤案”，避免了“老实人吃亏”。同时避免发生误判后在可能提出的行政诉讼中被判违法，甚至被撤销。

（三）以侵犯实用新型专利权的产品组装产品并销售该组装产品的行为构成专利侵权

关于被请求人A橱柜加工厂存在以使用、销售形式侵犯专利权的认定：尽管两被请求人都否认存在制造或者使用专利产品的行为，但根据请求人提交的证据查明的事实，即被请求人橱柜加工厂在某建材市场建材城A橱柜专卖

店展示有使用法拉尼牌“超白亮银曲线碳光板橱柜门板”组装的橱柜，及法拉尼牌“超白亮银曲线碳光板橱柜门板”样品。消费者选定“超白亮银曲线碳光板橱柜门板”样式后，由该橱柜加工厂上门测量，并将测量尺寸、花色、样式等告知给某科技有限公司即法拉尼牌“超白亮银曲线碳光板橱柜门板”生产厂家，该科技有限公司按照要求制作门板提供给该橱柜加工厂，该橱柜加工厂将“超白亮银曲线碳光板橱柜门板”与橱柜其他部分组装完毕后，上门给消费者安装。由于该“超白亮银曲线碳光板橱柜门板”落入了请求人专利权的保护范围，因此，制作该板的行为构成以制造方式侵犯专利权。根据《最高人民法院关于审理侵犯专利权纠纷案件应用法律若干问题的解释》（法释〔2009〕21 号）第十二条规定：“将侵犯发明或者实用新型专利权的产品作为零部件，制造另一产品的，人民法院应当认定属于专利法第十一条规定的使用行为；销售该另一产品的，人民法院应当认定属于专利法第十一条规定的销售行为。”据此将侵犯专利权的该板与橱柜其他部分组装的行为构成以使用方式侵犯专利权的行为。被请求人北京市 B 建材市场有限公司、橱柜加工厂与请求人签订有橱柜订购买卖合同，而该橱柜组成部分中包含了侵犯专利权的产品，因此，两位被请求人构成以销售、使用形式侵犯专利权。

（四）在请求人未就制造行为请求处理时，处理决定中没有对制造行为的处理是正确的

虽然经审理查明了存在以制造形式侵犯专利权的行为，但该制造行为不是该案两被请求人所为，在请求人没有将制造人追加为被请求人的前提下，执法机关作出责令橱柜加工厂立即停止使用、销售侵犯装饰板专利权的“超白亮银曲线碳光板橱柜门板”，责令建材市场公司立即停止销售侵犯装饰板专利权的“超白亮银曲线碳光板橱柜门板”的决定是正确的。行政机关准确把握住了专利行政执法中专利侵权纠纷依请求处理及“不告不理”原则。

三、本案点评

本案的焦点是：本案为撤回请求后又以同样的被请求人、诉求、事实、理由和证据重新提起请求，被请求人仍然坚持原来答辩意见，该如何处理；作为被请求人的厨具加工厂仅承认其销售行为不承认制造行为时如何认定其是否有制造或者其他类型的侵权行为；在作为被请求人的建材市场公司称“接到知识产权局答辩通知书及请求书副本后，已立即要求 A 橱柜加工厂停止该产品的销售”的情况下，对其如何处理。对于上述焦点问题本案以实例作出了很好的示例。在专利侵权纠纷行政处理中，具有很好的借鉴和参照价值。

案例四 “插接式防倒烟止逆阀装置”实用新型专利侵权纠纷

一、《北京市知识产权局专利侵权纠纷处理决定书》

北京市知识产权局
专利侵权纠纷处理决定书

请求人：陈××
住址：
代理人：
被请求人一：A公司
法定代表人：
住所地：
被请求人二：周××
住址：
案由：“插接式防倒烟止逆阀装置”（专利号：ZL200920000033.0）实用新型专利侵权纠纷

2013年10月9日，请求人陈××就其“插接式防倒烟止逆阀装置”（专利号：ZL200920000033.0）实用新型专利与被请求人一A公司专利侵权纠纷，向本局提出处理请求。本局于2013年10月12日受理后，依据《专利行政执法办法》组成合议组，并向被请求人一A公司发出答辩通知书及请求书副本。2013年10月21日，被请求人一寄交答辩意见。2013年11月27日，本案进行了口头审理，请求人陈××及其委托代理人、被请求人一的法定代表人周××参加了口头审理。请求人陈××于2013年12月16日向本局提交追加被请求人请求书以及追加理由陈述书，请求追加周××为第二被请求人。本局于2013年12月16日向被请求人二周××发出追加被请求人请求书、追加理由陈述书及请求书副本。被请求人二未在期限内提交答辩意见。现本案已审结。

请求人陈××称：本公司是“插接式防倒烟止逆阀装置”（专利号：ZL200920000033.0）实用新型专利的专利权人，该专利至今有效。两名被请求人在淘宝网网店上许诺销售、销售“皇冠油烟机止逆阀逆止阀倒油烟阀磁性ABS”（以下简称止逆阀），其落入涉案专利权利要求书的保护范围，侵犯了请求人的专利权。请求北京市知识产权局查明侵权事实、依法做出处理，责令被请求人停止销售、许诺销售侵权产品。请求人提交了证据1：“插接式防倒烟止逆阀装置”（专利号：ZL200920000033.0）的授权公告文本打印件、国家知识产权局专利收费收据复印件，用于证明请求人是涉案专利专利权人；证据2：请求人从淘宝网网店卖家信息为“昵称：周××”“真实姓名：周××”“联系电话：010-85383485”的卖家购买3只止逆阀的淘宝网网店销售、物流页面打印件，订单号为428529489690995，运单号码为1700060273009，口审时现场开封该运单快递物件，内有产品装置，用于证明两名被请求人在淘宝网上销售涉嫌侵权产品。证据3：（2013）京国信内民证字第02062号公证书复印件，用于证明被请求人一销售涉嫌侵权产品。

被请求人一称：销售产品的淘宝网网店并非是A公司网店，淘宝网网店的卖家是周××个人，不是被请求人一，被请求人一没有许诺销售、销售涉嫌侵权产品。淘宝网网店销售的产品是他人专利产品。被请求人一提交了证据1：申请号为201220242510.6的实用新型专利授权文本复印件，用于证明销售产品是他人专利产品；证据2：送货单2页复印件，用于证明销售产品有合法来源。

被请求人二在口头审理时称：淘宝网网店是周××在2006年注册的个人网店，2007年开的网店，以自己的名义销售了该产品。销售的产品是他人专利产品。被请求人二提交了证据1：申请号为201220242510.6的实用新型专利授权文本复印件，用于证明销售产品是他人专利产品；证据2：送货单2页复印件，用于证明销售产品有合法来源。

经审理查明：

请求人是“插接式防倒烟止逆阀装置”（专利号：ZL200920000033.0）实用新型专利的专利权人，该专利至今有效。该专利权利要求1为“一种插接式防倒烟止逆阀装置，其特征在于：包括底座（1）、止逆阀（2）、变径（3）三个部分，止逆阀（2）的一端与底座（1）相连接，另一端与变径（3）相连接；所述的止逆阀（2）呈圆筒形，由阀体和风门（5）组合构成；止逆阀内腔装有一整板式金属风门（5），该风门（5）由一根定位轴（6）固定在阀体内，风门（5）绕定位轴（6）做开启和关闭运动；所述的底座由方板和圆筒组成，呈前后相通的空心套状；所述的变径（3）也呈前后相通的空心套状。”口审时，现场开封运单号为1700060273009的快递包装，内有三只止逆阀装置。该止逆阀装置用来防倒烟，止逆阀装置为插接式，包括底座、止逆阀、变径，止逆阀一端和底座相连接，另一端和变径连接，止逆阀呈圆筒形，由阀体和风门组成，止逆阀内腔装有一整板式金属风门，风门由一根定位轴固定在阀体内，风门绕定位轴做开启和关闭运动，底座由方板和圆筒组成，呈前后相通空心套状，变径也呈前后相通空心套状。被请求人二在淘宝网开店许诺销售、销售了该止逆阀装置。以上事实有国家知识产权局专利收费收据、专利授权公告文本、口审笔录、证据2等在案佐证。

本局认为：

1. 专利法第五十九条第一款规定：“发明或者实用新型专利权的保护范围以其权利要求的内容为准，说明书及附图可以用于解释权利要求的内容。”被请求人二周××许诺销售、销售的止逆阀装置与请求人陈××的“插接式防倒烟止逆阀装置”实用新型专利权利要求1全部必要技术特征一一对应并且相同。涉案止逆阀装置落入了涉案专利权利要求1的保护范围。

2. 专利法第十一条第一款规定：“发明和实用新型专利权被授予后，除本法另有规定的以外，任何单位或者个人未经专利权人许可，都不得实施其专利，即不得为生产经营目的制造、使用、许诺销售、销售、进口其专利产品，或者使用其专利方法以及使用、许诺销售、销售、进口依照该专利方法直接获得的产品。”被请求人二周××在淘宝网店上许诺销售、销售止逆阀的行为侵犯了请求人的实用新型专利权。

3. 请求人提交的证据2未显示淘宝卖家与被请求人一是同一主体；证据3显示的被请求人一的销售页面上的产品视图不能反映产品全部构造，无法与权利要求1技术方案比对，因此请求人提交的证据2、3不能证明被请求人一许诺销售、销售侵权产品。

根据《中华人民共和国专利法》第六十条之规定，决定如下：

1. 责令被请求人二周××立即停止许诺销售、销售侵犯陈××“插接式防倒烟止逆阀装置”（专利号：ZL200920000033.0）专利权的侵权产品。

2. 驳回请求人陈××对被请求人一A公司的处理请求。

当事人如不服本决定，可自收到处理决定书之日起十五日内依照《中华人民共和国行政诉讼法》向北京市第二中级人民法院起诉。

合议组：

北京市知识产权局

2014年1月7日

二、本案解析

（一）本案受理合法

由于请求人提交了证明其享有有效专利的证据，被请求人一涉嫌销售和许诺销售侵权产品的相关网购及快递凭证，相关网购行为的公证书，因此，专利行政执法部门应该受理该案并向被请求人一送达请求书副本和答辩通知书。

在口审之后，没有做出处理决定之前，对于请求人追加被请求人并提供相应理由的，专利行政执法机关应该予以准许，并通知被追加的被请求人。

（二）依据现有证据认定涉案产品落入专利权的保护范围合法

本案中，专利行政机关从请求人提交的相关网购凭证、快递单、有关网购的公证书，以及口审时当场拆封的网购所得的快递件，并且被请求人二也没有否认该快递件是其网售发出，没有提出请求人通过拆封重新包装等手段调换其所销售的物品的前提下，认定相关物品就是请求人从被请求人二周××处网购所得的做法是符合逻辑和法律规定的，也是顺应了电子商务的实际情况和时代发展需要的，是值得赞许的。

在被请求人以实施的是他人专利而不是请求人的专利为理由抗辩的情况下，对被控产品和请求人专利权利要求技术方案进行各自的技术特征划分，并将被控产品的技术特征与请求人的权利要求的技术特征逐一进行对比，得出被请求人二周××许诺销售、销售的止逆阀装置与请求人陈××的“插接式防倒烟止逆阀装置”实用新型专利权利要求1全部必要技术特征一一对应并且相同的结论，据此认定被控产品落入了请求人的专利权的保护范围是本案执法必须实施的内容和不可缺少的环节。这符合《最高人民法院关于审理侵犯专利权纠纷案件应用法律若干问题的解释》（自2010年1月1日起施行）第七条的规定。（人民法院判定被诉侵权技术方案是否落入专利权的保护范围，应当审查权利人主张的权利要求所记载的全部技术特征。被诉侵权技术方案包含与权利要求记载的全部技术特征相同或者等同的技术特征的，人民法院应当认定其落入专利权的保护范围；被诉侵权技术方案的技术特征与权利要求记载的全部技术特征相比，缺少权利要求记载的一个以上的技术特征，或者有一个以上技术特征不相同也不等同的，人民法院应当认定其没有落入专利权的保护范围）。

（三）本案中侵权人的认定及相应处理是合法正确的

本案中尽管被请求人二是被请求人一的法定代表人，但在法律上他们是不同的主体，法定代表人所为与其所代表的法人业务无关的个人行为所致的权利义务都由其个人承担。由于请求人提交的证据未显示淘宝卖家与被请求人一是同一主体;被请求人一的销售页面上的产品视图不能反映产品全部构造,无法与请求人专利权利要求的技术方案比对,因此在请求人提交的证据不能证明被请求人一许诺销售、销售侵权产品。同时被请求人二提供的证据及陈述也没有证明或者指证被请求人一实施了侵权行为的情况下,驳回请求人对被请求人一的请求是正确的。

(四)对被请求人以实施的是他人专利技术进行不侵权的抗辩应该进行是否构成现有技术抗辩的审查

《专利法》第六十二条规定:"在专利侵权纠纷中,被控侵权人有证据证明其实施的技术或者设计属于现有技术或者现有设计的,不构成侵犯专利权。"因此本案还需判定被请求人二销售的落入请求人专利权保护范围的产品技术是否属于现有技术。

本案特别需要说明的是,由于被请求人二提交了申请号为 201220242510.6 的实用新型专利授权文本复印件,用于证明销售产品是他人专利产品。此时就要判断该专利的授权公告日是否在请求人的涉案专利的申请日之后。如果该他人专利的公告日在请求人的专利申请日之后,构不成请求人涉案专利的现有技术,专利行政执法机关就没有必要审查该他人专利与请求人专利的关系,及被请求人产品与该他人专利的关系。因为在此前提下,不论它们之间的关系如何,被请求人二都构成侵犯请求人的专利权,执法机关都应该应请求人的请求责令被请求人二停止销售、许诺销售侵犯请求人专利权的行为。

如果该他人专利的公告日在请求人的专利申请日之前,该他人专利就有可能构成请求人涉案专利的现有技术,被请求人二就有可能构成现有技术的抗辩。此时执法机关需要进一步比对被请求人二所销售产品的技术方案与该他人专利的技术特征。如果被请求人二销售产品的技术方案被该他人专利的技术方案涵盖或者实质涵盖,则被请求人二的现有技术的抗辩成立,就不构成侵权,应当驳回请求人的请求。

本案处理决定书中对被请求人二的这一可能构成现有技术抗辩没有回应是有一定欠缺的。

三、本案点评

本案特点是:请求人不像通常的那样,通过公证书来证明其从被请求人实体销售场合购买侵权产品的事实即所购买产品的特征,而是通过提供淘宝网网店销售、物流页面打印件并提供相应订单号的快递物件用以证明请求人从被请求人处购买产品的行为。用口审时现场拆封快递物件的方式来证明所购买的产品特征。

这是顺应时代潮流对法律规定的创造性运用,对专利权人维权具有启发意义。本案中被请求人提出的其实施的技术是他人的专利技术,以此主张不构成侵犯专利权的,在现实中具有一定的普遍性。遇到这样的情况应该进行其是否构成现有技术抗辩的审查。

案例五 “柜体及搁板通用挂钩”实用新型专利侵权纠纷

一、《北京市知识产权局专利侵权纠纷处理决定书》

北京市知识产权局
专利侵权纠纷处理决定书

请求人:A 公司
住所地:
法定代表人:
委托代理人:
委托代理人:
被请求人:张某(××家具销售中心 经营者)
经营场所:
案由:“柜体及搁板通用挂钩”(专利号:ZL200520130334.7)实用新型专利侵权纠纷

2013 年 6 月 28 日,请求人 A 公司就其“柜体及搁板通用挂钩”(专利号:ZL200520130334.7)实用新型专利与被请求人张某(××家具销售中心 经营者)专利侵权纠纷,向本局提出处理请求。本局于 2013 年 7 月 4 日受理后,依据《专利行政执法办法》组成合议组,并向被请求人张某(××家具销售中心 经营者)发出答辩通知书及请求书副本,2013 年 9 月 2 日,对本案进行了口头审理,请求人的委托代理人参加了口头审理,被请求人缺席口头审理。请求人 A 公司于 2013 年 9 月 11 日提交补充证据,本局于 2013 年 9 月 16 日向被请求人张某(××家具销售中心 经营者)发出请求人提交的补充证据文件,被请求人拒收。现本案已审结。

请求人 A 公司称:本公司是“柜体及搁板通用挂钩”(专利号:

ZL200520130334.7)实用新型专利的专利权人,该专利至今有效。被请求人张某(××家具销售中心 经营者)在城外城家具广场销售、许诺销售的家具产品,其与涉案专利权利要求书记载的技术方案特征完全相同,侵犯了请求人的专利权。请求人请求北京市知识产权局查明侵权事实、依法做出处理,责令被请求人停止销售、许诺销售侵权产品。请求人提交了证据1:"柜体及搁板通用挂钩"(专利号:ZL200520130334.7)的专利证书、权利要求书、说明书、说明书附图、国家知识产权局专利收费收据复印件,用于证明请求人是涉案专利专利权人;证据2:(2013)京方圆内经证字第05833号公证书复印件,口头审理时提交原件,并当庭拆封证物袋,其用于证明北京家具城三层许诺销售、销售侵权产品;证据3:(2013)京方圆内经证字第20026号公证书原件,用于证明××家具销售中心许诺销售、销售侵权产品;请求处理事项变更请求书。

被请求人张某(××家具销售中心 经营者)收到答辩通知及请求书副本之后,拒收口头审理通知书、转文,缺席口头审理。未进行意见陈述。

经审理查明:

请求人A公司是"柜体及搁板通用挂钩"(专利号:ZL200520130334.7)实用新型专利的专利权人,该专利至今有效。该专利权利要求1为"一种柜体及搁板通用挂钩,其特征在于:所述挂钩为长圆型结构,在挂钩板(2)的一侧开有U字形钩槽(1),在钩槽(1)两边各有通孔(3)"。北京××家具销售中心许诺销售、销售包括边架、柜子、抽屉、背板、桌面、桌腿、搁板等的办公家具组合,该办公家具组合包括,柜体以及搁板通用挂钩,挂钩为长圆型结构,在挂钩板的一侧开有U字形钩槽,在钩槽两边各有通孔。以上事实有实用新型专利证书;国家知识产权局专利收费收据;专利授权公告文本、口审笔录、(2013)京方圆内经证字第05833号公证书、(2013)京方圆内经证字第20026号公证书等在案佐证。

本局认为:

1. 专利法第五十九条第一款规定:"发明或者实用新型专利权的保护范围以其权利要求的内容为准,说明书及附图可以用于解释权利要求的内容。"张某(××家具销售中心 经营者)许诺销售、销售的办公家具组合包括的柜体以及搁板通用挂钩与请求人A公司的"柜体及搁板通用挂钩"实用新型专利权利要求1全部必要技术特征一一对应并且相同。涉案"柜体及搁板通用挂钩"落入了涉案专利权利要求1的保护范围。

2. 专利法第十一条第一款规定:"发明和实用新型专利权被授予后,除本法另有规定的以外,任何单位或者个人未经专利权人许可,都不得实施其专利,即不得为生产经营目的制造、使用、许诺销售、销售、进口其专利产品,或者使用其专利方法以及使用、许诺销售、销售、进口依照该专利方法直接获得的产品。”张某(××家具销售中心 经营者)在北京家居广场许诺销售、销售办公家具组合中的柜体及搁板通用挂钩的行为侵犯了请求人的实用新型专利权。

根据《中华人民共和国专利法》第六十条之规定,决定如下:

责令张某(个体经营者)立即停止许诺销售、销售侵犯A公司“柜体及搁板通用挂钩”(专利号:ZL200520130334.7)专利权的侵权产品。

当事人如不服本决定,可自收到处理决定书之日起十五日内依照《中华人民共和国行政诉讼法》向北京市第二中级人民法院起诉。

合议组:

北京市知识产权局

2013年11月4日

二、本案解析

(一)被请求人收到答辩通知及请求书副本后,拒收口头审理通知书、转文,缺席口头审理,也未进行意见陈述时的处理

对于此种情形,执法机关应该参照法院民事诉讼中的缺席审理程序进行,需要依法查明:(1)请求人的专利权是否有效,受理立案是否符合《专利侵权纠纷行政处理办法》第十条的规定;(2)被请求人是否实施了制造、使用、销售、许诺销售、进口等涉嫌侵犯专利权的行为;(3)涉嫌侵犯专利权的技术方案是否落入了专利权的保护范围;(4)在上述问题事实清楚、证据确实充分的前提下,认定被请求人该承担的行政责任并作出相应的处理决定。

特别需要说明的是,专利法第六十二条规定的现有技术抗辩和第六十九条规定的不视为侵犯专利权的情形的证明责任在被请求人。如果被请求人不主张,执法机关不应该主动查明。被请求人收到答辩通知及请求书副本后,拒收口头审理通知书、转文,缺席口头审理也未进行意见陈述,等于放弃了其抗辩权,由此引起的对其不利的后果,应当由其承担。

(二)本案认定请求人的专利权有效合法

由于请求人提交的证据1包括了“柜体及搁板通用挂钩”(专利号:ZL200520130334.7)的专利证书、权利要求书、说明书、说明书附图、国家知识产权局专利收费收据复印件。由此认定请求人是涉案专利的专利权人及涉案专利合法有效是正确的。

(三)本案仅依据公证证据认定被请求人实施了销售、许诺销售涉嫌侵权产品的行为是正确的

请求人提交的证据,证据2为(2013)京方圆内经证字第05833号公证书复印件,证据3为(2013)京方圆内经证字第20026号公证书复印件,口头审理时提交了原件,并在口审时当庭拆封的证物袋。对此,只要该公证书及"证物袋"符合公证的法定形式要件,其内容也没有明显的矛盾及与证明目的不相适应之处,也没有足以推翻它的其他证据,就应该认定其证明目的,"证物袋"中的物品是被请求人××家具销售中心许诺销售、销售的。因此,该案据此认定被请求人实施了销售、许诺销售涉嫌侵权产品的行为是正确的。

(四)本案判定被控产品落入了请求人专利权的保护范围是合法的

《最高人民法院关于审理侵犯专利权纠纷案件应用法律若干问题的解释》(自2010年1月1日起施行)第七条规定:"人民法院判定被诉侵权技术方案是否落入专利权的保护范围,应当审查权利人主张的权利要求所记载的全部技术特征。被诉侵权技术方案包含与权利要求记载的全部技术特征相同或者等同的技术特征的,人民法院应当认定其落入专利权的保护范围;被诉侵权技术方案的技术特征与权利要求记载的全部技术特征相比,缺少权利要求记载的一个以上的技术特征,或者有一个以上技术特征不相同也不等同的,人民法院应当认定其没有落入专利权的保护范围。"据此,要判定所指称的侵权产品是否落入请求人专利权的保护范围,就需要对请求人提交的涉嫌侵权产品技术方案和请求人所主张的专利权利要求技术方案各自进行技术特征划分,然后进行对应的技术特征比对。本案处理中,执法机关作了相应的技术特征划分并在此基础上进行了相应的技术特征比对,得出被控产品落入了请求人专利权的保护范围是合法正确的。

三、本案点评

本案的焦点在于被请求人张某(××家具销售中心 经营者)收到答辩通知及请求书副本之后,拒收口头审理通知书、转文,缺席口头审理,也未进行意见陈述的前提下该如何处理。在此前提下,问题的关键点在于:第一,请求人的专利权是否有效;第二,请求人所提交的涉嫌侵权产品是否是被请求人所销售;第三,所指称的侵权产品是否落入请求人专利权的保护范围。

对于上述三个关键问题,专利行政机关依据相关法律规定予以查明,得出肯定的结论后,依据相关法律规定作出决定,责令被请求人停止销售、许诺销售侵权产品。没有让被请求人以躲避不配合专利执法机关查处的行为捞到好处,有力地维护了请求人的专利权。

案例六 “工艺摆件(兔爷)”外观设计专利侵权纠纷

一、《北京市知识产权局专利侵权纠纷处理决定书》

北京市知识产权局
专利侵权纠纷处理决定书

请求人:A 公司
住所地:
法定代表人:
委托代理人:
被请求人:王××
经营场所:
案由:“工艺摆件(兔爷)”(专利号:ZL201230324096.9)外观设计专利侵权纠纷

2014 年 7 月 15 日,请求人 A 公司就其“工艺摆件(兔爷)”(专利号:ZL201230324096.9)外观设计专利与被请求人王××专利侵权纠纷,向本局提出处理请求。本局于 2014 年 7 月 16 日受理后,依据《专利行政执法办法》组成合议组,并于 2014 年 7 月 16 日向被请求人王××发出答辩通知书及请求书副本,被请求人于 2014 年 7 月 21 日提交答辩书。2014 年 8 月 7 日,本局对本案双方当事人发出口头审理通知书,于 2014 年 8 月 15 日,对本案进行了口头审理,请求人的委托代理人参加了口头审理,被请求人缺席口头审理。现本案已审结。

请求人称:

我公司是“工艺摆件(兔爷)”(专利号:ZL201230324096.9)外观设计专利的专利权人,该专利至今有效。2014 年 6 月 27 日,我公司工作人员在位于北京市西城区前门大栅栏步行街的王××个体经营者处购得其出售的与本公司外观设计专利相同的工艺摆件兔爷一件，由于我公司所生产产品在作品底处扣有编码，用于区分不同制作师的作品，因此王××销售的产品非我公司制作。王××个体经营者销售工艺摆件兔爷的行为侵犯了我公司“工艺摆件（兔爷）”（专利号：ZL201230324096.9）外观设计专利权。请求北京市知识产权局查明侵权事实、依法做出处理，责令被请求人立即停止不法侵害行为，并对侵权损害赔偿数额进行调解。

被请求人称：

A公司借助传统民间工艺老北京兔爷的深厚文化底蕴，并抄袭了经典网络游戏中的兔爷形象，取得了外观设计专利权。作为公民应当对这种不当得利行为向国家知识产权局专利复审委会提出专利权无效宣告请求，但因时间有限也不想与其产生过多交集，故放弃上述权利。愿将与请求人外观设计专利相同的产品在本人商铺做撤架处理。

经审理查明：

请求人A公司是“工艺摆件（兔爷）”（专利号：ZL201230324096.9）外观设计专利的专利权人，该专利至今有效。该外观设计专利公告中印有主视图、俯视图、后视图、仰视图、左视图、右视图、立体图及简要说明。视图显示：“工艺摆件（兔爷）”造型主体为兔爷呈作揖状，由上部头和下部身构成。头顶有带弹簧的双耳及带卷边的披头，眼、鼻、嘴等构成面部图案，身上部为双袖带有图案及手捧物，下部为海纹裙摆。简要说明强调：外观设计的设计要点在于外观设计的形状、图案及其结合，最能表明其设计要点的图片为主视图。

2014年6月27日，请求人在位于北京市西城区前门大栅栏步行街的被请求人处购得工艺摆件兔爷一件。该工艺摆件兔爷造型主体为兔爷呈作揖状，由上部头和下部身构成。头顶有带弹簧的双耳及带卷边的披头，眼、鼻、嘴等构成面部图案，身上部为双袖带有图案及手捧物，下部为海纹裙摆。

以上事实有外观设计专利公告文本、国家知识产权局专利收费收据、购买的工艺摆件兔爷实物、购买开具的销售收据在案佐证。

本局认为：

一、被请求人王××个体经营者销售的工艺摆件兔爷与涉案专利外观设计产品属于相同种类产品。

二、《中华人民共和国专利法》第五十九条第二款规定：“外观设计专利的保护范围以表示在图片或照片中的该产品的外观设计为准，简要说明可以用于解释图片或者照片所表示的该产品的外观设计”。将被请求人的工艺摆件兔爷被控侵权产品的外观设计与请求人的涉案专利外观设计对比，设计特征的差别在于：身上部，双袖上的图案不同；手捧物，涉案专利外观设计为手套筒上有图案为“福”字，被控侵权产品外观设计为元宝上有图案为“寿”字。根据整体观察，综合判断的原则，上述差别应属于一般消费者难以注意到的微小差异，应当认定二者无显著区别，属于相近似，即被控侵权产品落入涉案专利的保护范围。

三、《中华人民共和国专利法》第十一条第二款规定："外观设计专利权被授予后，任何单位或者个人未经专利权人许可，都不得实施其专利，即不得为生产经营目的制造、许诺销售、销售、进口其外观设计专利产品。"请求人A公司是"工艺摆件（兔爷）"（专利号：ZL201230324096.9）外观设计专利权人，该外观设计专利处于合法、有效状态，请求人A公司有权禁止他人在未经许可的情况下实施其外观设计专利。

综上，被请求人王××个体经营者未经专利权人A公司许可为生产经营目的制造、销售与涉案外观设计专利相近似的工艺摆件兔爷，侵犯了请求人A公司的专利权。

根据《中华人民共和国专利法》第十一条第二款，决定如下：

责令王××立即停止制造、销售落入"工艺摆件（兔爷）"（专利号：ZL201230324096.9）外观设计专利权保护范围内的工艺摆件兔爷。

当事人如不服本决定，可自收到处理决定书之日起十五日内依照《中华人民共和国行政诉讼法》向北京市第二中级人民法院起诉。

合议组：

北京市知识产权局

2014年11月15日

二、本案解析

（一）本案中专利行政执法机关没有对申请人的专利权有效性进行审查是正确的

《专利法》第十一条第二款规定："外观设计专利权被授予后，任何单位或者个人未经专利权人许可，都不得实施其专利，即不得为生产经营目的制造、许诺销售、销售、进口其外观设计专利产品。"第四十五条规定：" 自国务院专利行政部门公告授予专利权之日起，任何单位或者个人认为该专利权的授予不符合本法有关规定的，可以请求专利复审委员会宣告该专利权无效。"据此，如果被申请人认为请求人的外观设计专利权无效，其可以向专利复审委员会请求宣告其无效。在其未被宣告无效的情况下，未经专利权人许可，都不得实施该专利。在专利权人提出请求的情况下，专利行政执法机关就应该遵照《专利法》《专利法实施细则》及《专利行政执法办法》等规定进行查处，而没有责任和权力对该涉案专利是否有效进行审查。因此专利行政执法机关没有对涉案专利是否有效进行审查是正确的。

（二）尽管被请求人勉强模糊承认侵犯了请求人的专利权，专利行政机关仍应该对是否侵犯了专利权进行审查

根据《专利法》第六十条的规定，未经专利权人许可，实施其专利，即侵犯其专利权，引起纠纷的，由当事人协商解决；不愿协商或者协商不成的，专利权人或者利害关系人可以向人民法院起诉，也可以请求管理专利工作的部门处理。因此，根据专利权人的请求，对涉嫌侵犯专利权的行为进行依法查处是专利行政执法机关的职权职责。如果因为被请求人承认侵权而对是否构成侵权不再进行判定，由于是否构成专利侵权判定的专业性，被请求人很可能产生认识错误而导致自认。这时执法机关不再进行严格判定而直接以被请求人的自认作出禁止侵权禁令，很可能就会冤枉被请求人。另一方面，就算被请求人的自认是正确的，一旦其对自认反悔，则仅仅建立在其自认基础上的处理决定就会失去成立的前提和基础。因此，在被请求人自认侵权的情况下，专利行政执法机关仍然进行了严谨的侵权判定，是尽责合法的，是应该被提倡发扬的。

（三）关于侵犯外观设计专利权的判定

《专利法》第五十九条第二款规定："外观设计专利权的保护范围以表示在图片或者照片中的该产品的外观设计为准，简要说明可以用于解释图片或者照片所表示的该产品的外观设计。"《最高人民法院关于审理侵犯专利权纠纷案件应用法律若干问题的解释》（自 2010 年 1 月 1 日起施行）第八条、第九条、第十条、第十条、第十一条进一步解释了如何判定是否侵犯了外观设计专利权。据此规定及解释，虽然是否构成外观设计专利权侵权是通过对被控产品与涉案专利外观设计从整体视觉效果进行综合判断的，但同时也规定了严格的判断前提、判断标准、判断要素和判断方法。结合本案分述如下。

第一，只有用途相同或者相似的产品才可能构成外观设计专利侵权。如果用途不相同或者不相似就没有必要进行外观设计侵权判断。本案中，被控产品和外观设计专利产品都为"工艺摆件"而且都为"兔爷"，属于相同用途的产品，可能构成外观设计专利侵权，因此有必要进行进一步的判断。

第二，应当以外观设计专利产品的一般消费者的知识水平和认知能力，判断外观设计是否相同或者近似。本案中的涉案产品和外观设计产品都为普通工艺摆件，其一般消费者（销售对象）主要是普通游客，普通游客是不会在意二者的细微差别的，因此该案判断是否整体相同或者相似时，应当忽略二者之间的细微差别。该案正是准确把握住了这一判断标准。

第三，对判断要素即设计特征进行综合判断。要对判断要素即设计特征

进行综合判断,首先要确定被控产品与涉案外观设计各自有哪些设计特征,再对这些设计特征进行一一比对,看哪些设计特征是相同的,哪些是相似的,哪些既不相同也不相似,不相同也不相似的设计特征对整体视觉效果影响的大小,然后在此基础上得出,是否在整体视觉效果上相同或者相似。这样就尽可能地避免了判断的主观性和任意性。本案中,对于一个本身就极其相似,而且被请求人自己都承认的并不很值钱的工艺摆件,仍然按照规定的判断前提、判断标准、判断要素和判断方法进行了严格判断,是难能可贵的。体现了执法者的专业素养和法治精神,特别值得发扬和学习。

(四)在被请求人承诺要在其店面下架被控产品时还应该做出禁止侵权决定

《专利行政执法办法》(2011 年 12 月 17 日)第十三条规定:"除当事人达成调解、和解协议,或者请求人撤回请求之外,管理专利工作的部门处理专利侵权纠纷应当制作处理决定书,写明以下内容:(一)当事人的名称或姓名、地址;(二)当事人陈述的事实和理由;(三)认定侵权行为是否成立的理由和依据;(四)处理决定,认定侵权行为成立的,应当明确写明责令被请求人立即停止的侵权行为的类型、对象和范围;认定侵权行为不成立的,应当驳回请求人的请求;(五)不服处理决定提起行政诉讼的途径和期限。处理决定书应当由案件承办人员署名,并加盖管理专利工作的部门的公章"。据此,如果当事人之间未达成和解、调解协议,请求人也未撤回请求,执法机关就应该根据该规定作出书面处理决定。如果没有做出处理决定,被请求人不履行其承诺时,对其不诚信行为请求人只有向法院起诉要求其履行承诺,但没有可以申请法院强制执行的直接依据。

(五)对请求人提出的赔偿请求的处理

根据《专利法》(2008 年)第六十条的规定,进行处理的管理专利工作的部门应当事人的请求,可以就侵犯专利权的赔偿数额进行调解;调解不成的,当事人可以依照《中华人民共和国民事诉讼法》向人民法院起诉。据此,在一方当事人向专利行政执法机关就侵犯专利权赔偿数额提出调解请求,双方当事人同意的情况下,执法行政机关应当按照《专利行政执法办法》的规定进行调解,一方不愿调解或者调解不成时,应当告知当事人向法院提起民事诉讼,而不应该在专利侵权纠纷行政处理中就赔偿数额进行处理。该案没有就赔偿进行处理是正确的。

三、本案点评

本案对在专利侵权纠纷行政处理中,执法机关该做什么不该做什么把握得非常精准。该做的做,不该做的不做,特别是在如何认定外观设计专利侵权方面,具有很好的示范作用。是一个难得的优秀案例。

案例七 “智能型计算机切换器及其系统”发明专利侵权纠纷

一、《北京市知识产权局专利侵权纠纷处理决定书》

北京市知识产权局
专利侵权纠纷处理决定书

请求人:A 公司
法定代表人:
住所地:
委托代理人:
委托代理人:
被请求人:B 公司
法定代表人:
住所地:
委托代理人:
委托代理人:
被请求人:C 公司
法定代表人:
住所地:
委托代理人:
案由:“智能型计算机切换器及其系统”(专利号:ZL02122202.9)发明专利侵权纠纷

请求人 A 公司就其“智能型计算机切换器及其系统”(专利号:ZL02122202.9)发明专利与被请求人 B 公司、C 公司的专利侵权纠纷,向本局提出处理请求。本局于 2013 年 7 月 23 日受理后,依据《专利行政执法办法》组成合议组,并于 2013 年 7 月 23 日向被请求人 B 公司、C 公司发出答辩通知书及请求书副本。被请求人 C 公司向国家知识产权局专利复审委员会提出宣告该专利权无效的请求,本局于 2013 年 8 月 9 日中止了本案的处理。鉴于国家知识产权局专利复审委员会作出维持该专利权有效的决定,本局于 2015 年 4 月 3 日起恢复对本案的处理。本局于 2015 年 4 月 15 日对本案进行了口头审理,请求人 A 公司的委托代理人,被请求人 B 公司、C 公司的委托代理人参加了口头审理,本案现已审结。

请求人 A 公司称:

A 公司是"智能型计算机切换器及其系统"(专利号:ZL02122202.9)发明专利的专利权人,该专利至今有效。2013 年 4 月发现 B 公司在其住所地销售了型号为 AB1504M/AB1508M/AB1516M 的"Resional"牌计算机切换器,上述产品是 C 公司生产、销售的,C 公司在其官网上发布了上述型号的计算机切换器产品广告,涉案产品侵犯了本专利的专利权。故请求责令被请求人 B 公司停止许诺销售、销售侵权产品,被请求人 C 公司停止生产、许诺销售、销售侵权产品。

被请求人 B 公司、C 公司辩称:

请求人的专利权所保护的内容为现有技术,并已向国家知识产权局专利复审委员会提交无效请求。被控侵权产品不具有作为主动设备时的串联输入端口及通过判断串联输入端口是否连接有电缆而确定主动模式或从动模式的控制装置,并未落入专利权保护范围。因此涉案产品的生产、许诺销售、销售行为不构成侵权行为。

现查明:

A 公司是"智能型计算机切换器及其系统"(专利号:ZL02122202.9)发明专利的专利权人,该专利至今有效,其权利要求书中的权利要求 1 为"一种具有自动检测能力的智能型计算机切换器,其特征在于:可使用至少一键盘,至少一鼠标及至少一屏幕,来控制多个计算机,该智能型计算机切换器,至少包含:(1)一串联输入端口,可用来输入数据及命令。(2)一控制装置,连接于该串联输入端口。当该串联输入端口连接一电缆时,该智能型计算机切换器为一从动的智能型计算机切换器,并通过该串联输入端口所输入的这些资料与命令来控制该多个计算机,其中该电缆被用来连接该从动的智能型计算机切换器的该串联输入端口与另一智能型计算机切换器的一串联输出端口,当该串联输入端口未连接该电缆时,该智能型计算机切换器为一主动的智能型计算机切换器,并通过连接于该主动的智能型计算机切换器上的该键盘、该鼠标与该屏幕控制该多个计算机。(3)一串联输出端口,连接于该控制装置,用来输出数据及命令;及多个计算机连接端口,连接于该控制装置及用来控制该多个计算机,并用来接收与传送该多个计算机及该控制装置之间的数据及命令。”

2013 年 4 月 15 日，A 公司在北京市的 B 公司购买了规格型号为 AB1504M/AB1508M/AB1516M 的“Resional”的计算机切换器各三套。涉案产品的生产商为 C 公司。

以上事实有发明专利证书、年费缴费收据、专利登记簿副本、专利授权公告文本、公证书、涉案产品、涉案产品发票、C 公司网站截屏、中国商标网商标查询网页截屏、口审笔录等在案佐证。

本局认为：

《中华人民共和国专利法》第五十九条规定：“发明或者实用新型专利权的保护范围以其权利要求的内容为准，说明书及附图可以用于解释权利要求的内容。”涉案产品三种型号的“Hardlink”牌计算机切换器与涉案专利的权利要求 1 相对比：

涉案产品可以使用一键盘、一鼠标、一屏幕控制多台计算机，与涉案专利权利要求 1 中“可使用至少一键盘，至少一鼠标及至少一屏幕，来控制多个计算机”相同；涉案产品具有一串联输入端口，用于在两台切换器之间输入数据及命令，与涉案专利权利要求 1 中“一串联输入端口，可用来输入数据及命令”相同；涉案产品是计算机切换器，其必然含有起控制作用的模块，与涉案专利权利要求 1 中“一控制装置，连接于该串联输入端口”相同；涉案产品的串联输入端口连接传送数据及命令的电缆时，为从动的计算机切换器，自动识别为 BANK2。从动切换器本身无需连接鼠标、键盘、屏幕，而是通过该端口与主动切换器之间传送数据来实现对多个计算机的控制，与涉案专利权利要求 1 中“当该串联输入端口连接一电缆时，该智能型计算机切换器为一从动的智能型计算机切换器，并通过该串联输入端口所输入的这些资料与命令来控制该多个计算机”相同；涉案产品两台切换器串联时，串联电缆一端与一台切换器的串联输入端口连接，另一端与另一台切换器的串联输出端口连接，与涉案专利权利要求 1 中“其中该电缆被用来连接该从动的智能型计算机切换器的该串联输入端口与另一智能型计算机切换器的一串联输出端口”相同；涉案产品的串联输入端口未连接该传送数据和命令的电缆时，为主动的计算机切换器，自动识别为 BANK1，与涉案专利权利要求 1 中“当该串联输入端口未连接该电缆时，该智能型计算机切换器为一主动的智能型计算机切换器”相同；涉案产品作为主动切换器时，需要连接鼠标、键盘、屏幕来控制多台计算机，与涉案专利权利要求 1 中“并通过连接于该主动的智能型计算机切换器上的该键盘、该鼠标与该屏幕控制该多个计算机”相同；涉案产品具有串联输出端口，用于在两台切换器之间输入数据及命令，该端口必然与控制装置相连接，与涉案专利权利要求 1 中“一串联输出端口，连接于该控制装置，用来输出数据及命令”相同;涉案产品具有多个计算机连接端口,用于控制多台计算机,该多个端口必然与控制装置相连接并在控制装置与该多台计算机之间传送数据及命令,与涉案专利权利要求1中“及多个计算机连接端口,连接于该控制装置及用来控制该多个计算机,并用来接收与传送该多个计算机及该控制装置之间的数据及命令”相同。

通过上述技术特征对比,可以确认涉案产品具有自动检测能力,为计算机切换器,因此属于“一种具有自动检测能力的智能型计算机切换器”。

因此涉案产品的技术特征与涉案专利权利要求1的技术特征完全相同,涉案产品已落入涉案专利权的保护范围。

涉案产品AB1504M/AB1516M型号的计算机切换器的外包装、机身、说明书、合格证、光盘上均有“Resional”商标,该商标经查询中国商标网为C公司申请,同时在C公司的网站上显示有该公司生产、许诺销售、销售上述产品的网页介绍,因此涉案产品的生产者应为C公司;AB1508M型号的计算机切换器的机身型号与AB1504M/AB1516M系列名称一致,且从B公司统一购买,在C公司的网站上显示有该公司生产、许诺销售、销售该型号产品的网页介绍,该型号涉案产品的生产者应为C公司。

依据《中华人民共和国专利法》第十一条第一款的规定:“发明和实用新型专利权被授予后,除本法另有规定的以外,任何单位或者个人未经专利权人许可,都不得实施其专利,即不得为生产经营目的制造、使用、许诺销售、销售、进口其专利产品,或者使用其专利方法以及使用、许诺销售、销售、进口依照该专利方法直接获得的产品。”被请求人B公司许诺销售、销售涉案产品,被请求人C公司生产、许诺销售、销售涉案产品的行为是侵犯请求人专利权的行为。

根据《中华人民共和国专利法》第六十条之规定,本局决定如下:

1. 责令北京市B科技有限公司停止许诺销售、销售侵犯涉案专利的计算机切换器。

2. 责令深圳市C科技有限公司停止生产、许诺销售、销售侵犯涉案专利的计算机切换器。

当事人如不服本决定,可自收到处理决定书之日起十五日内依照《中华人民共和国行政诉讼法》向北京知识产权法院起诉。

合议组:

北京市知识产权局

2015年4月29日

二、本案解析

(一)现有技术抗辩的含义及审查步骤

《专利法》(2009年10月1日起施行)第六十二条规定:“在专利侵权纠纷中,被控侵权人有证据证明其实施的技术或者设计属于现有技术或者现有设计的,不构成侵犯专利权。”《最高人民法院关于审理侵犯专利权纠纷案件应用法律若干问题的解释》(自2010年1月1日起施行)第十四条规定:“被诉落入专利权保护范围的全部技术特征,与一项现有技术方案中的相应技术特征相同或者无实质性差异的,人民法院应当认定被诉侵权人实施的技术属于专利法第六十二条规定的现有技术。”据此,首先是在被请求人提出现有技术抗辩时,执法机关才对其抗辩是否成立进行审查,而不应该在被请求人没有提出现有技术抗辩时,对被控技术方案是否属于现有技术进行审查。其次应该是对被控技术方案是否属于现有技术进行审查,而不是对涉案专利技术方案是否属于现有技术进行审查。

在法定的现有技术抗辩及审查程序中,专利行政执法机关进行判定的顺序应该是:第一步,判定被控技术方案是否落入了涉诉专利权的保护范围,如果没有落入,不可能构成侵权,不需再作其他判断,直接驳回处理请求,如果落入再作第二步判断;第二步,判断被控产品或方法的全部技术特征,是否与一项现有技术方案中的相应技术特征相同或者无实质性差异,如果是,现有技术抗辩成立,不构成侵权,驳回处理请求,如果不是,现有技术抗辩不成立,构成专利侵权。或者先进行上述第二步,判断被控技术方案的全部技术特征,是否与一项现有技术方案中的相应技术特征相同或者无实质性差异,如果是则不构成侵权,现有技术抗辩成立,直接驳回处理请求;如果不是,则现有技术抗辩不成立,需要进一步判断被控技术方案是否落入了涉案专利权的保护范围;如果没有落入,则不构成侵权,驳回处理请求,如果落入,则构成侵权。到底先进行哪一步,应该按照案件实际,哪一步容易判断,先进行哪一步的判断。本案中,被请求人主张的是“专利权所保护的内容为现有技术”,此并不是法定的现有技术抗辩的依据,而是涉案专利权无效的依据。对此,如果被请求人没有向专利复审委员会提出无效宣告请求并请求专利行政执法机关中止审理,专利行政执法机关就应当直接判断被控技术方案是否落入了涉案专利权的保护范围。如果落入,再判断是否构成侵权、侵权类型及相应的行政责任。本案中,既然提出了无效宣告并且请求中止审理,专利行政执法机关就应该中止审理,等待专利复审委员会对涉案专利权的效力认定。最后的结果是专利复审委员会宣告该涉案专利有效,因此在恢复审理后就应该进行被控技术方案的技术特征与涉案专利权利要求技术方案的技术特征的技术比对,以判断是否构成侵权。

(二)关于被控产品是否落入涉案专利权保护范围的判断

本案中,专利执法机关对权利人主张的涉案权利要求作了深入的研究并且对其技术方案划分成具体的技术特征。再对被控产品作了深入研究,对其技术方案对应于涉案专利划分成技术特征。在此基础上对对应或相关技术特征逐一比对。比对结果为被控产品的技术特征与请求人主张的涉案专利权利要求的技术特征完全相同,涉案产品落入涉案专利权的保护范围。

(三)关于侵权主体、侵权类型、及侵权责任的认定合法

本案查明的事实为:请求人在B公司直接购买的三套计算机切换器中,AB1504M /AB1516M型号的计算机切换器的外包装、机身、说明书、合格证、光盘上均有“Resional”商标,该商标经查询中国商标网为C公司申请,同时在C公司的网站上显示有该公司生产、许诺销售、销售上述产品的网页介绍,因此涉案产品的生产者应为C公司;AB1508M型号的计算机切换器的机身型号与AB1504M /AB1516M系列名称一致,且从B公司统一购买,在C公司的网站上显示有该公司生产、许诺销售、销售该型号产品的网页介绍,该型号涉案产品的生产者应为C公司。其中,对于AB1504M /AB1516M型号两款产品,依据其外包装、机身、说明书、合格证、光盘上均使用了被请求人C公司的商标,同时在C公司的网站上显示有该公司生产、许诺销售、销售上述产品的网页介绍,因此认定被控产品的生产者为C公司,证据是充分的;对于AB1508M型号的产品,由于其机身型号与AB1504M /AB1516M系列的一致,且从B公司统一购买,在C公司的网站上显示有该公司生产、许诺销售、销售该型号产品的网页介绍,认定该型号涉案产品的生产者为C公司,即C公司以制造的形式侵犯请求人的专利权,证据也是充分的。如果仅有第一部分证据,即侵权产品外包装、机身、说明书、合格证、光盘上均使用了被请求人C公司的商标,而没有其他证据佐证,被请求人又不承认的情况下,就不能认定C公司是侵权产品的生产者。

基于上述事实及相关法律规定,认定北京市B科技有限公司以许诺销售、销售的方式侵犯涉案专利,深圳市C科技有限公司以生产、许诺销售、销售侵犯涉案专利。在此基础上责令被请求人承担如下专利侵权行政责任。

1. 责令北京市B科技有限公司停止许诺销售、销售侵犯涉案专利的计算机切换器。

2. 责令深圳市C科技有限公司停止生产、许诺销售、销售侵犯涉案专利的计算机切换器。

三、本案点评

本案不论是对现有技术抗辩法律规定的理解和把握，对被控产品是否落入了涉案专利权的保护范围的认定，还是对侵权主体、侵权类型、侵权责任的认定都是事实清楚、证据确实充分、法律适用正确，属于优秀案例。

案例八　“胶原贴敷料”实用新型专利侵权纠纷

一、《北京市知识产权局专利侵权纠纷处理决定书》

北京市知识产权局
专利侵权纠纷处理决定书

请求人:A 生物技术有限公司
法定代表人:
住所地:
委托代理人:
委托代理人:
被请求人:B 医药科技公司
法定代表人:
住所地:
委托代理人:
案由:“胶原贴敷料”(专利号:ZL200420004213.3)实用新型专利侵权纠纷

请求人 A 生物技术有限公司就其“胶原贴敷料”(专利号:ZL200420004213.3)实用新型专利与被请求人 B 医药科技公司的专利侵权纠纷,向本局提出处理请求。本局于 2011 年 5 月 17 日受理后,依据《专利行政执法办法》组成合议组,并于 2011 年 9 月 1 日进行了口头审理,请求人 A 生物技术有限公司代理人与被请求人 B 医药科技公司法定代表人、代理人参加了口头审理。现本案已审结。

请求人 A 生物技术有限公司称:

A 生物技术有限公司是“胶原贴敷料”(专利号:ZL200420004213.3)实用新型专利的专利权人,该专利至今有效。B 医药科技公司生产、销售的胶原修复贴侵犯了请求人的专利权。故请求贵局依法处理,责令被请求人停止生产、许诺销售、销售侵权产品——胶原修复贴。

被请求人 B 医药科技公司辩称：

根据《中华人民共和国专利法》第六十九条第一款第五项的规定："有下列情形之一的，不视为侵犯专利权：（五）为提供行政审批所需要的信息，制造、使用、进口专利药品或者专利医疗器械的，以及专门为其制造、进口专利药品或者专利医疗器械的。"B 医药科技公司的胶原修复贴目前尚处于产品注册申请阶段。为了获得胶原修复贴的上市行政许可，制造的胶原修复贴用于产品的注册申请和注册检验，这些行为都是为了提供胶原修复贴行政审批所需要的信息，因此不存在侵犯涉案专利权的问题。由于涉案专利是实用新型专利，不保护产品所使用的材料，因此，其保护范围不应当包括其使用的材料。依据国家食品药品监督管理局网站公布的内容，涉案专利申请日为 2004 年 2 月 20 日，在此之前，2004 年 1 月 5 日请求人就已经获得胶原贴敷料的上市批准，因此涉案专利所保护的技术方案属于现有技术。

经审理，查明：

A 生物技术有限公司是"胶原贴敷料"（专利号：ZL200420004213.3）实用新型专利的专利权人，该专利至今有效。B 医药科技公司制造、许诺销售、销售了涉案产品胶原修复贴。

"胶原贴敷料"（专利号：ZL200420004213.3）实用新型专利权利要求书中的权利要求 1 为"一种胶原贴敷料，呈层状结构，其组件中有活性胶原蛋白原液，其特征在于：该层状结构的中心至少一层无纺棉布层，该无纺棉布层浸透胶原蛋白原液，该无纺棉布层两侧面各为上、下胶原蛋白原液层，该上、下胶原蛋白原液层外侧各为上、下容器膜层，而构成横截面为五层的层状架构；该上、下容器膜层四周边缘固接密封构成扁平状容器袋，该容器袋将位于层状结构中心的无纺棉布层及各胶原蛋白原液层密封地包容于其内腔"。

被请求人 B 医药科技公司制造、许诺销售、销售的涉案产品胶原修复贴为一层无纺棉布层，该无纺棉布层浸透胶原蛋白原液，该无纺棉布两侧面各为上、下胶原蛋白原液层，该上、下胶原蛋白原液层外侧各为上、下容器膜层，而构成横截面为五层的层状架构；该上、下容器膜层四周边缘固接密封构成扁平状容器袋，该容器袋将位于层状结构中心的无纺棉布层及各胶原蛋白原液层密封地包容于其内腔。

以上事实有专利登记簿副本、国家知识产权局专利收费收据、专利授权公告文本、口审笔录、涉案产品、涉案产品宣传单等在案佐证。

本局认为：

1. 专利法第五十九条规定："发明或者实用新型专利权的保护范围以其权利要求的内容为准，说明书及附图可以用于解释权利要求的内容。"被请求人 B 医药科技公司制造、许诺销售、销售的涉案产品胶原修复贴与请求人的涉案专利对比,涉案产品与涉案专利技术特征一一相对,落入了请求人专利的保护的范围。

2. 请求人A生物技术有限公司已购得并当庭出示了被请求人B医药科技公司在市场上销售的涉案产品胶原修复贴,B医药科技公司提出的其制造的涉案产品胶原修复贴是为了获得行政审批的抗辩理由本局不予采信。

3. 请求人在2004年2月20日涉案专利申请日前,即2004年1月5日虽已获得胶原贴敷料的上市批准,但被请求人并未拿到在涉案专利申请日前胶原贴敷料已销售或其技术内容已公开披露的具体证据,因此对被请求人提出的现有技术抗辩理由本局不予支持。

应认定被请求人B医药科技公司制造、许诺销售、销售胶原修复贴的行为侵犯了请求人A生物技术有限公司"胶原贴敷料"(专利号:ZL200420004213.3)实用新型专利权。

经调解,双方未达成一致意见。

根据《中华人民共和国专利法》第十一条、第六十条之规定,本局决定如下:

责令B医药科技公司停止制造、许诺销售、销售胶原修复贴的行为。

当事人如不服本决定,可自收到处理决定书之日起十五日内依照《中华人民共和国行政诉讼法》向北京市第一中级人民法院起诉。

合议组:

北京市知识产权局

二〇一一年十月十七日

二、本案解析

(一)关于《专利法》第六十九条第一款第五项即为了行政审批的抗辩

《专利法》第六十九条规定,为提供行政审批所需要的信息,制造、使用、进口专利药品或者专利医疗器械的,以及专门为其制造、进口专利药品或者专利医疗器械的不视为侵犯专利权。据此,这种不视为侵犯专利权的行为一定仅仅是为了提供行政审批信息,而且一定不包括销售、许诺销售的行为。而本案中被请求人实施了销售、许诺销售的行为,因此其不构成侵权的抗辩不能成立,处理决定对此不予认定是正确的。

(二)关于依据《专利法》第二条的抗辩

《专利法》第二条第二款规定:"实用新型,是指对产品的形状、构造或者其结合所提出的适于实用的新的技术方案。”据此，实用新型专利保护的一定是具有一定形状、构成的产品。单纯的材料，即仅仅是一种没有固定形状的物质，不能成为实用性型专利权的客体。本案中，涉案专利的名称虽为“胶原贴敷料”，但其权利要求1为“一种胶原贴敷料，呈层状结构，其组件中有活性胶原蛋白原液，其特征在于：该层状结构的中心至少一层无纺棉布层，该无纺棉布层浸透胶原蛋白原液，该无纺棉布层两侧面各为上、下胶原蛋白原液层，该上、下胶原蛋白原液层外侧各为上、下容器膜层，而构成横截面为五层的层状架构；该上、下容器膜层四周边缘固接密封构成扁平状容器袋，该容器袋将位于层状结构中心的无纺棉布层及各胶原蛋白原液层密封地包容于其内腔”。据此，涉案专利权的技术方案是具有一定形状、结构的产品，并不是一种单纯的材料。因此，本案对被请求人依据《专利法》第二条不构成侵权的抗辩不予支持的处理决定正确。另外，涉案专利权不符合《专利法》第二条的规定，应该是构成专利权无效的理由，而不是在专利权有效的前提下不构成专利侵权的抗辩理由。本案中被控产品也是具有一定行状构造的产品，属于《专利法》第二条规定的客体范围。

（三）专利技术方案在其申请日之前已经属于现有技术不能用于现有技术的抗辩

本案中，执法机关是根据被请求人没有具体证据支持其关于现有技术抗辩的主张而不予采信的。其实，就算本案中的被请求人有确实充分的证据支持其涉案专利技术方案属于现有技术的主张，其现有技术抗辩也是不能成立的。《专利法》第六十二条规定：“在专利侵权纠纷中，被控侵权人有证据证明其实施的技术或者设计属于现有技术或者现有设计的，不构成侵犯专利权。”《专利法》第二十二条第五款规定：“本法所称现有技术，是指申请日以前在国内外为公众所知的技术。”据此，构成现有技术抗辩的一定是被请求人自己实施的技术方案在涉案专利申请日之前属于现有技术，而不是已经获得专利保护的技术方案在申请日之前属于现有技术。即使专利保护的技术方案在其申请日之前已经属于现有技术，现有技术抗辩仍然不能成立。即使专利保护的技术方案在其申请日之前已经被公开，属于现有技术，充其量构成涉案专利权无效的条件。对此，如果被请求人不是据此向专利复审委员会提出无效宣告请求，而是向专利行政执法机关主张专利权无效的，专利行政执法机关只能释明并告知其向专利复审委员会提出无效宣告请求。其不向专利复审委员会提出无效请求，并依据受理通知向专利行政执法机关提出中止关于专利侵权的行政处理的请求，专利行政执法机关仍然依照该专利权有效处理本案。

（四）关于专利侵权纠纷行政调解

《中华人民共和国专利法实施细则》（2010年修订）第八十一条规定：“当

事人请求处理专利侵权纠纷或者调解专利纠纷的，由被请求人所在地或者侵权行为地的管理专利工作的部门管辖。”据此，在当事人同意的情况下，专利行政执法机关可以对专利侵权纠纷的行政处理进行调解，同时一并对侵权赔偿进行调解。考虑到节约执法、司法资源和矛盾的化解，应该大力提倡调解结案。实践中，大量的专利侵权纠纷行政处理就是通过调解结案的。但在调解不能达成一致时，应在规定期限内及时作出处理决定。因此，本案在查清事实、分清责任的基础上，先行调解，调解无效时，及时依法裁决是值得提倡的。

三、本案点评

本案针对被请求人依据《专利法》第六十九条第一款第五项即为了行政审批的抗辩，依据《专利法》第二条即实用新型专利权保护客体的抗辩，依据专利技术方案在其申请日之前已经属于现有技术提出的现有技术的抗辩，都作出了正确的处理。在调解无效时，及时作出处理决定，责令 B 医药科技公司停止制造、许诺销售、销售构成侵权的胶原修复贴的行为，正确地维护了请求人的专利权。

案例九 销售侵权产品“一种含1—N—乙基庆大霉素C1a或其盐的药用制剂及制备方法”发明专利侵权纠纷

一、《北京市知识产权局专利侵权纠纷处理决定书》(京知执字〔2009〕532-20号)

北京市知识产权局
专利侵权纠纷处理决定书

京知执字〔2009〕532-20号

请求人:A制药有限公司
法定代表人:
住所:
委托代理人:
被请求人:B医院
法定代表人:
住所:
案由:“一种含1—N—乙基庆大霉素C1a或其盐的药用制剂及制备方法”(专利号:ZL93112412.3)发明专利侵权纠纷

请求人A制药有限公司就其“一种含1—N—乙基庆大霉素C1a或其盐的药用制剂及制备方法”发明专利与被请求人B医院的专利侵权纠纷,向本局提出处理请求。本局于2008年9月9日受理后,依据《专利行政执法办法》组成合议组,并于2008年9月16日向B医院发出答辩通知书,2009年3月5日,对本案进行了口头审理,请求人A制药有限公司的委托代理人参加了口头审理,被请求人B医院缺席口头审理,现本案已审结。

请求人 A 制药有限公司称：

江苏省微生物研究所有限责任公司是“一种含 1—N—乙基庆大霉素 C1a 或其盐的药用制剂及制备方法”发明专利的专利权人，该专利至今有效。2004 年 5 月 26 日江苏省微生物研究所有限责任公司与 A 制药有限公司签订专利实施许可合同，将硫酸依替米星的大输液注射剂，包括硫酸依替米星氯化钠注射液在中国境内的独家专利实施权许可给 A 制药有限公司。硫酸依替米星的大输液注射剂，包括硫酸依替米星氯化钠注射液均在“一种含 1—N—乙基庆大霉素 C1a 或其盐的药用制剂及制备方法”发明专利的保护范围内。2008 年 7 月 21 日，被请求人 B 医院销售了江西制药有限责任公司生产的“硫酸依替米星氯化钠注射液”，其行为侵犯了我公司获得的独家专利实施权。故请求贵局依法处理，责令 B 医院停止销售江西制药有限责任公司生产的“硫酸依替米星氯化钠注射液”。

被请求人 B 医院未提交答辩意见。

经审理查明：

江苏省微生物研究所有限责任公司是“一种含 1—N—乙基庆大霉素 C1a 或其盐的药用制剂及制备方法”（专利号：ZL93112412.3）发明专利的专利权人，该专利至今有效。该专利权利要求 1 为“一种含 1—N—乙基庆大霉素 C1a 或其盐的药用制剂，其特征在于该药用制剂是由作为活性成分的 1—N—乙基庆大霉素 C1a 或其盐与药用载体组成的，并且按含 1—N—乙基庆大霉素 C1a 或其盐为 0.01～99.99%（重量%）与含药用载体为 99.99～0.01%（重量%）的配比组成”。

2004 年 5 月 26 日江苏省微生物研究所有限责任公司与 A 制药有限公司签订专利实施许可合同，将硫酸依替米星的大输液注射剂，包括硫酸依替米星氯化钠注射液在中国境内的独家专利实施权许可给 A 制药有限公司。

2008 年 7 月 21 日 B 医院销售了江西制药有限责任公司生产的“硫酸依替米星氯化钠注射液”。该产品包括瓶贴、说明书及外包装盒。该产品说明书中写明了产品中包含的硫酸依替米星的化学结构式，结构式括号内为依替米星，括号外为硫酸根。产品的瓶贴、说明书及外包装盒中均注明产品规格为 100ml∶10 万单位依替米星∶0.9g 氯化钠，生产企业为江西制药有限责任公司。

以上事实有发明专利登记簿副本、专利授权公告文本、江苏微生物研究所有限责任公司与 A 制药有限公司签订的“硫酸依替米星大输液型专利实施许可合同”、涉案产品、涉案产品说明书、涉案产品外包装盒、涉案产品瓶贴、涉案产品发票及口审笔录等在案佐证。

本局认为：

1. 专利法第五十九条规定："发明或者实用新型专利权的保护范围以其权利要求的内容为准，说明书及其附图可以用于解释权利要求。"被请求人B医院销售的江西制药有限责任公司生产的"硫酸依替米星氯化钠注射液"与涉案专利的权利要求1相对比：

第一，组分相同。其中被请求人B医院销售的"硫酸依替米星氯化钠注射液"附的说明书中化学结构式的括号内部分，对应的是涉案专利权利要求1中的"1—N—乙基庆大霉素C1a"，并与涉案专利说明书中化学结构式括号内部分完全一致；其中被请求人B医院销售的"硫酸依替米星氯化钠注射液"附的说明书中化学结构式括号外硫酸根部分对应的是涉案专利权利要求1中的"或其盐"；其中被请求人B医院销售的"硫酸依替米星氯化钠注射液"附的说明书中规格部分的"100ml∶0.9g氯化钠"，对应的是涉案专利权利要求1中的"药用载体"。

第二，组分的配比落入了涉案专利权利要求1的保护范围。被请求人B医院销售的"硫酸依替米星氯化钠注射液"附的说明书中的配比，即规格部分的"100ml∶10万单位依替米星"，对应的是涉案专利权利要求1中的"1—N—乙基庆大霉素C1a或其盐为0.01～99.99%（重量%）与含药用载体为99.99～0.01%（重量%）的配比组成"。

2. 请求人A制药有限公司认可B医院所售涉案产品应当来源于北京市药品统一招标采购，具备合法来源。根据专利法第七十条："为生产经营目的使用或者销售不知道是未经专利权人许可而制造并售出的专利产品或者依照专利方法直接获得的产品，能证明其产品合法来源的，不承担赔偿责任"的规定，B医院属于销售了不知道是未经专利权人许可而制造并售出的专利产品，不应承担赔偿责任；但根据专利法第十一条第一款："发明和实用新型专利权被授予后，除本法另有规定的以外，任何单位或者个人未经专利权人许可，都不得实施其专利，即不得为生产经营目的制造、使用、许诺销售、销售、进口其专利产品，或者使用其专利方法以及使用、许诺销售、销售、进口依照该专利方法直接获得的产品。"B医院仍应承担停止销售侵权产品的责任。

经调解，双方当事人未能达成一致。

根据《中华人民共和国专利法》第六十条第一款之规定，本局决定如下：

1. 责令B医院停止销售江西制药有限责任公司生产的"硫酸依替米星氯化钠注射液"。

2. 本案受理费、处理费共计叁佰元整，由被请求人北京市昌平区红十字会B医院承担。

当事人如不服本决定,可自收到处理决定书之日起十五日内依照《中华人民共和国行政诉讼法》向北京市第一中级人民法院起诉。

合议组:

北京市知识产权局

二〇〇九年六月三十日

二、本案解析

(一)关于化学药品专利如何判定被控产品是否落入了专利权的保护范围

《最高人民法院关于审理侵犯专利权纠纷案件应用法律若干问题的解释》(法释〔2009〕21号自2010年1月1日起施行)第七条规定:“人民法院判定被诉侵权技术方案是否落入专利权的保护范围,应当审查权利人主张的权利要求所记载的全部技术特征。被诉侵权技术方案包含与权利要求记载的全部技术特征相同或者等同的技术特征的,人民法院应当认定其落入专利权的保护范围;被诉侵权技术方案的技术特征与权利要求记载的全部技术特征相比,缺少权利要求记载的一个以上的技术特征,或者有一个以上技术特征不相同也不等同的,人民法院应当认定其没有落入专利权的保护范围。”根据《专利审查指南》(2010)的规定,组合物发明,其权利要求由组合物的组分或者组分和含量等组成特征来限定。对于仅由组合物的组分限定的权利要求,其技术特征表现为该组合物的组成成分。其又分为开放式和封闭式两种。开放式表示组合物中并不排除权利要求中未指出的组分;封闭式则表示组合物中仅包括所指出的组分而排除所有其他的组分(杂质除外)。措词为:“含有”“包括”“包含”“基本含有”“本质上含有”“主要由……组成”“主要组成为”“基本上由……组成”“基本组成为”的,为开放式权利要求,都表示该组合物中还可以含有权利要求中所未指出的某些组分,即使其在含量上占较大的比例。措辞为:“由……组成”“组成为”“余量为”等的,为封闭式权利要求,这些都表示要求保护的组合物由所指出的组分组成,没有别的组分,但可以带有杂质,该杂质只允许以通常的含量存在。

对于由既有组合物的组分又有组合物的含量限定的的权利要求,其技术方案由组分技术特征和组分之间数量关系技术特征共同构成。对于这样的权利要求,在判断被控技术方案是否落入专利权的保护范围时,不仅要按照上述要求判断组分是否落入了专利权的保护范围,还需要判断组分之间的数量关系也落入了专利权的保护范围。只有这两方面都落入专利权的保护范围时,被控技术方案才算落入了专利权的保护范围。

本案中的权利要求1为“一种含1—N—乙基庆大霉素C1a或其盐的药用制剂,其特征在于该药用制剂是由作为活性成分的1—N—乙基庆大霉素C1a或其盐与药用载体组成的,并且按含1—N—乙基庆大霉素C1a或其盐为0.01~99.99%(重量%)与含药用载体为99.99~0.01%(重量%)的配比组成”。该表述中,其主题名称虽为“一种含……或其盐的药用制剂”,但其组分的表述却是:“该药用制剂是由……与……组成”。因此,其仍是一种封闭式权利要求。因此,如果被控技术方案中除了含有1—N—乙基庆大霉素C1a或其盐以及药用载体外,含有超过杂质量的其他成分的就没有落入该专利权的保护范围,就不可能构成专利侵权。如果其表述为:“该药用制剂是主要由……与……组成”的话,其就是开放式的,被控技术方案除了含有作为活性成分的1—N—乙基庆大霉素C1a或其盐与药用载体外,就算还有超过杂质量的其他成分,就从组分方面判断,也是落入了该专利权的保护范围的。

当然,该权利要求技术方案除了在组分方面封闭式限定外,在组分的数量关系方面还限定为:“并且按含1—N—乙基庆大霉素C1a或其盐为0.01~99.99%(重量%)与含药用载体为99.99~0.01%(重量%)的配比组成”。据此,被控技术方案只含1—N—乙基庆大霉素C1a或其盐与药用载体,它们之间的数量关系(重量比)在0.01~99.99%与99.99~0.01%,即1(1—N—乙基庆大霉素C1a或其盐):9999(药用载体)到9999(1—N—乙基庆大霉素C1a或其盐):1(药用载体)之间的,才算落入了该专利权的保护范围。

本案中,被请求人B医院销售的药用制剂中仅含有“1—N—乙基庆大霉素C1a或其盐”及“药用载体”。其规格为“100ml:10万单位依替米星”,也就是它们之间的数量关系为“100ml(1—N—乙基庆大霉素C1a或其盐加上药用载体):10万单位(1—N—乙基庆大霉素C1a或其盐)。由于1000单位等于1毫克,10万单位等于100毫克,其换算成重量比约为100000毫克:100毫克=1000:1,其药用载体与1—N—乙基庆大霉素C1a或其盐的重量比非常近似地为1000:1,落在了专利权利要求的9999(药用载体):1(1—N—乙基庆大霉素C1a或其盐)范围之内。因此,构成专利侵权。该案的认定对于同类案件具有示范作用。

(二)关于侵权产品属于“善意所得”的侵权责任

本案处理时间为2009年6月30日,按照当时实施的《专利法》(2000年修正)第六十三条第二款(现为第七十条)规定:“为生产经营目的使用或者销售不知道是未经专利权人许可而制造并售出的专利产品或者依照专利方法直接获得的产品,能证明其产品合法来源的,不承担赔偿责任。”据此,由于本案请求人认可被请求人B医院所售涉案产品应当来源于北京市药品统一招标采购,具备合法来源,而且被请求人应该是不知道被控产品是未经专利权人许可而制造并售出的专利产品或者依照专利方法直接获得的产品,专利行政执法机关依据《专利法》第十一条规定,除责令B医院停止销售该侵权产品外,还可以责令停止使用该侵权产品。但对于该种情形,《最高人民法院关于审理侵犯专利权纠纷案件应用法律若干问题的解释(二)》(法释〔2016〕1号,自2016年4月1日施行)第二十五条规定:"为生产经营目的使用、许诺销售或者销售不知道是未经专利权人许可而制造并售出的专利侵权产品,且举证证明该产品合法来源的,对于权利人请求停止上述使用、许诺销售、销售行为的主张,人民法院应予支持,但被诉侵权产品的使用者举证证明其已支付该产品的合理对价的除外。本条第一款所称不知道,是指实际不知道且不应当知道。本条第一款所称合法来源,是指通过合法的销售渠道、通常的买卖合同等正常商业方式取得产品。对于合法来源,使用者、许诺销售者或者销售者应当提供符合交易习惯的相关证据。"据此,对于同样的,为生产经营目的使用、许诺销售或者销售不知道是未经专利权人许可而制造并售出的专利侵权产品,且举证证明该产品合法来源,且被诉侵权产品的使用者举证证明其已支付该产品的合理对价的,也就是属于善意所得的侵犯专利权的产品,被控侵权产品的权利人除不承担赔偿责任外,还可以不停止使用。

三、本案点评

本案属于医院销售的药品侵犯专利权的案例,对于如何判定销售的药品是否构成专利侵权具有示例价值。另外,本案被控侵权药品属于"善意所得",按照旧的司法解释可以不承担赔偿责任,按照新的司法解释除不承担赔偿责任外,还可以不停止使用的案例类型。

案例十　“大象兔爷”外观设计专利侵权纠纷

一、《北京市知识产权局专利侵权纠纷处理决定书》

北京市知识产权局
专利侵权纠纷处理决定书

请求人:A 文化有限公司
住所地:
法定代表人:
委托代理人:
被请求人:王 × ×
经营场所:
案由:“大象兔爷”(专利号:ZL201230323967.5)外观设计专利侵权纠纷

2014 年 7 月 15 日,请求人 A 文化有限公司就其“大象兔爷”(专利号:ZL201230323967.5)外观设计专利与被请求人王 × × 专利侵权纠纷,向本局提出处理请求。本局于 2014 年 7 月 16 日受理后,依据《专利行政执法办法》组成合议组,并于 2014 年 7 月 16 日向被请求人王 × × 发出答辩通知书及请求书副本,被请求人于 2014 年 7 月 21 日提交答辩书。2014 年 8 月 7 日,本局对本案双方当事人发出口头审理通知书,于 2014 年 8 月 15 日,对本案进行了口头审理,请求人的委托代理人参加了口头审理,被请求人缺席口头审理。现本案已审结。

请求人称:

我公司是“大象兔爷”(专利号:ZL201230323967.5)外观设计专利的专利权人,该专利至今有效。2014 年 6 月 27 日,我公司工作人员在前门步行街的王 × × 个体经营者处购得其出售的与本公司外观设计专利相同的大象兔爷一件,由于我公司所生产产品在作品底处扣有编码,用于区分不同制作师的作品,因此王 × × 销售的产品非我公司制作。王 × × 个体经营者销售大象兔爷的行为侵犯了我公司“大象兔爷”(专利号:ZL201230323967.5)外观设计专利权。请求市知识产权局查明侵权事实、依法做出处理,责令被请求人立即停止不法侵害行为,并对侵权损害赔偿数额进行调解。

被请求人称:

A文化有限公司借助传统民间工艺老北京兔爷的深厚文化底蕴,并抄袭了经典网络游戏中的兔爷形象,取得了外观设计专利权。作为公民应当对这种不当得利行为向国家知识产权局专利复审委会提出专利权无效宣告请求,但因时间有限也不想与其产生过多交集,故放弃上述权利。愿将与请求人外观设计专利相同的产品在本人商铺做撤架处理。

经审理查明:

请求人A文化有限公司是“大象兔爷”(专利号:ZL201230323967.5)外观设计专利的专利权人,该专利至今有效。该外观设计专利公告中印有主视图、俯视图、后视图、仰视图、左视图、右视图、立体图及简要说明。视图显示:“大象兔爷”造型主体为兔爷坐在象背上,呈作揖状,由上部兔爷头、中部兔爷身及下部大象构成。兔爷头顶有带弹簧的双耳及带卷边的披头,眼、鼻、嘴等构成面部图案,兔爷上身为双袖并拢带有图案,兔爷下身为海纹裙摆;象头有图案,象身有带图案坐垫。简要说明强调:外观设计的设计要点在于外观设计的形状、图案及其结合,最能表明其设计要点的图片为主视图。

2014年6月27日,请求人在位于前门步行街被请求人处购得工艺摆件大象兔爷一件。该工艺摆件大象兔爷造型主体为兔爷坐在象背上,呈作揖状,由上部兔爷头、中部兔爷身及下部大象构成。兔爷头顶有带弹簧的双耳及带卷边的披头,眼、鼻、嘴等构成面部图案,兔爷上身为双袖并拢带有图案,兔爷下身为海纹裙摆,象头有图案,象身有带图案坐垫。

以上事实有外观设计专利公告文本、国家知识产权局专利收费收据、商城购买的工艺摆件大象兔爷实物、商城开具的销售收据、口审笔录在案佐证。

本局认为:

1. 被请求人王××个体经营者销售的工艺摆件大象兔爷与涉案专利外观设计产品属于相同种类产品。

2.《中华人民共和国专利法》第五十九条第二款规定:“外观设计专利的保护范围以表示在图片或照片中的该产品的外观设计为准,简要说明可以用于解释图片或者照片所表示的该产品的外观设计。”将被请求人的工艺摆件大象兔爷被控侵权产品的外观设计与请求人的涉案专利外观设计对比,设计特征的差别在于:兔爷上身,双袖上图案不同,象身坐垫图案不同。根据整体观察,综合判断的原则,上述差别应属于一般消费者难以注意到的微小变化,应当认定二者无显著区别,属于相近似,即被控侵权产品落入涉案专利的保护范围。

3.《中华人民共和国专利法》第十一条第二款规定:“外观设计专利权被授予后,任何单位或者个人未经专利权人许可,都不得实施其专利,即不得为生产经营目的制造、许诺销售、销售、进口其外观设计专利产品。”请求人A文化有限公司是“大象兔爷”(专利号:ZL201230323967.5)外观设计专利权人,该外观设计专利处于合法、有效状态,请求人A文化有限公司有权禁止他人在未经许可的情况下实施其外观设计专利。

综上,被请求人王××个体经营者未经专利权人A文化有限公司许可为生产经营目的制造、销售与涉案外观设计专利相近似的工艺摆件大象兔爷,侵犯了请求人A文化有限公司的专利权。

根据《中华人民共和国专利法》第十一条第二款,决定如下:

责令王××立即停止制造、销售落入“大象兔爷”(专利号:ZL201230323967.5)外观设计专利权保护范围内的工艺摆件大象兔爷。

当事人如不服本决定,可自收到处理决定书之日起十五日内依照《中华人民共和国行政诉讼法》向北京市第二中级人民法院起诉。

合议组:

北京市知识产权局

2014年11月15日

二、本案点评

本案与本书案例六名称为“兔爷”的案例除专利号和专利设计不同外,其他各方面都非常相似,几乎一样。解析参见本书案例六中关于“兔爷”案例的解析。这两个案子的处理充分体现了相同情况相同处理的法治原则。

案例十一 “自行车停放架”实用新型专利侵权纠纷

一、《北京市知识产权局处理决定书》

北京市知识产权局
处理决定书

请求人：沙××
地址：
委托代理人：
地址：
被请求人：A交通科技有限公司
法定代表人：
地址：
被请求人：B服装有限公司
法定代表人：
地址：
案由：“自行车停放架”实用新型专利侵权纠纷

请求人沙××于2007年11月22日就被请求人A交通科技有限公司与B服装有限公司侵犯其“自行车停放架”（专利号：ZL98200574.1）实用新型专利权一案，向本局提出处理请求。本局受理后，依法组成合议组并于11月23日分别向本案当事人发出受理通知书和答辩通知书。两被请求人在本局规定的时间内做出了书面答辩意见并提交了相关证据。现本案已审结。

请求人沙××称：

本人是专利号为ZL98200574.1的“自行车停放架”实用新型专利的专利权人，现为某高新技术有限公司董事长。2007年11月9日，公司员工在被请求人北京市B服装有限公司门前发现了仿冒请求人专利的自行车停放架24组80米，经调查，该自行车停放架为A交通科技有限公司生产、安装。B服装有限公司未经许可，使用了与本人专利相同的自行车停放架；A交通科技有限公司未经许可，制造、销售了与本人专利相同的自行车停放架。根据我国专利法第十一条规定，其行为侵犯了本人的专利权，要求A交通科技有限公司必须立即停止生产、销售与专利权人发明相同的自行车停放架，赔付产品损失15万元；要求B服装有限公司拆除安装在门前的与专利权人发明相同的自行车停放架，如不拆除则承担其对自行车停放架侵权行为所造成的一切直接、间接损失2万元。请求市知识产权局依法处理。

被请求人A交通科技有限公司辩称：

我公司11月6日给B服装有限公司门前安装了自行车停放架78.8米，该自行车停放架是由京南健民交通设施有限公司供应。事后，通过北京市知识产权局通知答辩才知道自行车停放架为沙××的专利产品，在此之前，从来不知道自行车停放架有专利权，请求免于追究责任并保证以后不再购买、销售自行车架。

被请求人B服装有限公司辩称：

2007年9月23日，为方便顾客，在广场设置停车位，我公司委托A交通科技有限公司为我公司新开业的商城安装了78.8米的自行车停放架，双方立有施工合同。由于我公司只是使用单位，并不知道自行车停放架是沙××的专利产品，为此，我公司请求免除责任。

经查明：

请求人沙××1998年1月21日申请了名称为“自行车停放架”的实用新型专利，并于1999年6月9日获得专利权，专利号为ZL98200574.1，现为有效专利。该专利涉及一种结构简单、体积小、易于自行车存放的停放架，其特征是：由螺旋状支架、加强筋及两端的固定板块构成，螺旋状支架由金属管或杆弯曲形成，其两端与固定板块固结在一起，固定板块上带有螺栓孔，在螺旋状支架的外侧的下部的两侧沿轴线方向固定有加强筋。

被请求人A交通科技有限公司依据合同为B服装有限公司购买并安装了金额为5600元的自行车停放架。该自行车停放架系A交通科技有限公司从京南健民交通设施有限公司处购买。该自行车停放架的两端固定于地面，由螺旋状支架、加强筋及两端的固定板块构成；其螺旋状支架由金属管弯曲形成，支架两端与可固定于地面的板块固结在一起，板块上带有螺栓孔；在螺旋状支架外侧的下部的两侧沿轴线方向固定有加强筋。

以上事实有实用新型专利证书、专利文件、专利局专利收费收据、自行车停放架的照片、工业品买卖合同、支出凭单、销售发票、送货单、产品宣传册等佐证。

本局认为：

专利法第五十九条的规定："发明或者实用新型专利权的保护范围以其权利要求的内容为准，说明书及其附图可以用于解释权利要求。"由A交通科技有限公司销售安装于B服装有限公司门前使用的自行车停放架与请求人沙××的"自行车停放架"实用新型专利权利要求书所载明的技术特征相比较，两者的结构及各部件的位置相同，且发明目的与使用效果相同，该自行车停放架已落入了本案请求人沙××专利的保护范围，属专利侵权产品。

根据专利法第七十条："为生产经营目的使用或者销售不知道是未经专利权人许可而制造并售出的专利产品或者依照专利方法直接获得的产品，能证明其产品合法来源的，不承担赔偿责任。"A交通科技有限公司作为交通设施的销售安装企业提供了购买销售自行车停放架来源的证明，应属于销售了不知道是未经专利权人许可而制造并售出的专利产品，虽不承担赔偿责任，但该销售行为仍构成专利侵权。B服装有限公司作为从事商业销售等活动的经营性企业，提供了购买、使用自行车停放架来源的证明，应属于使用了不知道是未经专利权人许可而制造并售出的专利产品，虽不承担赔偿责任，但该使用行为仍构成专利侵权。

经调解，当事人各方未能达成一致。

根据《中华人民共和国专利法》第六十之规定，本局决定如下：

1. 责令A交通科技有限公司立即停止销售侵犯沙××自行车停放架专利权的产品。

2. B服装有限公司自收到本处理决定书之日起五日内，拆除安装在其门前的由A交通科技有限公司提供的自行车停放架。

3. 本案受理费、处理费共计三百元整，由被请求人A交通科技有限公司与B服装有限公司各负担一半。

当事人如不服本决定，可自收到处理决定书之日起十五日内依照《中华人民共和国行政诉讼法》向北京市第一中级人民法院起诉。

合议组：

北京市知识产权局

二〇〇八年一月四日

二、本案解析

（一）侵权产品"善意所得"的构成要件及其责任

《专利法》（根据2000年8月25日第九届全国人民代表大会常务委员会

第十七次会议《关于修改〈中华人民共和国专利法〉的决定》第二次修正）第六十三条第二款规定："为生产经营目的的使用或者销售不知道是未经专利权人许可而制造并售出的专利产品或者依照专利方法直接获得的产品，能证明其产品合法来源的，不承担赔偿责任。"《专利法》（自2009年10月1日起施行）第七十条规定："为生产经营目的的使用、许诺销售或者销售不知道是未经专利权人许可而制造并售出的专利侵权产品，能证明该产品合法来源的，不承担赔偿责任"。《最高人民法院关于审理侵犯专利权纠纷案件应用法律若干问题的解释（二）》（自2016年4月1日起施行）第二十五条规定："为生产经营目的的使用、许诺销售或者销售不知道是未经专利权人许可而制造并售出的专利侵权产品，且举证证明该产品合法来源的，对于权利人请求停止上述使用、许诺销售、销售行为的主张，人民法院应予支持，但被诉侵权产品的使用者举证证明其已支付该产品的合理对价的除外"。

由于本案发生在2008年，因此适用2000年修改的《专利法》的规定。对此问题，在2008年修改《专利法》时，虽将序号作了调整，但内容并没有作任何改变。笔者对《专利法》此规定的理解是，在此种情形下，构成侵权但不承担赔偿责任的条件有四个：第一，为生产经营目的的使用、许诺销售或者销售；第二，对象是未经专利权人许可而制造并售出的专利侵权产品；第三，主观上不知道是未经专利权人许可而制造并售出；第四，举证证明该产品合法来源。据此，被请求人同时符合该四个条件，才免于承担赔偿责任。但有人认为，只要被请求人有证据证明了"该产品合法来源的"就可以推定其是"不知道是未经专利权人许可而制造并售出的专利侵权产品"。对此，笔者认为，在现实中完全存在这种情况，即销售、许诺销售者与购买者都清楚他们交易的是侵犯专利权的产品，但仍然通过签订合同、履行合同、开具发票等完全符合法律规定的形式进行。这种情况就属于有证据证明"该产品的合法来源"但同时又属于"知道是未经专利权人许可而制造并售出的专利侵权产品"的情形。因此，笔者认为，专利行政机关还是应当要求被请求人对"不知"要进行一定的举证证明。最起码也要根据全案情况，包括对提供的"该产品的合法来源"等证据，审查被请求人的"不知"的主张是否是真实的。例如，通过对其交易价格是否合理的审查来判定。当出现其交易价格明显低于该产品合法渠道销售的通常价格，被请求人不能做出合理解释，被请求人又没有证据证明其"不知"时，就应该判定其不属于"不知"，要判定其承担赔偿责任。总之，不能仅仅由于其提供了"该产品的合法来源"就免除其赔偿责任。而要对其是否真的"不知道是未经专利权人许可而制造并售出的专利侵权产品"进行审查。

在本案的处理中，执法机关似乎是仅仅根据"该产品的合法来源"适用《专利法》的该条规定免除被请求人的赔偿责任而仅要求其停止使用的。对此,笔者认为是值得商榷的。在专利侵权行政处理中,虽然不能直接作出责令其承担赔偿责任的处理决定,但在请求人就赔偿损失提出调解请求人时,还是要判断是否该承担赔偿责任的。实践中,大量的侵权纠纷行政处理是通过调解结案的,其中包括了对赔偿损失的调解。

另外,根据自2016年4月1日起施行的《最高人民法院关于审理侵犯专利权纠纷案件应用法律若干问题的解释(二)》第二十五条第二款规定:"本条第一款所称不知道,是指实际不知道且不应当知道。"第三款规定:"本条第一款所称合法来源,是指通过合法的销售渠道、通常的买卖合同等正常商业方式取得产品。对于合法来源,使用者、许诺销售者或者销售者应当提供符合交易习惯的相关证据。"此应该是对笔者上述观点的支持。另外,按照该条规定,如果被诉侵权产品的使用者举证证明其已支付该产品的合理对价的,还可以不停止使用侵权产品。笔者认为该解释的进步之处是涉及了"合理对价"的问题。但同时担心,由于可以"不停止使用","使用者"可以不承担任何责任,而会成为对交易双方共谋串通侵权的变相鼓励。

(二)被请求人A向被其请求人B有偿安装被控产品的侵权性质及责任

被请求人A的有偿安装行为实质是销售行为,执法机关责令其停止对涉案产品的销售行为是正确的。对于赔偿损失,在调解无效的情况下,请求人只有通过向法院起诉的方式实现。

(三)对未被请求的侵权人的处理

虽然本案中查明京南健民交通设施有限公司侵犯了涉案专利权,而且其很可能还是涉案产品的制造者,但由于请求人并没有将其列为被请求人,执法机关只能依照不告不理的原则,对此不作处理决定。专利执法机关对于专利侵权纠纷不像对待假冒专利一样,可以主动发现主动追究。而对于专利侵权纠纷只能在权利人提出请求的前提下被动作出处理决定。

三、本案点评

本案属于如何认定侵权产品是"善意所得",即如何适用《专利法》第七十条及相应司法解释的案例。关于《专利法》的该条规定及相应的司法解释如何适用是存在一定的争议的,本案也存在一定的可商榷之处。

第二部分

认定不构成侵权未经诉讼的案例

案例十二 “防火隔热卷帘用耐火纤维复合卷帘及其应用”发明专利侵权纠纷

一、《北京市知识产权局专利侵权纠纷处理决定书》

北京市知识产权局
专利侵权纠纷处理决定书

请求人:A 技术公司
法定代表人:
住所:
委托代理人:
委托代理人:
被请求人:B 百货市场公司
法定代表人:
住所:
委托代理人:
委托代理人:
案由:“防火隔热卷帘用耐火纤维复合卷帘及其应用”(专利号:ZL00107201.3)发明专利侵权纠纷

请求人 A 技术公司就其“防火隔热卷帘用耐火纤维复合卷帘及其应用”发明专利与被请求人 B 百货市场公司的专利侵权纠纷,向本局提出处理请求。本局于 2013 年 6 月 3 日受理后,依据《专利行政执法办法》组成合议组,并向 B 百货市场公司送达答辩通知书及请求书副本,被请求人于 2013 年 6 月 17 日提交答辩状,本局于 2013 年 8 月 26 日对本案进行了口头审理,请求人 A 技术公司的委托代理人、被请求人 B 百货市场公司的委托代理人参加了口头审理。现本案已审结。

请求人 A 技术公司称:北京 B 百货大厦场地内安装了大量防火卷帘,经技术比对,该批防火卷帘侵犯了涉案专利,故请求贵局依法处理。请求人提交了,证据1:手续合格通知书,用于证明请求人是专利权人;证据2:本专利权利要求书、说明书,用于证明本专利保护范围;证据3:(2011)京方圆内经证字第11620号公证书复印件,用于证明B百货大厦地下二层物业办公室与直梯指示标记旁安装有防火卷帘,以及技术特征对比表用于说明B百货场地内防火卷帘构成等同侵权。

被请求人B百货市场公司辩称:被请求人属于商业零售企业,未对请求人的专利产品进行过制造和销售;请求人提供的公证书中的涉嫌侵权产品的位置不在被请求人所租赁场地的范围内,因此被请求人未侵犯请求人的专利权。被请求人提交了证据1:《北方B商业大厦租赁合同》复印件,并出示原件,用于证明被请求人租赁场地不包括请求人证据3公证书中所示防火卷帘所在的地下二层。证据2:北京某物业管理有限公司、B物业管理处向北京某房地产开发有限公司发出的《关于商业防火门更换及验收》的函的复印件,用于证明 由物业公司来进行消防设施的更换和管理,与被请求人无关。证据3:北京某物业管理有限公司、北方B物业管理处向北京中联亚房地产开发有限公司发出的《关于北方明珠大厦电消检》的函的复印件,用于证明消防设施由物业公司统一管理,与被请求人无关。

本局经审理查明:

A技术公司是"防火隔热卷帘用耐火纤维复合卷帘及其应用"(专利号:ZL00107201.3)发明专利的专利权人,该专利至今有效。北京市B百货大厦地下二层物业办公室与直梯指示标记旁安装有防火卷帘。被请求人B百货市场公司租赁位置为北京市昌平区立水桥北方明珠大厦地下1层及地上1—5层商业用房。以上事实有发明专利登记簿副本、专利授权公告文本、公证书、合同及口审笔录等在案佐证。

本局认为:

请求人提交的现有证据不能证明被请求人与涉案防火卷帘之间存在必然联系,即不能证明被请求人实施了涉案专利的侵权行为,故对请求人的请求不予支持。

本局决定如下:

驳回请求人侵权处理请求。

当事人如不服本决定,可自收到处理决定书之日起十五日内依照《中华人民共和国行政诉讼法》向北京市第一中级人民法院起诉。

合议组:

北京市知识产权局

2013年9月11日

二、本案解析

(一)案件来源合法

请求人A技术公司就其“防火隔热卷帘用耐火纤维复合卷帘及其应用”发明专利与被请求人B百货市场公司的专利侵权纠纷,向专利局提出处理请求。

(二)专利行政机关审查请求人提交的证据符合立案条件

请求人提交了如下证据。

证据1:手续合格通知书,用于证明请求人是专利权人;证据2:本专利权利要求书、说明书,用于证明本专利保护范围;证据3:(2011)京方圆内经证字第11620号公证书复印件,用于证明B百货大厦地下二层物业办公室与直梯指示标记旁安装有防火卷帘;以及技术特征对比表,用于说明B百货大厦场地内防火卷帘构成等同侵权。

并且请求人基于上述证据及涉嫌侵权产品存在的场合,推定涉嫌侵权产品是北京B百货大厦场地内安装的大量防火卷帘,即B百货市场公司为侵权人,故请求专利局依法处理。

(三)受理立案合法

基于上述请求人提交的证据及主张,专利行政部门予以立案并要求被请求人予以答辩。本案受理以“手续合格通知书”作为证明请求人是专利权人及专利权有效的证据而没有要求申请人补正为《专利行政执法办法》规定的“专利登记簿副本,或者专利证书和当年缴纳专利年费的收据”作为证明请求人是专利权人及专利权有效的证据,应该是本案的一个瑕疵。

(四)接收被请求人答辩书及提交的证据合法

被请求人B百货市场公司辩称:被请求人属于商业零售企业,未对请求人的专利产品进行过制造和销售;请求人提供的公证书中的涉嫌侵权产品的位置不在被请求人所租赁场地的范围内,因此被请求人未侵犯请求人的专利权。

被请求人提交了如下证据:

证据1:《北方B商业大厦租赁合同》复印件,并出示原件,用于证明被请求人租赁场地不包括请求人证据3公证书中所示防火卷帘所在的地下二层。

证据2:北京某物业管理有限公司、B物业管理处向北京某房地产开发有限公司发出的《关于商业防火门更换及验收》的函的复印件,用于证明由物业公司来进行消防设施的更换和管理,与被请求人无关。

证据3:北京某物业管理有限公司、北方B物业管理处向北京中联亚房地产开发有限公司发出的《关于北方明珠大厦电消检》的函的复印件，用于证明消防设施由物业公司统一管理，与被请求人无关。

（五）依法举行口头审理并查明如下事实合法

根据被请求人的答辩，被请求人对请求人的专利权是否遭到侵害并无异议，但是否侵权与被请求人无关。争议焦点转化为侵权行为是否为被请求人所为。如果是被请求人所为（制造或者使用）则由被请求人承担相应法律责任，如果不是则就该驳回请求人的请求。

为此，在被请求人提交的证据查证属实的前提下，证据1证明涉嫌侵权产品不在被请求人经营管理的范围内，证据2证明物业公司来进行消防设施的更换和管理；证据3证明消防设施由物业公司统一管理，与被请求人无关。据此可以得出被请求人不是涉案专利的侵权人，并且事实清楚、证据确实充分。因此应该依法作出驳回对被请求人B百货市场公司请求处理的决定。当然也可以同时释明请求人可以依据本案已经得到的证据及其他证据，对其他涉嫌侵权人提出行政处理请求或者民事诉讼。

（六）作出处理决定合法

驳回请求人侵权处理的请求。并告知：当事人如不服本决定，可自收到处理决定书之日起十五日内依照《中华人民共和国行政诉讼法》向北京市第一中级人民法院起诉。

三、本案点评

本案是判断被请求人是否侵权人这一类案件的范例。

本案的执法过程思路清晰、逻辑严密，符合相关法律规定，结论正确，特别是抓住了请求人提供的公证书中的被控产品的位置不在被请求人所租赁场地的范围内，被请求人与涉案专利无关这一问题的关键，决定驳回处理请求，这是本案的突出亮点。但本案受理以“手续合格通知书”作为证明请求人是专利权人及专利权有效的证据而没有要求申请人补正为《专利行政执法办法》规定的“专利登记簿副本，或者专利证书和当年缴纳专利年费的收据”作为证明请求人是专利权人及专利权有效的证据，应该是本案的一个瑕疵。但瑕不掩瑜，本案的其他方面，特别是抓住关键要害方面，是判断被请求人是否侵权人这一类案件的范例。当事人没有提出相关的行政诉讼应该与此是有关系的。

案例十三 “矿物棉喷涂建筑物保温隔热系统改造”发明专利侵权纠纷

一、《北京市知识产权局专利侵权纠纷处理决定书》

北京市知识产权局
专利侵权纠纷处理决定书

请求人:韩××
住址:
被请求人:A 喷涂公司
法定代表人:
住所:
委托代理人:
案由:“矿物棉喷涂建筑物保温隔热系统改造”(专利号:ZL200610009709.3)发明专利侵权纠纷

2014年4月17日,请求人韩××就其“矿物棉喷涂建筑物保温隔热系统改造”(专利号:ZL200610009709.3)发明专利与被请求人A喷涂公司专利侵权纠纷,向本局提出处理请求。本局受理后,依据《专利行政执法办法》组成合议组,并向被请求人发出答辩通知书及请求书副本。2014年5月23日,合议组对本案进行了口头审理,请求人韩××、被请求人的委托代理人参加了口头审理。现本案已审结。

请求人韩××称其是“矿物棉喷涂建筑物保温隔热系统改造”(专利号:ZL200610009709.3)发明专利的专利权人,该专利至今有效。被请求人使用、销售侵权产品,侵犯了请求人的专利权,请求北京市知识产权局查明侵权事实、依法做出处理。请求人提交了证据1:“矿物棉喷涂建筑物保温隔热系统改造”(专利号:ZL200610009709.3)的发明专利证书复印件;证据2:国家知识产权局专利收费收据复印件；证据3：被请求人的网站资料、有关资质证书扫描件及其业绩图片。证据1—2用来证明涉案专利权属和法律状态以及专利权内容，证据3用来证明被请求人使用、销售了被控侵权产品。口头审理过程中，请求人认可被控侵权产品与其权利要求1中的防潮层（防水剂）、结合剂的配方和配比均不同；被请求人也认可被控侵权产品具有饰面层。

被请求人收到答辩通知及请求书副本之后进行了意见陈述，被请求人对证据1—3的真实性没有异议，但辩称其产品与涉案专利权利要求的技术方案完全不同，因此不构成侵权。

经审理查明：

请求人韩××是"矿物棉喷涂建筑物保温隔热系统改造"（专利号：ZL200610009709.3）发明专利的专利权人，该专利至今有效。该专利授权的权利要求1为"一种矿物棉喷涂建筑物保温隔热系统构造，它包括建筑物基体，在建筑基体上喷刷防水剂形成的防潮层，在防潮层外喷涂有矿物棉绝热层，在绝热层外铺设护面层，护面层外侧设有饰面层，其特征是：所述防潮层用的防水剂是甲基硅醇钠与水按1∶10的重量比混合后加入硅酸盐水泥调成的浆液；所述的绝热层是矿物棉与结合剂的混合物采用喷涂机械喷涂在建筑基体防潮层表面上，经蒸发、固化后形成稳定的绝热层，其中结合剂是硅酸钠、甲基硅醇钠、50%氢氧化钠水溶液、纤维素和水按照重量比1∶0.5∶0.2∶0.015∶1，混合形成粘稠液体；结合剂与矿物棉的重量比为1.2∶1"。

证据3中的无机纤维喷涂是通过专用纤维喷涂设备，将特殊工艺加工的无机纤维棉和专用水基粘结剂，瞬间均匀混合喷射在建筑物的基体表面，形成具有一定强度和厚度的立体网状的保温吸声结构层。由图5.1.1和图6.5.1可知，保温幕墙的构造由内而外分别为建筑物基体（基层墙体）、界面处理剂、绝热层（无机纤维喷涂层）、防水层，根据被请求人的业绩图片，保温幕墙的最外侧为饰面层，由本领域的普通技术知识可知，饰面层的内侧应当为护面层。

以上事实有发明专利证书、国家知识产权局专利收费收据、被请求人的网站资料、业绩图片以及口审笔录等在案佐证。

本局认为：

专利法第五十九条第一款规定："发明或者实用新型专利权的保护范围以其权利要求的内容为准，说明书及附图可以用于解释权利要求的内容。"

被控侵权产品与涉案专利权利要求1的区别在于：(1)权利要求1中的防水剂喷刷在建筑物基体和绝热层之间，是为了防止水分由外向内渗透，而被控侵权产品的相应位置为界面处理剂，防水剂则喷在绝热层的外侧，防止水分由内向外渗透；(2)权利要求1防潮层中的防水剂是甲基硅醇钠与水按1∶10的重量比混合后加入硅酸盐水泥调成的浆液，绝热层中的结合剂是硅酸钠、甲基硅醇钠、50%氢氧化钠水溶液、纤维素和水按照重量比1:0.5:0.2:0.015:1混合而成的粘稠液体，结合剂与矿物棉的重量比为1.2:1，现有证据没有显示或证明被控侵权产品使用了具有上述技术特征的防水剂和结合剂，因此，也不能认定被控侵权产品技术特征与涉案专利权利要求1中的技术特征相同或构成等同，故被控侵权产品没有落入涉案专利权利要求1的保护范围。

权利要求2—9均直接或间接引用权利要求1，是权利要求1的从属权利要求，同样包含了上述区别技术特征，基于上述相同理由，被控侵权产品也没有落入权利要求2—9的保护范围。

综上，依据现有证据，被控侵权产品没有落入涉案专利权利要求1—9技术方案的保护范围，不能认定被请求人侵犯了涉案专利的专利权。请求人对于被请求人的处理请求，本局不予支持。

根据《中华人民共和国专利法》第六十条之规定，决定如下：

驳回请求人韩××的处理请求。

当事人如不服本决定，可自收到处理决定书之日起十五日内依照《中华人民共和国行政诉讼法》向北京市第二中级人民法院起诉。

合议组：

北京市知识产权局

2014年8月1日

二、本案解析——如何判断被控技术方案是否落入了涉案专利权的保护范围

专利行政执法机关判断被控技术方案是否落入了涉案专利权的保护范围应当依据《专利法》（自2009年10月1日起施行）第五十九条第一款及《最高人民法院关于审理侵犯专利权纠纷案件应用法律若干问题的解释》（法释〔2009〕21号）第七条的规定。《专利法》（自2009年10月1日起施行）第五十九条第一款规定："发明或者实用新型专利权的保护范围以其权利要求的内容为准，说明书及附图可以用于解释权利要求的内容。"《最高人民法院关于审理侵犯专利权纠纷案件应用法律若干问题的解释》（法释〔2009〕21号）第七条第一款规定："人民法院判定被诉侵权技术方案是否落入专利权的保护范围，应当审查权利人主张的权利要求所记载的全部技术特征。"第二款规定："被诉侵权技术方案包含与权利要求记载的全部技术特征相同或者等同的技术特征的，人民法院应当认定其落入专利权的保护范围；被诉侵权技术方案的技术特

征与权利要求记载的全部技术特征相比,缺少权利要求记载的一个以上的技术特征,或者有一个以上技术特征不相同也不等同的,人民法院应当认定其没有落入专利权的保护范围。”

本案中,执法机关将涉案专利权的技术方案和被控产品技术方案(本案专利权利要求属于产品权利要求,被诉技术方案也是属于产品类技术方案)进行了详细的技术特征划分,并对对应的技术特征进行了详细的比对分析。比对的结果为,被控侵权产品与涉案专利权利要求1的区别在于:(1)权利要求1中的防水剂喷刷在建筑物基体和绝热层之间,是为了防止水分由外向内渗透,而被控侵权产品的相应位置为界面处理剂,防水剂则喷在绝热层的外侧,防止水分由内向外渗透;(2)权利要求1防潮层中的防水剂是甲基硅醇钠与水按1:10的重量比混合后加入硅酸盐水泥调成的浆液,绝热层中的结合剂是硅酸钠、甲基硅醇钠、50%氢氧化钠水溶液、纤维素和水,按照重量比1:0.5:0.2:0.015:1混合而成的粘稠液体,结合剂与矿物棉的重量比为1.2:1,现有证据没有显示或证明被控侵权产品使用了具有上述技术特征的防水剂和结合剂。据此,被控侵权技术方案的技术特征与权利要求1记载的全部技术特征相比,缺少权利要求1记载的该防水剂和结合剂的技术特征,而且在被控技术方案中也没有技术特征与涉诉专利权要求1中的该两个技术特征相等同。按照上述司法解释,被控技术方案没有落入专利权权利要求1的保护范围。由于其他权利要求都是权利要求1的从属权利要求,没有落入独立权利要求1的保护范围,也就不可能落入其余作为从属权利要求的保护范围。因此,被控技术方案没有落入涉案专利权利要求的技术保护范围。请求人的侵权主张不成立。处理决定驳回请求人的处理请求。

三、本案点评

本案在如何判断被控技术方案是否落入了涉案专利权的保护范围方面具有示范价值。

案例十四 “帽子”外观设计专利侵权纠纷

一、《北京市知识产权局专利侵权纠纷处理决定书》

北京市知识产权局
专利侵权纠纷处理决定书

请求人：洪××
住址：
被请求人：文××
住所：
案由：“帽子”（专利号：ZL201330103605.×）外观设计专利侵权纠纷

2014年3月26日，请求人洪××就其“帽子”（专利号：ZL201330103605.×）外观设计专利与被请求人文××专利侵权纠纷，向本局提出处理请求。本局受理后，依据《专利行政执法办法》组成合议组，并向被请求人发出答辩通知书及请求书副本。2014年5月21日，合议组对本案进行了现场调查，双方当事人或其委托代理人参加。现本案已审结。

请求人称：本人是“帽子”（专利号：ZL201330103605.×）外观设计专利的专利权人，该专利至今有效。被请求人销售侵权产品，侵犯了请求人的专利权，请求北京市知识产权局查明侵权事实、依法做出处理。请求人提交了证据1：“帽子”（专利号：ZL201330103605.×）的外观设计专利证书复印件；证据2：北京天雅红桥大厦工艺品批发市场出货单；证据3：被请求人的名片、商铺照片及被控侵权产品照片。证据2—3用来证明被请求人销售了被控侵权产品。调查过程中，被请求人认可名片和出库单的真实性，但不是其本人所写，并且所销售的帽子也存在区别。

经审理查明：

请求人洪××是“帽子”（专利号：ZL201330103605.×）外观设计专利的专利权人，该专利至今有效。该外观设计专利授权公告中印有主视图、后视图、右视图、左视图、立体图及简要说明。视图显示：帽子整体形状包括帽体和帽体两侧伸出的帽翅；帽体正中位置镶有装饰物，下沿有带金线的条带，背面有梯形缺口，梯形缺口下沿装有调节带，帽体为红色；帽翅为格栅网，其上附有一个图案，帽翅为红色。简要说明强调：外观设计请求保护产品的色彩和形状，其设计要点在于产品的形状、图案和色彩的结合，最能表明设计要点的图片为主视图。

被控产品整体形状包括帽体和帽体两侧伸出的帽翅；帽体正中位置镶有装饰物，下沿有带金线的条带，背面有梯形缺口，梯形缺口下沿装有调节带，帽体为红色；帽翅为格栅网，其上附有一个图案，帽翅为红色。

以上事实有外观设计专利证书及授权公告文本、被请求人的产品照片、出库单、名片、商场照片以及现场调查笔录等在案佐证。

本局认为：

《中华人民共和国专利法》第五十九条第二款规定："外观设计专利权的保护范围以表示在图片或照片中的该产品的外观设计为准，简要说明可以用于解释图片或者照片所表示的该产品的外观设计。"

被控产品与涉案专利的区别在于：(1)帽体上的装饰物颜色不同，涉案专利为蓝色，被控产品为红色。(2)帽翅图案中动物头的颜色不同，涉案专利为黄色，被控产品为黑色。

涉案专利整体造型类似传统的官帽形式，并非请求人所独创。在传统文化中红色被认为是喜庆的颜色，故这类帽子的颜色大多采用红色。在此情况下，帽子的细节设计更容易对整体视觉效果产生影响，另外，正面是正常使用时容易被直接观察到的部位，帽体和帽翅正面上的设计变化容易对整体视觉效果产生影响。综合分析涉案专利和被控产品的设计特征，二者在整体视觉效果上具有实质性差异，因此，既不构成相同也不构成近似，不能认定被控产品落入涉案专利的保护范围。请求人的处理请求，本局不予支持。

根据《中华人民共和国专利法》第六十条之规定，决定如下：

驳回请求人洪××的处理请求。

当事人如不服本决定，可自收到处理决定书之日起十五日内依照《中华人民共和国行政诉讼法》向北京市第二中级人民法院起诉。

合议组：

北京市知识产权局

2014年12月8日

二、本案解析——如何判定摆放类工艺饰品被控外观设计产品是否落入了涉诉外观设计专利权的保护范围

对于如何判断被控外观设计产品是否落入了涉诉外观设计专利权的保护范围,除了专利法第五十九条第二款的规定外,《最高人民法院关于审理侵犯专利权纠纷案件应用法律若干问题的解释》(法释〔2009〕21号)还作了如下规定。

"**第八条** 在与外观设计专利产品相同或者相近种类产品上,采用与授权外观设计相同或者近似的外观设计的,人民法院应当认定被诉侵权设计落入专利法第五十九条第二款规定的外观设计专利权的保护范围。

第九条 人民法院应当根据外观设计产品的用途,认定产品种类是否相同或者相近。确定产品的用途,可以参考外观设计的简要说明、国际外观设计分类表、产品的功能以及产品销售、实际使用的情况等因素。

第十条 人民法院应当以外观设计专利产品的一般消费者的知识水平和认知能力,判断外观设计是否相同或者近似。

第十一条 人民法院认定外观设计是否相同或者近似时,应当根据授权外观设计、被诉侵权设计的设计特征,以外观设计的整体视觉效果进行综合判断;对于主要由技术功能决定的设计特征以及对整体视觉效果不产生影响的产品的材料、内部结构等特征,应当不予考虑。

下列情形,通常对外观设计的整体视觉效果更具有影响:

(一)产品正常使用时容易被直接观察到的部位相对于其他部位;

(二)授权外观设计区别于现有设计的设计特征相对于授权外观设计的其他设计特征。

被诉侵权设计与授权外观设计在整体视觉效果上无差异的,人民法院应当认定两者相同;在整体视觉效果上无实质性差异的,应当认定两者近似。"

根据上述规定,判定被控产品是否落入了外观设计专利权的保护范围,首先要判断被控产品和涉诉外观设计专利产品的种类相同或者相近。而种类是否相同或者相近,要通过用途是否相同或者相近来判断。本案中,二者都属于"帽子",而且都是摆放类工艺品,因此,属于用途相同。其次,应当以外观设计专利产品的一般消费者的知识水平和认知能力,判断外观设计是否相同或者近似。具体到本案中,被控产品的一般消费者也就是普通消费者,即大众消费者,其知识水平对涉案产品不具有专业认识,在其观念中,这类"帽子"的整体形状应该是大体一致的。其认知能力,处于凭直观感觉判断被控产品与涉案外观设计专利产品是否相同或者相似。其对产品正常使用时,也即对本案中

"帽子"销售时或者在家中摆放时面对观众,也即帽子的"正面"会施加更多的关注并会留下较深的印象,其一般会根据"帽子"正面设计不同,特别是颜色上的不同区分不同产品。

作为一般消费者判断是否属于相同或相近的设计时,通常不是将设计特征进行比对后得出是否相同或相近的结论,甚至会出现其作出是否相同或者相近的判断后,到底是基于哪些设计特征得出是否相同或者相似的结论的,往往也不能明确说明。但作为专利侵权纠纷行政执法,为了避免判断的主观性和随意性,并要应对对其判断的质疑。例如对处理决定提起行政诉讼时,对其判断过程能够予以解释说明,应当要对被控产品和涉案外观设计专利给出各自的设计特征,并对对应的设计特征进行比对,然后再得出是否相同或者相似的结论,正如本案中执法机关所做的这样。

本案中,被控产品与涉案专利的区别在于:(1)帽体上的装饰物颜色不同,涉案专利为蓝色,被控产品为红色。(2)帽翅图案中动物头的颜色不同,涉案专利为黄色,被控产品为黑色。正如该外观设计图片所显示的,帽体上的装饰物处于其前部正中位置,近乎起到商品商标的对不同来源产品的识别作用,对于该"帽子"与其他"帽子"是否相同的识别起着非常重要的作用。同样,帽翅颜色在该类帽子的视觉效果中占有非常重要的位置,帽翅图案的颜色又在帽翅颜色中处于非常重要的地位。因此,所述区别足以使一般消费者将二者区别开来。因此,认定被控产品"帽子"没有落入涉案外观设计专利权的保护范围,没有构成侵权,结论正确,依据充分。该案在外观设计专利权的侵权认定中,具有一定的示范性。

三、本案点评

本案在判定摆放类工艺饰品被控外观设计产品是否落入涉案专利权的保护范围方面具有示范作用。

案例十五　“点读、书写两用笔系统”实用新型专利侵权纠纷

一、《北京市知识产权局专利侵权纠纷处理决定书》

北京市知识产权局
专利侵权纠纷处理决定书

请求人：周×
住址：
被请求人：A 公司
法定代表人：
住所地：
委托代理人：
案由：“点读、书写两用笔系统”（专利号：ZL201020635471.7）实用新型专利侵权纠纷

请求人周×就其“点读、书写两用笔系统”（专利号：ZL201020635471.7）实用新型专利与被请求人 A 公司的专利侵权纠纷，向本局提出处理请求。本局于 2013 年 12 月 19 日受理后，依据《专利行政执法办法》组成合议组，并于 2013 年 12 月 19 日向被请求人 A 公司发出答辩通知书及请求书副本，被请求人 A 公司在规定的期限内向本局提交答辩书。本局于 2014 年 3 月 27 日对本案进行了口头审理，请求人周×，被请求人 A 公司的委托代理人参加了口头审理，本案现已审结。

请求人周×称：周×是“点读、书写两用笔系统”（专利号：ZL201020635471.7）实用新型专利的专利权人，该专利至今有效。A 公司生产、销售的产品——无线影音高清播放器（型号 AP101）在京东商城上销售，该产品侵犯了请求人的“点读、书写两用笔系统”（专利号：ZL201020635471.7）实用新型专利权。故

请求贵局依法处理,责令被请求人停止生产、销售行为,并就侵权行为造成的损失进行赔偿。

被请求人A公司辩称:公司生产的产品——无线影音高清播放器(型号AP101),与请求人周×的"点读、书写两用笔系统"(专利号:ZL201020635471.7)实用新型专利存在如下区别技术特征:第一,信息传送方式不同,涉案专利的信息传送方式为蓝牙,该公司涉案产品的信息传送方式为WiFi的DLNA协议;第二,传送的数字信号不同,涉案专利传送的数字信号为图片的数字信号,涉案产品传送的数字信号为DLNA协议所定义的通信内容。因此,涉案产品与涉案专利完全不相同,没有侵犯请求人的专利权。

现查明:

周×是"点读、书写两用笔系统"(专利号:ZL201020635471.7)实用新型专利的专利权人,该专利至今有效。该专利权利要求1为"一种点读、书写两用笔系统,其特征在于:它是由点读、书写两用笔、主机、显示器三部分构成,主机和显示器连接"。

A公司制造并销售了无线影音高清播放器(型号AP101),该产品在京东商城销售,请求人周×在2013年10月30日通过京东商城购买了A公司制造的无线影音高清播放器(型号AP101)。

以上事实有实用新型专利证书、国家知识产权局专利收费收据(年费)、京东商城购物清单、发票、无线影音高清播放器(型号AP101)、北京《法制晚报》(2013年10月25日)广告、京东商城网页图片、口审笔录等在案佐证。

本局认为:

专利法第五十九条第一款规定:"发明或者实用新型专利权的保护范围以其权利要求的内容为准,说明书及附图可以用于解释权利要求的内容。"被请求人制造、销售的涉案产品与请求人的涉案专利权利要求1存在如下区别:(1)涉案专利权利要求1中包括了点读、书写两用笔的技术特征,涉案产品没有点读、书写两用笔;(2)涉案专利权利要求1中包括了显示器的技术特征,涉案产品没有显示器。

综上,依据请求人提供的现有证据,无法认定A公司制造、销售的无线影音高清播放器(型号AP101)具有涉案专利的全部必要技术特征,进而无法认定A公司制造、销售的无线影音高清播放器(型号AP101)侵犯了请求人周×的"点读、书写两用笔系统"(专利号:ZL201020635471.7)实用新型专利权。请求人的处理请求,本局不予支持。

根据《中华人民共和国专利法》第五十九条第一款之规定,本局决定如下:

驳回请求人周×的处理请求。

当事人如不服本决定,可自收到处理决定书之日起十五日内依照《中华人民共和国行政诉讼法》向北京市第二中级人民法院起诉。

合议组:

北京市知识产权局

2014 年 5 月 15 日

二、本案解析——本案认定是否合法

本案的焦点是被控产品是否落入涉案专利权的保护范围,是否构成侵权。对此,正如前面所举的案例那样,应该对涉案专利和被控产品的技术方案详细进行技术特征划分,并进行逐一比对。再将该详细划分的各自技术特征和比对的结果在本案查明部分详细叙述。在“本局认为”部分结合相关法律规定,详细分析被控产品是否包括全部涉案专利的技术特征,是否落入了专利权的保护范围,进而构成侵权。因此,本案的处理决定书在形式上似有欠缺。

就本案的处理结论而言,由于查明了:(1)涉案专利权利要求 1 中包括了点读、书写两用笔的技术特征,被控产品没有点读、书写两用笔;(2)涉案专利权利要求 1 中包括了显示器的技术特征,被控产品没有显示器。在此基础上认定被控产品没有落入专利权的保护范围,不构成侵权,是完全符合《最高人民法院关于审理侵犯专利权纠纷案件应用法律若干问题的解释》(法释〔2009〕21 号)中关于是否构成实用新型专利侵权的判断方法和标准的规定的,结论是正确的,依据是充分的。

三、本案点评

本案对于实用新型专利,如何判定被控产品是否落入了涉案专利权的保护范围,具有示例作用。本案的处理决定书在形式上似有欠缺。

案例十六　“液压锁管机”发明专利侵权纠纷

一、《北京市知识产权局专利侵权纠纷处理决定书》

北京市知识产权局
专利侵权纠纷处理决定书

请求人:马××
住址:
被请求人:A公司
法定代表人:
住所地:
被请求人:B公司
法定代表人:
住所地:
委托代理人:
委托代理人:
案由:“液压锁管机”(专利号:ZL02123635.6)发明专利侵权纠纷

请求人马××就其“液压锁管机”(专利号:ZL02123635.6)发明专利与被请求人A公司及B公司的专利侵权纠纷,向本局提出处理请求。本局于2014年12月23日受理后,依据《专利行政执法办法》组成合议组,并于2014年12月23日向被请求人A公司、B公司发出答辩通知书及请求书副本,两位被请求人均未在规定的期限内提交答辩书。2015年2月5日,本局对本案进行了口头审理,请求人马××,被请求人B公司的委托代理人参加了口头审理,被请求人A公司缺席,本案现已审结。

请求人马××称:“液压锁管机”(专利号:ZL02123635.6),于2004年5月得到国家知识产权局的授权,该专利至今有效,被请求人A公司销售,被请求人B公司生产的型号为DX68的锁管机采用的技术方案与请求人专利一致,落入请求人的专利保护范围,请求知识产权局依法责令被请求人停止侵权行为。请求人提交了证据1:专利证书复印件,用于证明专利已经国家知识产权局合法程序授权;证据2:发明专利的公告文本复印件,用于证明专利的保护范围;证据3:缴费收据复印件,用于证明请求人履行缴费义务,专利合法有效;证据4:专利登记簿副本复印件,用于证明专利当前的法律状态;证据5:A公司网页的打印页面,用于证明该公司销售了型号为DX68锁管机;证据6:B公司的产品图册复印件,用于证明其是DX68锁管机的生产企业;证据7:B公司网页的打印页面,用于证明其公司也在销售型号为DX68锁管机。

第二被请求人B公司辩称:我公司生产的DX68锁管机中确实有请求人专利中的部分技术特征,但请求人专利中有些技术特征,在我公司生产的DX68锁管机中并不存在。请求人没有提交DX68锁管机的产品实物,只有图片,而图片无法证明被请求人的产品落入了请求人的专利保护范围。

本局经审理查明:

请求人马××是发明专利"液压锁管机"(专利号:ZL02123635.6)的专利权人,该专利权现处于合法有效的法律状态。发明专利"液压锁管机"权利要求1的内容为"一种液压锁管机,包括一油箱、电机油泵组、程控阀块和连接管道构成的机身和固定装配在机身上的锁合组件,其特征在于所述的锁合组件以一缸套(1)为主体,缸套内设有一中空结构的活塞(2),在缸套(1)前端的内壁上设有与活塞(2)前端相配的密封套(13),其密封套(13)与活塞(2)和缸套(1)的内壁间形成一环形密封回程油腔(11),在缸套(1)壁上设有与回程油腔(11)相通的回程油道(9),活塞(2)的内腔为一喇叭口状,活塞(2)与中空结构的活塞杆(14)为不等径结构,在缸套(1)的后端配置有后端盖(5),活塞杆(14)与后端盖(5)内表面紧密接触,后端盖(5)与活塞(2)、活塞杆(14)和缸套(1)的内壁间构成一环形密封进程油腔(12),在后端盖(5)上设有与进程油腔(12)相通的进程油道(10),回程油道(9)和进程油道(10)通过连接管道与机身内的油箱相通,在缸套(1)的前端装配有中空的锁合支架(3),锁合支架(3)上均布有径向导轨,在导轨上联接有可沿导轨滑动的外斜面和活塞(2)前端内斜面相配的滑块(4)"。

被请求人A公司与B公司的公司网页打印页面及B公司的产品图册中均存在有DX68锁管机产品的图片。DX68锁管机图片显示的特征为:机身上部左边为中空的圆环形锁合组件,锁合组件以缸套为主体,沿着缸套的圆周边缘均匀分布18个圆形凹洞,内圆环处有8条径向导轨,锁合组件下面有支架及若干阀,背部有后端盖。机身上部右边为带控制钮、指示灯、仪表盘的箱体。机身下部为带地脚的箱体。

以上事实有发明专利证书、发明专利公告文本、缴费收据、专利登记簿副本、A 公司网页的打印页面、B 公司产品图册、B 公司网页的打印页面、口审笔录在案佐证。

本局认为：

《中华人民共和国专利法》第五十九条第一款规定：“发明或者实用新型专利权的保护范围以其权利要求的内容为准，说明书及附图可以用于解释权利要求的内容。”将 DX68 锁管机产品图片显示出的技术特征与请求人发明专利权利要求 1 的内容做对比，“液压锁管机”发明专利权利要求 1 中记载的技术特征：电机、滑块、活塞、活塞杆、密封套、进程油腔、进程油道、回程油腔、回程油道、油泵，在 DX68 锁管机产品图片上均无显示，难以判断两者对应的技术特征是否相同或者等同。请求人提供的现有证据无法证明被控侵权产品 DX68 锁管机落入了请求人“液压锁管机”发明专利的保护范围。因此，不能认定被请求人 A 公司许诺销售、被请求人 B 公司制造、许诺销售 DX68 锁管机的行为是侵犯请求人“液压锁管机”发明专利权的行为，故对请求人的请求不予支持。

根据《中华人民共和国专利法》第六十条，《专利行政执法办法》第十七条，决定如下：

驳回请求人的侵权处理请求。

当事人如不服本决定，可自收到处理决定书之日起十五日内依照《中华人民共和国行政诉讼法》向北京市知识产权法院起诉。

合议组：

北京市知识产权局

2015 年 4 月 21 日

二、本案解析—— 提出专利侵权纠纷行政处理请求应该具备的证据及如何补充取证

由于请求人关于被控产品只有图片而没有实物。而相关图片对涉案专利权利要求 1 中的技术特征“电机、滑块、活塞、活塞杆、密封套、进程油腔、进程油道、回程油腔、回程油道、油泵”没有显示，导致执法机关无法认定被控产品是否包括了专利权利要求 1 的全部技术特征，因此无法认定被控产品是否落入了专利权的保护范围，进而无法认定是否构成专利侵权。就本案的处理来说，程序是严格的、逻辑是严谨的、依据是充分的，结论也是正确的。但从请求人的维权行动来说却是失败的。就本案的情况而言，请求人可以通过在公证机关的公证监督下购买该被控产品，并在公证记录下，将被控产品进行拆卸分

析,在此基础上对被控产品的技术方案进行技术特征划分,并与涉案专利的技术特征作逐一比对分析。自己先对该被控产品是否构成侵权做一预判。并将对该被控产品的购买、拆卸、重新组装的过程进行公证。如果自己预判的结论是构成侵权,此时再向专利行政执法机关请求处理。对于请求人,就技术上来说,这样做是完全可行的。如果其中一些证据自己难以取得,以致不能进行相应的技术特征比对,请求人完全可以在本案中向专利行政执法机关提交证据的基础上,依据《专利行政执法办法》第三十七条第一款(在专利侵权纠纷处理过程中,当事人因客观原因不能自行收集部分证据的,可以书面请求管理专利工作的部门调查取证。管理专利工作的部门根据情况决定是否调查收集有关证据)的规定向执法机关提出调查取证的请求。在请求人提出请求的前提下,专利执法机关应该依据《专利行政执法办法》第三十八条 、第三十九条的规定,进行现场调查,要求被请求人提供其产品的生产图纸用于技术方案的比对,也可以要求被请求人对被控产品进行现场拆卸,执法机关对拆卸、组装过程进行拍照、录像,以用于技术方案的比对。

专利行政执法的现场调查制度,是专利权行政保护制度,乃至我国专利专利保护制度的独特优势。能够对专利权人在面对诸如本案情况时的取证方面,提供很大帮助,专利权人应该根据情况充分利用。

三、本案点评

本案中请求人提供的证据不足,也没有依法请求执法机关调查取证,导致维权失败。对于专利权人具有警示的作用;对于执法机关如何处理类似情况则具有指导的作用。

案例十七 “一体化书本”实用新型专利侵权纠纷

一、《北京市知识产权局专利侵权纠纷处理决定书》

北京市知识产权局
专利侵权纠纷处理决定书

请求人:贾××
住址:
被请求人:A杂志社
法定代表人:
住所地:
委托代理人:
委托代理人:
案由:“一体化书本”(专利号:ZL201020131900.7)实用新型专利侵权纠纷

请求人贾××就其“一体化书本”(专利号:ZL201020131900.7)实用新型专利与被请求人A杂志社的专利侵权纠纷,向本局提出处理请求。本局于2015年2月2日受理后,依据《专利行政执法办法》组成合议组,并于2015年2月2日向被请求人A杂志社发出答辩通知书及请求书副本,被请求人于2015年2月10日向本局提交答辩书。2015年3月19日,本局对本案进行了口头审理,请求人贾××,被请求人A杂志社的委托代理人参加了口头审理,本案现已审结。

请求人贾××称:请求人贾××是实用新型专利“一体化书本”(专利号:ZL201020131900.7)的专利权人,该专利于2004年5月得到国家知识产权局的授权,至今有效。A杂志社制作、销售侵犯请求人专利权的一体化书本,给请求人带来沉重的打击和恶劣的影响。请求北京市知识产权局依法责令被请求人停止侵权行为,并对赔偿金额进行调解。请求人提交了证据1:专利证书,用于证明专利已经国家知识产权局合法程序授权;证据2:2014年专利缴费收费复印件,用于证明请求人履行缴费义务,专利合法有效;证据 3:从被请求人处购买的一体化书本,用于证明被请求人制作、销售了涉嫌侵权产品;证据 4:购买一体化书本的收据,用于证明涉嫌侵权产品是从被请求人处购得。

被请求人 A 杂志社辩称:A 杂志社制作的一体化书本,是根据 20 世纪 80 年代产品及流行的笔记本设计形式而制作,属于现有技术。一体化书本中的诗词内容是 A 学会领导和 A 杂志社编辑人员自己创作的诗词作品,是自主创新的作品。一体化书本封皮突出位置明确标明"A 杂志社赠"字样,证明一体化书本是赠品,不存在营利目的,而是应读者要求,以成本价 20 元/本,少量转让给需要的诗友。被请求人提交了证据 1:《教师日记》一体化书本,用于证明在 1985 年上海教育出版社就公开出版发行过此类一体化书本;证据 2:《诗歌日记》一体化书本,用于证明在 1987 年 10 月华夏出版社就公开出版发行过此类一体化书本。

本局查明:

请求人贾××是实用新型专利"一体化书本"(专利号:ZL201020131900.7)的专利权人,该专利于 2004 年 5 月得到国家知识产权局的授权,至今有效。实用新型专利"一体化书本"权利要求 1 的内容为"一种一体化书本,它包括封皮(1)、封底(2)、书本页(3)和印刷层(4),其特征在于:所述封皮(1)、封底(2)和书本页(3)装订成一体,所述书本页(3)的正面(31)和背面(32)均设置有印刷层(4)"。

1985 年上海教育出版社出版的《教师日记》一体化书本,结构为封皮、封底、书本页和印刷层,封皮、封底和书本页装订成一体,书本页的正面和背面设置有印刷层。

被请求人 A 杂志社制作、销售的一体化书本,结构为封皮、封底、书本页和印刷层,封皮、封底和书本页装订成一体,书本页的正面和背面设置有印刷层。封皮有"A 杂志社赠"的字样。

以上事实有实用新型专利证书、实用新型专利缴费收据、A 杂志社制作的一体化书本、收据、《教师日记》一体化书本、口审笔录在案佐证。

本局认为:

请求人的涉案专利申请日为 2010 年 3 月 16 日,《教师日记》一体化书本为 1985 年由上海教育出版社出版,新华书店上海发行所发行,其公开发行时间早于请求人涉案专利的申请日,因此构成请求人涉案专利的现有技术。

A 杂志社制作的一体化书本,与《教师日记》一体化书本比较,应确认二者技术特征一一对应,完全相同,应认定 A 杂志社制作一体化书本的行为是实施现有技术,故对请求人提出被请求人应立即停止制作、销售侵权产品行为的处理请求不予支持。

根据《中华人民共和国专利法》第二十二条第五款、第六十二条规定，本局决定如下：

驳回请求人的侵权处理请求。

当事人如不服本决定，可自收到处理决定书之日起十五日内依照《中华人民共和国行政诉讼法》向北京市知识产权法院起诉。

合议组：

北京市知识产权局

2015 年 5 月 21 日

二、本案解析——关于现有技术抗辩的法律规定及应用

《专利法》（自 2009 年 10 月 1 日起施行）第六十二条规定："在专利侵权纠纷中，被控侵权人有证据证明其实施的技术或者设计属于现有技术或者现有设计的，不构成侵犯专利权。"《最高人民法院关于审理侵犯专利权纠纷案件应用法律若干问题的解释》（法释〔2009〕21 号）第十四条第一款规定："被诉落入专利权保护范围的全部技术特征，与一项现有技术方案中的相应技术特征相同或者无实质性差异的，人民法院应当认定被诉侵权人实施的技术属于专利法第六十二条规定的现有技术。"《专利法》（自 2009 年 10 月 1 日起施行）第二十二条第五款规定：" 本法所称现有技术，是指申请日以前在国内外为公众所知的技术。"《专利审查指南》（2010）规定："现有技术包括在申请日（有优先权的，指优先权日）以前在国内外出版物上公开发表、在国内外公开使用或者以其他方式为公众所知的技术。现有技术应当是在申请日以前公众能够得知的技术内容。换句话说，现有技术应当在申请日以前处于能够为公众获得的状态，并包含有能够使公众从中得知实质性技术知识的内容。"

根据上述规定，只要被控产品的全部技术特征与涉案专利申请日前（包括申请日）一项公众能够得知其技术内容的技术方案的相应技术特征相同或者无实质性差异，不论该被控产品的技术方案是否落入了涉案专利权的保护范围，都不构成专利侵权。特别要指出的是，这种与现有技术的比对适用的是单独比对的原则，即将被控产品的技术方案与属于现有技术的一项技术方案进行比对，而不能将被控产品的技术方案与现有技术的两项以上技术方案组合起来比对。包括不能与一份文件中的两项以上技术方案组合后比对。也不能将被控技术方案与一项现有技术与公知常识结合起来比对。因此，对于本案的处理，重点就不应该是先对被控产品技术方案与涉案专利权利要求的技术

方案的比对，而是要判断被请求人提出的“现有技术”是否在涉案专利申请日前（包括申请日）处于公众想得知就能得知的状态。如果是，再将被控产品的技术方案和该现有技术方案各自进行技术特征划分。划分时可以参照涉案专利的独立权利要求的技术特征进行划分。这样划分的好处是，在现有技术抗辩不能成立时，便于就被控产品是否落入了专利权的保护范围进行技术特征比对。在此划分的基础上，将被控产品的技术方案的技术特征与现有技术的技术特征进行比对。如果比对的结果是，被控产品的全部技术特征与该现有技术的相应技术特征相同或者无实质性差异，则现有技术抗辩成立，不构成侵权。否则，则现有技术抗辩不成立，就要进行被控产品的技术方案是否落入了专利权保护范围的认定。

本案的处理堪称现有技术抗辩的范例。本案涉案专利的申请日为 2010 年 3 月 16 日，被请求人提交的作为现有技术的《教师日记》出版日期在 1985 年，属于现有技术。然后将被控产品的技术方案划分成了“一体化书本，结构为封皮、封底、书本页和印刷层，封皮、封底和书本页装订成一体，书本页的正面和背面设置有印刷层”。将属于现有技术的《教师日记》划分成了“一体化书本，结构为封皮、封底、书本页和印刷层，封皮、封底和书本页装订成一体，书本页的正面和背面设置有印刷层”。将两者进行特征比对，结果是两者全部技术特征完全相同。因此，被请求人的现有技术抗辩成立，不构成侵权。

三、本案点评

本案对于被请求人来说，是运用现有技术抗辩维护自己合法权利的成功范例。对于执法机关来说，如何处理关于现有技术抗辩的案件具有示范价值。

案例十八 “户外抄表及管理的住宅楼管线设置方法”发明专利侵权纠纷

一、《北京市知识产权局处理决定书》

北京市知识产权局
处理决定书

请求人：A 知识产权研究咨询有限公司
法定代表人：
住所：
委托代理人：
委托代理人：
委托代理人：
被请求人：B 房地产开发有限公司
法定代表人：
住所：
委托代理人：
委托代理人：
案由：“户外抄表及管理的住宅楼管线设置方法”（专利号：ZL99112370.0）发明专利侵权纠纷

请求人 A 知识产权研究咨询有限公司于 2009 年 6 月 30 日就被请求人 B 房地产开发有限公司侵犯其“户外抄表及管理的住宅楼管线设置方法”（专利号：ZL99112370.0）发明专利权一案，向本局提出处理请求。本局受理后，依法组成合议组并于 2009 年 6 月 30 日向 B 房地产开发有限公司发出答辩通知书。B 房地产开发有限公司于 2009 年 7 月 21 日提交了书面答辩意见及相关证据。本局于 2010 年 1 月 12 日进行口头审理，请求人 A 知识产权研究咨询有限公司代理人与被请求人B房地产开发有限公司代理人参加了口头审理。2010年7月9日,本局进行了现场勘验。

请求人A知识产权研究咨询有限公司称:我公司是“户外抄表及管理的住宅楼管线设置方法”(专利号:ZL99112370.0)发明专利的专利权人,本公司发现B房地产开发有限公司未经本公司许可,在“××家园”项目的设计、施工、安装中使用该专利技术,并将使用该专利建造的住宅楼公开销售或许诺销售,其行为已构成侵权,请求北京市知识产权局责令B房地产开发有限公司立即停止侵权行为。

被请求人B房地产开发有限公司辩称:我公司开发的本案争议所涉及的房地产项目系委托第三方进行设计、施工,我公司有偿使用设计方案,不应对设计方案承担与知识产权相关的责任,同时,该房地产项目使用的管线设置方案并未侵犯请求人的专利权,我公司不存在侵权事实,不应承担侵权责任,请求北京市知识产权局驳回请求人的处理请求。

经本局审理、勘验,查明:

“户外抄表及管理的住宅楼管线设置方法”(专利号:ZL99112370.0)发明专利的专利权人为A知识产权研究咨询有限公司,该专利现为有效专利,其权利要求书中的权利要求1为“一种户外抄表及管理的住宅楼管线设置方法,包括以下步骤:a. 将给水立管(3)、煤气立管(4)、采暖或空调供水立管(5)、采暖或空调回水立管(6)设置在从住宅楼的底层通向顶层的管道井(1)内腔中;b. 将每户的串接在与给水立管(3)连通的给水立管(7)上的闸阀(8)和水表(9)、串接在与煤气立管(4)连通的煤气支管(10)上的旋塞阀(11)和煤气表(12)、接在与采暖或空调供水立管(5)连通的供水支管(13)上的供水闸阀(14)、接在与采暖或空调回水立管(6)连通的回水支管(15)上的回水闸阀(16)也设置在管道井(1)内腔中,将供电干线(17)、电话干线(18)、有线电视干线(19)、使有线电视支线(20)与有线电视干线(19)构成电连接的分支器(21)以及将每户的串接在与供电干线(17)连接的供电支线(22)上的电闸(23)和电表(24)设置在从住宅楼的底层通向顶层的导线井(2)内腔中,管道井(1)和导线井(2)位于靠楼梯间墙的住户侧,并且井的外壁与楼梯间墙合为一体;c. 给水支管(7)、煤气支管(10)、供水支管(13)和回水支管(15)从管道井(1)壁上的预留管道孔(29)入户,电话支线(25)、有线电视支线(20)和供电支线(22)从导线井(2)壁上的预留导线孔(30)入户;d. 在管道井(1)和导线井(2)位于底层和每层楼梯平台的上方位置分别设一检查门(26),每一检查门(26)上设有透明的抄表玻璃窗口(27)”。

被请求人B房地产开发有限公司为“××家园(开发商,该房地产项目的房屋住户室外管道井位于与住户相对的楼梯间的一端。采暖供水、回水立管位于一个独立的管道井内腔中，其附属的支线、阀门等设备也位于该管道井内腔中；供电干线位于一个独立的强电导线井内腔中，其附属的供电支线、电表等也位于该导线井内腔中；电话干线、有线电视干线位于一个独立的弱电导线井内腔中，其附属的电话支线、有线电视支线等也位于该导线井内腔中；给水立管、回水立管位于住户室内厕所边上的一个独立管道井内腔中，其附属的给水支管、回水支管也位于该管道井内腔中；空调回水立管位于楼宇外紧贴在楼宇外墙上，是一个独立的立管；煤气立管及与其连通的煤气支管、旋塞阀和煤气表管线走每户的厨房内。

以上事实有发明专利证书、专利文件、国家知识产权局专利收费收据、涉案房地产项目照片、专利侵权纠纷案件现场勘验笔录、口审笔录等佐证。

本局认为：涉案专利与B房地产开发有限公司开发的涉案房地产项目存在以下区别技术特征。

1. 涉案专利权利要求1中明确“给水立管(3)、煤气立管(4)、采暖或空调供水立管(5)、采暖或空调回水立管(6)设置在从住宅楼的底层通向顶层的管道井(1)内腔中”。B房地产开发有限公司开发的涉案房地产项目，采暖立管与给水立管分别位于两个管道井内腔中；管道井内没有空调供水立管，空调回水立管位于楼宇外紧贴在楼宇外墙上；煤气立管位于每户的厨房内，管道井内没有煤气立管。

2. 涉案专利权利要求1中明确“供电干线(17)、电话干线(18)、有线电视干线(19)、使有线电视支线(20)与有线电视干线(19)构成电连接的分支器(21)以及将每户的串接在与供电干线(17)连接的供电支线(22)上的电闸(23)和电表(24)设置在从住宅楼的底层通向顶层的导线井(2)内腔中”。B房地产开发有限公司开发的涉案房地产项目，供电干线位于一个独立的强电导线井内腔中，其附属的供电支线、电表等也位于该导线井内腔中；电话干线、有线电视干线位于一个独立的弱电导线井内腔中，其附属的电话支线、有线电视支线等也位于该导线井内腔中；即强、弱电分开设置在两个导线井内。

3. 涉案专利权利要求1中明确“管道井(1)和导线井(2)位于靠楼梯间墙的住户侧，并且井的外壁与楼梯间墙合为一体”。B房地产开发有限公司开发的涉案房地产项目，其住户室外管道井位于与住户相对的，楼梯间的一端，并非靠楼梯间墙的住户侧，同时其供水、回水管道井也设置在住户室内厕所旁，并非位于住户室外靠楼梯间的住户侧。

4. 涉案专利权利要求1中明确“在管道井(1)和导线井(2)位于底层和每

层楼梯平台的上方位置分别设一检查门(26),每一检查门(26)上设有透明的抄表玻璃窗口(27)"。B房地产开发有限公司开发的涉案房地产项目,设置有检查门,但每一检查门上并未设有透明的抄表玻璃窗口。

综上,依据现有证据,应当认定B房地产开发有限公司开发的涉案房地产项目不具有涉案专利的全部必要技术特征,不能认定B房地产开发有限公司开发的涉案房地产项目侵犯了A知识产权研究咨询有限公司的"户外抄表及管理的住宅楼管线设置方法"(专利号:ZL99112370.0)专利权。请求人的处理请求,本局不予支持。

根据《中华人民共和国专利法》第五十六条第一款之规定,决定如下:

驳回请求人A知识产权研究咨询有限公司的处理请求。

本案受理费、处理费共计叁佰元整,由请求人A知识产权研究咨询有限公司负担(已交纳)。

当事人如不服本决定,可自收到处理决定书之日起十五日内依照《中华人民共和国行政诉讼法》向北京市第一中级人民法院起诉。

合议组:

北京市知识产权局

二〇一〇年七月十六日

二、本案解析

(一)关于对委托第三方进行设计、施工所得,被请求人仅是有偿使用的产品或者设施,被请求人是否就必然不承担专利侵权责任的问题

对于善意使用的免责问题,相关法律规定及解析请参看本书案例十一(自行车停放架),该案中有详细解析。由于该案发生在2010年,按照当时关于善意使用的法律规定,就算是完全的善意使用人,对侵权产品仍然要承担停止使用的法律责任。而本案中的处理也在2010年,因此尽管被请求人提出了善意使用免责的主张,执法机关还是对被控产品技术方案和涉案专利技术方案进行了详细的比对,以判断是否落入了专利权的保护范围,是否构成专利侵权。而现在,如果符合善意使用的构成要件,特别是付出了合理对价的,使用人不仅可以不承担赔偿责任,而且还可以不停止使用。因此,执法机关似乎应该首先判断法律规定的"善意使用"是否成立,如成立就可驳回处理请求,而不需判断是否构成侵权。如果判断的结果是善意使用不成立时,再进行是否构成侵权的判断。

(二)方法权利侵权的判断方法

由于本案专利权的权利要求的名称为“一种户外抄表及管理的住宅楼管线设置方法”,因此属于方法专利,其权利要求表现为对一定的方法的描述。而被请求对象则表现为一定的设施。似乎存在两者无法直接比对的问题。但是,专利方法实施的结果必然是对应设施或者产品。专利方法实施的该直接结果与被实施的专利方法之间必然存在一一对应性,而且这种对应性是确定不变的。或者被控产品或者设施必然是一定方法实施的结果,作为结果的该设施的特征与作为原因的该方法的特征之间必然是一一对应的,这种对应性也是确定不变的。因此,可以采用将权利要求的技术方案参照其权利要求的描述划分成若干技术特征,按照该方法技术特征推定出实施该技术方案在其结果,即设施或者产品上的特征。相应地将被控设施或者产品也划分成若干的技术特征。对推定出的专利技术方案表现在设施或者产品上的技术特征与涉诉产品的技术特征进行比对。如果被控产品或者设施的技术方案包含了该推定出的必然会表现在设施或产品上的技术特征,则被控产品或者设施的技术方案落入了专利权的保护范围,侵权成立。或者根据被控产品或者设施推定出制作该产品或者设施的方法技术方案,再将该推断出的方法技术方案进行技术特征划分。将该推断出的制作产品或者设施的方法技术特征与涉案专利的方法技术特征进行比对。进而判断被控产品或者方法是否落入了涉案专利权的保护范围。

本案中,处理决定书中虽然没有明确说明是采用上述第一种方案还是第二种方法,但从其行文和措辞来判断,应该采用的是第一种方法。其实,这两种方法更多的是表现在思维活动中,两种方法的结果应该是一样的,处理实务中没有必要特别强调。熟练之后,对其应用是一种自然而然的过程。但对于初学者来说,有意识地在一个案件中选择一种方法,按照规律进行操作,有利于提高工作效率和减少失误。

(三)类似于本案的体积庞大的设施的侵权特征的举证及认定问题

类似于本案这样的被控设施,由于其体积庞大而且与楼房固定连接不能移动,因此就没有可能将其搬到执法人员面前,特别是搬到审理现场进行技术方案的判断。以照片或者摄像形式呈现其特征也受到清晰度和整体性的限制。因此,对于请求人而言,在具有照片、摄像、图纸、说明书、广告等初步证据的基础上,申请执法机关现场调查、勘验就非常必要。对于执法机关,如果有初步证据证明可能构成侵权,到现场调查、勘验,并在现场调查勘验的基础上,对技术特征划分及比对就成为十分必要。而且最好是在去现场之前,按照涉诉专利权技术方案事先拟定出需要调查勘验的具体技术特征,便于实际调查勘验时具有针对性。在勘验时最好有双方当事人在场,由在场当事人在勘验笔录上签字确认。

本案正是根据现场调查、勘验的结果，经过口审判定被控设施没有落入专利权的保护范围，驳回处理请求的。

三、本案点评

本案对于被控产品体积庞大不能移动，而涉案专利又是方法专利，如何判断被控产品落入了涉案专利权的保护范围，具有示范作用。

案例十九 “旋转凸轮”实用新型专利侵权纠纷

一、《北京市知识产权局专利侵权纠纷处理决定书》

北京市知识产权局
专利侵权纠纷处理决定书

请求人：A机电科技有限公司
法定代表人：
住所地：
委托代理人：
委托代理人：
被请求人：B模具有限公司
法定代表人：
住所地：
委托代理人：
委托代理人：
案由：“旋转凸轮”（专利号：ZL200320121683.3）实用新型专利侵权纠纷

请求人A机电科技有限公司（以下简称A机电公司）于2007年12月14日就被请求人B模具有限公司（以下简称B模具公司）侵犯其“旋转凸轮”（专利号：ZL200320121683.3）实用新型专利权一案，向本局提出处理请求。本局受理后，依法组成合议组并于2007年12月14日向B模具公司发出答辩通知书，B模具公司于2007年12月18日提交了书面答辩意见及相关证据。2008年1月10日，B模具公司就涉案专利递交的无效宣告请求被国家知识产权局专利复审委员会受理。B模具公司据此向本局提出中止处理的请求，本局依法中止处理本案。国家知识产权局专利复审委员会于2008年6月4日向本局发出维持专利权有效的无效宣告案件审查状态通知书，维持专利权有效。本局恢复处理后，于2008年10月27日进行口头审理，请求人A机电公司代理人与被请求人B模具公司代理人参加了口头审理。

请求人A机电公司称:我公司是“旋转凸轮”(专利号:ZL200320121683.3)实用新型专利的专利权人。我公司员工于2007年11月21日在B模具公司位于某机械制造厂的生产车间内,发现其正在生产我公司拥有专利的产品——旋转凸轮。22日,我公司职员及北京市志诚公证处公证员和辅助人员到机械制造厂车间进行了公证。我公司还发现B模具公司与C汽车模具有限公司签订了合同。B模具公司未经专利权人许可制造、许诺销售、销售我公司专利产品——旋转凸轮的行为已构成侵权,请求贵局依法处理。

被请求人B模具公司辩称:我公司生产的旋转凸轮不是侵权产品,理由如下。

第一,A机电公司并未出具2006年11月24日之前缴纳专利年费的凭证。如果A机电公司没有缴费,则认为其旋转凸轮专利权已经终止,不存在侵权问题。第二,从GM(美国通用汽车公司)的标准样本及日本UMIX株式会社在2003年之前就生产并销售此种产品的两项证据看出,涉案专利不具备新颖性,因此为无效专利,不存在侵权问题。第三,即使涉案专利权有效,我公司产品与涉案专利技术方案也不同,不是侵权产品。综上,我公司生产的产品并非侵权产品,请求贵局驳回请求人的处理请求。

本局经审理查明:

请求人A机电公司2003年11月24日申请了名称为“旋转凸轮”的实用新型专利,并于2004年12月1日获得专利权,专利号为ZL200320121683.3,现为有效专利。该专利涉及一种旋转凸轮,其权利要求书中的权利要求1为“一种旋转凸轮,在上模和下模之间有三角形滑动块,滑动块的一边与上模的导杆滑动连接,另一边与下模相对,滑动块内部装有回程弹簧,其特征在于:

在下模内有一个弧形槽,旋转轮嵌入下模弧形槽内,旋转轮开有开放型缺口,其缺口上断面与外圆周之间形成加工角,缺口下断面与下模上表面平齐,耐磨板压在旋转轮缺口下断面上面,耐磨板下面与旋转轮固定,上面与滑动块的平面接触,耐磨板下面与坐落在下模内的顶出销相接触,顶出销上套有顶出弹簧;

旋转轮下轮冠两端面上固定有限位凸销,与该限位销相对的是固定在下模弧形槽两边,并与限位销旋转轮轨迹相交的限位板”。

2007年11月22日A机电公司法定代表人的委托代理人、公司开发部主管及北京市志诚公证处公证员和辅助人员到B模具公司,对存放于该公司车间内的涉案产品拍照、录像,并予以公证。

B模具公司在阿里巴巴网站上刊登了供应旋转斜楔的广告,同时在网页上附有该公司所生产的旋转斜楔图片。

以上事实有实用新型专利证书、专利文件、无效宣告案件审查状态通知书、公证书、B模具公司在阿里巴巴网站上的网页、口审笔录等在案佐证。

本局认为:

专利法第五十六条规定,“发明或者实用新型专利权的保护范围以其权利要求的内容为准,说明书及其附图可以用于解释权利要求”。B模具公司生产的旋转斜楔与涉案专利存在以下区别技术特征。

1. 涉案专利权利要求1中明确“滑动块的一边与上模的导杆滑动连接”,而B模具公司生产的旋转斜楔的滑动块与上模之间不是通过导杆连接,没有导杆这一技术特征。

2. 涉案专利权利要求1中明确“滑动块内部装有回程弹簧”,而从请求人提供的证据即公证书及网页上的图片无法确认B模具公司生产的旋转斜楔具有回程弹簧这一技术特征。

3. 涉案专利权利要求1中明确“耐磨板下面与坐落在下模内的顶出销相接触,顶出销上套有顶出弹簧”,而从请求人提供的证据,即公证书及网页上的图片无法确认B模具公司生产的旋转斜楔中具有顶出销及顶出弹簧。

综上,依据请求人提供的现有证据,无法认定B模具公司生产的旋转斜楔具有涉案专利的全部必要技术特征,进而无法认定B模具公司生产的旋转斜楔侵犯了A机电公司的“旋转凸轮”专利权。请求人的处理请求,本局不予支持。

根据《中华人民共和国专利法》第五十六条第一款之规定,本局决定如下:

驳回请求人A机电科技有限公司的处理请求。

本案受理费、处理费共计叁佰元整,由请求人负担(已交纳)。

当事人如不服本决定,可自收到处理决定书之日起十五日内依照《中华人民共和国行政诉讼法》向北京市第一中级人民法院起诉。

合议组:

北京市知识产权局

二〇〇九年三月二十日

二、本案解析

(一)未提交专利年费缴费凭证不能构成不侵权的抗辩

《专利法实施细则》(2010年修订)第八十九条规定:“国务院专利行政部门设置专利登记簿,登记下列与专利申请和专利权有关的事项:(一)专利权的授予;(二)专利申请权、专利权的转移;(三)专利权的质押、保全及其解除；(四)专利实施许可合同的备案；(五)专利权的无效宣告；(六)专利权的终止；(七)专利权的恢复；(八)专利实施的强制许可；(九)专利权人的姓名或者名称、国籍和地址的变更。”据此，如果出现专利权中止或者被无效的情况，必须要登记在当期的专利登记簿中。因此，请求人提交的没有记载专利权终止或者无效内容的最新专利登记簿构成专利权有效的法定证据。只要提交了这样的专利登记簿，不论请求人是否提交了之前的专利年费缴费凭证，专利行政机关都应该认定该专利权有效。因此，专利是否缴年费不是专利权是否有效的法定证据。被请求人不能以专利权人未提交专利年费缴费凭证来主张专利权无效，更不能以未提交专利年费缴费凭证来主张不构成专利侵权。

(二)专利不具有新颖性不能构成不侵权的抗辩

按照中国现行的专利法律制度，只有专利复审委员会才有权对专利权是否因不具备新颖性等原因而无效作出决定。本案中由于被请求人向专利复审委员会提出了无效宣告请求，专利复审委员会审查的结果是维持了专利权有效。因此，专利行政执法机关在恢复审理后只能按照涉案专利权有效来对待，而不论被请求人就专利权的效力提出了怎样的理由。就算涉案专利真的存在因不具备新颖性等原因而应该无效的情况，但只要被请求人未向专利复审委员会提起宣告无效，或者宣告无效的结果是维持专利权有效，专利行政执法机关只能按照该专利权有效进行处理。

(三)本案处理对专利维权的启示

专利行政执法机关根据请求人提交的公证书、B模具公司在阿里巴巴网站上的网页，及请求人提交的专利权授权文件作出以下认定。

1. 涉案专利权利要求1中清楚述明“滑动块的一边与上模的导杆滑动连接”，而B模具公司生产的旋转斜楔的滑动块与上模之间不是通过导杆连接，没有导杆这一技术特征。

2. 涉案专利权利要求1中清楚述明“滑动块内部装有回程弹簧”，而从请求人提供的证据即公证书及网页上的图片无法确认B模具公司生产的旋转斜楔具有回程弹簧这一技术特征。

3. 涉案专利权利要求1中清楚述明“耐磨板下面与坐落在下模内的顶出销相接触，顶出销上套有顶出弹簧”，而从请求人提供的证据，即公证书及网页上的图片无法确认B模具公司生产的旋转斜楔中具有顶出销及顶出弹簧。

根据上述对技术特征的认定得出的结论为：“依据请求人提供的现有证据，无法认定B模具公司生产的旋转斜楔具有涉案专利的全部必要技术特征，进而无法认定B模具公司生产的旋转斜楔侵犯了A机电公司的“旋转凸轮”专利权。请求人的处理请求，本局不予支持。”

法律事实是证据证明的事实，执法机关只能按照法律事实来判案。因此，本案的处理站在执法机关的角度无疑是合法正确的,甚至是没有瑕疵的。但站在请求人的角度,则完全存在其因举证不充分而导致法律事实与客观事实不符的可能,即因举证不力而导致对客观上的侵权行为不构成侵权的法律上的认定。因此,对于类似情况,请求人应该聘请有经验的专业律师对其取得的证据证明的涉嫌侵权的产品的技术方案与涉案专利权利要求的技术方案进行比对,如果比对的结果是构成侵权,此时再向专利行政执法机关提出处理请求或者向法院起诉。如果分析的结果是尚不构成侵权,则要进一步分析是取证不充分还是客观事实如此。如果属于取证不充分,则进一步补充取证或者申请专利行政执法机关采用勘验等手段进行现场调查补充取证。如果属于客观事实,就不要进行不可能成功而又耗时费力的维权。

三、本案点评

本案中,不论从被请求人以未交专利年费和专利权不具备新颖性作为不侵权的抗辩理由,还是从请求人提交的证据不能让执法机关进行有效的技术特征比对,进而不能认定被控产品是否落入了专利权的保护范围来看,相关当事人对专利侵权纠纷处理方面的法律知识还是相当欠缺的。当事人应该在自身加强学习的同时,借助于专业的服务机构来维护自身专利权。

第三部分

经诉讼维持了行政处理决定的案例

案例二十　吉安市青原区丰泰实业有限公司与吉安市知识产权局等专利行政处理上诉案

一、《江西省高级人民法院行政判决书》(〔2011〕赣行终字第13号)

江西省高级人民法院
行政判决书

〔2011〕赣行终字第13号

上诉人(原审原告):吉安市青原区丰泰实业有限公司
法定代表人:吴时平,该公司经理
委托代理人:章立迅,江西中慧律师事务所律师
被上诉人(原审被告):吉安市知识产权局
法定代表人:周卫华,该局局长
委托代理人:文建宁,江西华兴律师事务所律师
被上诉人(原审第三人):古远亮
委托代理人:胡里程

上诉人吉安市青原区丰泰实业有限公司(以下简称丰泰公司)因其诉吉安市知识产权局(以下简称市知产局)专利行政处理一案,不服江西省南昌市中级人民法院(2011)洪行初字第2号行政判决,向本院提起上诉。本院依法组成合议庭,对本案进行了审理,现已审理终结。

原审法院认定:古远亮享有名为一种利用天然落地松脂生产松香半成品的方法,专利号为ZL200610019078.3,申请专利时间为2006年5月15日,授权公告日为2009年1月21日,古远亮2010年1月26日缴纳了专利年费,该专利合法有效,受法律保护。古远亮专利权保护范围为“一种利用天然落地松

脂生产松香半成品的方法,(1)加热溶解:将原料投入溶解锅内,加入总量三分之一至二分之一的清水,然后加热使松香溶化;(2)压榨过滤:在天然松脂加水加热溶化后,趁热将溶化物送入带金属筛网的压榨装置内,将脂液压榨处理;(3)清洗及冷却包装:压榨处理的脂液流到有清水的容器内清洗,并不断加入清水,以排除泥浆,脂液遇冷会加速凝固,即成松香半成品,及时包装;(4)渣物处理:渣物压干后尚存部分有效成分,加入适当的松节油或其他有机溶剂,再度加热溶解、压榨、回收有效成分"。2006 年开始,该技术在吉安市青原区东固林产化工厂运用于生产(当时该企业为古远亮租赁的企业),吴时平当时为该企业员工,并担任该企业的技术厂长。2006 年 3 月 10 日,吴时平还与厂方签订了员工保密守则,2006 年 5 月离职。丰泰公司 2006 年 8 月 24 日成立,是利用天然落地松脂生产松香的林化企业。古远亮了解得知,丰泰公司的生产方法也是采取加热溶解、压榨过滤,先将落地松脂加工成半成品,然后再做成松香成品,其生产方法与其专利技术完全相同(专利号为 ZL200610019078.3),侵犯其专利权。古远亮还在 2010 年 1 月 28 日和 11 月 22 日两次用挂号信的方式书面通知原告,指出其生产方法与其专利方法相同,属于侵权行为,要求其改用其他工艺生产或直接与其洽谈专利技术使用等有关情况,但丰泰公司对古远亮提出的问题不予理睬。为此,古远亮依法向市知产局请求调查处理,并应准其请求事项,以维护其合法权益和法律的正确实施及市场的良性发展。2011 年 3 月 17 日,市知产局作出处理决定,认定丰泰公司利用古远亮专利方法生产松香半成品的行为侵犯了专利权人的发明专利,根据《中华人民共和国专利法》第六十条、《江西省专利促进条例》第二十五条、《专利行政执法操作指南》的规定,作出决定:(1)责令丰泰公司停止侵权行为,即立即停止侵犯"一种利用天然落地松脂生产松香半成品的方法"(ZL200610019078.3)发明专利权的行为;(2)责令丰泰公司立即销毁实施专利方法的专业设备、模具,并且不得销售、使用尚未售出的依照专利方法所直接获得的侵权产品(松香、松节油)或者以任何其他形式将其投放市场;责令丰泰公司销毁侵权产品;(3)案件受理费、处理费贰仟元,由丰泰公司负担。丰泰公司不服,向法院提起行政诉讼。

原审法院认为,《中华人民共和国专利法》第五十九条第一款规定,发明或者实用新型专利权的保护范围以其权利要求的内容为准,说明书及附图可以用于解释权利要求的内容。丰泰公司利用天然落地松脂生产松香半成品的过程,其生产方法与专利技术"一种利用天然落地松脂生产松香半成品的方法"完全相同,落入了古远亮专利技术权利要求书的保护范围,侵犯了古远亮的专利权。市知产局认定丰泰公司利用天然落地松脂生产松香半成品的过程,其生产方法与专利技术相同,落入了专利权的保护范围,构成侵权行为,认定事实清楚,适用法律正确。丰泰公司起诉理由不成立,不予支持。据此,依照《中华人民共和国行政诉讼法》第五十四条第(一)项之规定,判决如下:维持市知产局2011年3月17日作出的专利侵权纠纷处理决定的具体行政行为。

上诉人丰泰公司不服该判决,向本院提起上诉称:(1)原审法院未对上诉人在一审期间就市知产局关于行政执法程序方面的错误作出认定,程序的错误必然导致实体的不公;(2)原审判决认定事实不清,主要证据不足。根据现有的证据材料,上诉人不构成对涉案专利权的侵犯。原审法院只是简单的罗列观点,没有给出任何评价和理由;(3)对于涉案专利本身的专利性,原审法院应对其三性进行全面审查,上诉人在一审开庭中已明确提出了应对涉案专利的专利性进行评价,但原审法院未作出任何评价。综上,请求撤销原判,撤销市知产局吉知执字〔2011〕1号专利侵权纠纷处理决定书。

被上诉人市知产局辩称:(1)原审法院认定上诉人构成侵犯古远亮发明专利权事实清楚,证据确凿,而上诉人在行政处理和一审期间,未履行举证义务,反而提供虚假材料,企图达到其有先用权的目的;(2)上诉人要求原审法院对涉案专利的专利性作出评价,超出本案审理范围;(3)答辩人对上诉人的专利侵权行为采取了调查、笔录、拍照、口审、调解等一系列措施,查明上诉人的行为是侵犯古远亮发明专利权的行为,答辩人适用法律正确,程序合法。综上,请求驳回上诉,维持原判。

被上诉人古远亮辩称:(1)市知产局依据答辩人的请求作出处理决定,不仅符合法律规定,而且有充分的事实根据和法律依据。上诉人所适用利用天然落地松脂生产松香半成品的方法,侵犯了答辩人的发明专利权;(2)原审法院认定事实清楚,证据充分。一审期间上诉人抗辩的理由是先用权和采用的生产工艺不同,但在依据上站不住脚;(3)涉案专利是由国家知识产权局授予的发明专利,一审法院未对该专利的专利性作出评价并无不当。

本案当事人向一审法院提供的相关证据有古远亮专利证书及年费收据,古远亮警告函两份,吴时平与古远亮签订的劳动合同和保密守则,市知产局对吴时平询问的陈述笔录,丰泰公司企业名称预先核准审核表、准予设立登记通知书、企业登记信息及青原区发改委项目批复,专利侵权处理受理通知书,专利侵权处理请求书副本及答辩通知书送达回执及答辩状,向丰泰公司通知开庭审理的送达回执,调解笔录及审理笔录,处理决定书送达回执,丰泰公司有关企业投资备案通知书及年产4500吨红松香可行性研究报告,建设工程报建审批表,无效宣告请求受理通知书等证据。上述证据随卷移送本院。经本院核查，对原审判决定案证据的效力予以确认。

二审查明的事实与原审判决认定的事实相同。

本院认为，《中华人民共和国专利法》第五十九条第一款规定："发明或者实用新型专利权的保护范围以其权利要求的内容为准，说明书及附图可以用于解释权利要求的内容。"专利权人古远亮享有的一种利用天然落地松脂生产松香半成品的发明专利方法，其所包含的加热溶解、压榨过滤、清洗及冷却包装和渣物处理具体工序应受法律保护。《中华人民共和国专利法》第十一条第一款规定："发明和实用新型专利权被授予后，除本法另有规定的以外，任何单位或者个人未经专利权人许可，都不得实施其专利，即不得为生产经营目的制造、使用、许诺销售、销售、进口其专利产品，或者使用其专利方法以及使用、许诺销售、销售、进口依照该专利方法直接获得的产品。"通过上诉人丰泰公司法定代表人吴时平在2011年1月26日《专利案件询问笔录》中陈述的生产工艺和被上诉人市知产局对丰泰公司松香半成品加工过程的拍摄取证情况来看，丰泰公司未经古远亮许可，利用落地松脂生产松香半成品时采用的加热溶解、压榨过滤和清洗冷却包装方法与专利方法一致，落入了专利保护范围。被上诉人市知产局认定丰泰公司构成专利侵权的主要证据充分，事实清楚，作出的处理决定适用法律正确。被上诉人市知产局在专利侵权纠纷行政处理过程中违反了《专利行政执法办法》第十二条第一款、第十四条中有关期限规定，没有及时向上诉人丰泰公司送达请求书副本及通知其参加口头审理，但丰泰公司仍进行了答辩，并参加了口头审理，上述通知行为的延迟并没有限制、剥夺丰泰公司答辩、举证及质证权利的行使，也没有影响到最终实体处理的正确性，被上诉人市知产局行政处理程序虽有瑕疵，但尚不构成程序违法。上诉人丰泰公司上诉称其利用落地松脂生产松香半成品的方法不包含专利方法中的"渣物处理"步骤，不构成专利侵权，因专利方法经加热溶解、压榨过滤和清洗冷却包装即可生产出松香半成品，"渣物处理"只表示可以再次循环利用，上诉人丰泰公司生产松香半成品的方法与获得松香半成品的专利方法相同，该上诉理由不能成立。上诉人丰泰公司又称其生产工艺中的加水量、松香溶液沸点与专利方法权利要求书的表述不一致，但没有提供证据证明这些不一致确实存在，且即使存在这些不一致，其生产方法与专利方法实质上仍是相同的，该上诉理由也不能成立。上诉人丰泰公司还称被上诉人市知产局行政行为存在多处程序违法，应予撤销，但被上诉人市知产局处理过程中所存在的两处外部程序瑕疵，尚未达到需要依法撤销的违法程度，该上诉理由没有事实根据和法律依据，本院不予支持。上诉人丰泰公司要求对涉案专利新颖性、创造性和实用型进行审查的要求，不属本案审理范围。综上，上诉人丰泰公司的上诉理由均不成立，依法不予支持。原审判决认定事实清楚，适用法律正确，审判程序合法。据此，依照《中华人民共和国行政诉讼法》第六十一条第（一）项的规定，判决如下：

驳回上诉，维持原判。

二审案件受理费100元，由上诉人丰泰公司负担。

本判决为终审判决。

审判长　葛　伟
代理审判员　陈雯雯
代理审判员　郑红葛
二〇一一年八月三十日
书记员　万进福

二、本案概要

专利权人古远亮发现其前员工吴时平离职后在丰泰公司担任经理职务，丰泰公司未获得许可擅自实施古远亮享有专利权（专利号为ZL200610019078.3，名为“一种利用天然落地松脂生产松香半成品的方法”）的发明专利，向对方发出了两次警告函。丰泰公司既不和古远亮协商合作或者授权事宜，又不停止实施该专利。专利权人遂向吉安市知识产权局提出行政处理请求。吉安市知识产权局受理后向被请求人丰泰公司送达了《专利侵权处理受理通知书》《专利侵权处理请求书副本》及《答辩通知书》。丰泰公司进行了答辩。吉安市知识产权局到丰泰公司的生产现场进行了实地调查，对其生产过程实施了拍摄取证、对丰泰公司的相关人员进行了询问并制作了询问笔录。之后组织双方进行了口头审理，双方当事人参加了口头审理。在此基础上，吉安市知识产权局认为丰泰公司生产松香半成品的方法落入了古远亮的专利号为ZL200610019078.3，名为“一种利用天然落地松脂生产松香半成品的方法”的专利权保护范围，侵犯了专利权，作出处理决定：（1）责令丰泰公司停止侵权行为，即立即停止侵犯“一种利用天然落地松脂生产松香半成品的方法”（ZL200610019078.3）发明专利权的行为；（2）责令丰泰公司立即销毁实施专利方法的专业设备、模具，并且不得销售、使用尚未售出的依照专利方法所直接获得的侵权产品（松香、松节油）或者以任何其他形式将其投放市场；责令丰泰公司销毁侵权产品；（3）案件受理费、处理费贰仟元，由丰泰公司负担。如丰泰公司不服，可向法院提起行政诉讼。

被请求人丰泰公司不服该处理决定，向江西省南昌市中级人民法院提起行政诉讼。江西省南昌市中级人民法院开庭审理后维持了吉安市知识产权局的该处理决定。丰泰公司仍不服,向江西省高级人民法院提出上诉。江西省高级人民法院开庭审理后维持了吉安市知识产权局的该处理决定和一审判决,同时在判处中指出吉安市知识产权局在“专利侵权纠纷行政处理过程中违反了《专利行政执法办法》第十二条第一款、第十四条中有关期限规定,没有及时向上诉人丰泰公司送达请求书副本及通知其参加口头审理,但丰泰公司仍进行了答辩,并参加了口头审理,上述通知行为的延迟并没有限制、剥夺丰泰公司答辩、举证及质证权利的行使,也没有影响到最终实体处理的正确性,被上诉人市知产局行政处理程序虽有瑕疵,但尚不构成程序违法”。

三、本案解析——没有及时向被请求人送达请求书副本及参加口头审理通知是否构成处理决定被撤销的充分依据

像本案这样的专利行政处理机关没有及时向被请求人送达请求书副本及参加口头审理通知不构成处理决定被撤销的充分依据。

吉安市知识产权局在该案处理中,虽然存在二审法院在其判决书中指出的“专利侵权纠纷行政处理过程中违反了《专利行政执法办法》第十二条第一款、第十四条中有关期限规定,没有及时向上诉人丰泰公司送达请求书副本及通知其参加口头审理”瑕疵,但其在依法审查请求人的请求材料基础上决定受理立案、向被请求人送达受理通知书、请求书副本、答辩通知书,依法到现场调查取证,特别是对被请求人生产过程进行了拍摄取证、对被请求人相关人员进行了依法询问并制作了《询问笔录》,组织双方当事人进行了口头审理。在此基础上对被请求人的生产方法与请求人的专利方法仔细比对,认定侵权成立,依法作出处理决定。因此,本案虽然没有及时送达请求书副本和口头审理通知,但并没有影响被请求人的实体答辩权及处理机关对事实的查明,而且处理决定是建立在依法查明的事实基础上,而且证据确实充分,没有影响到处理结论的正确性。此是该处理决定虽经二审,仍被维持的关键。如果该程序瑕疵影响到了被请求人答辩的权利,处理决定是建立在没有听取被请求人陈述辩解的基础上,这样的处理决定就该被撤销。

四、本案点评

本案专利执法中虽然存在一定的瑕疵,但对专利侵权行为的行政处理和为维护请求人的合法权利和法律尊严作出了贡献。执法机关到生产现场去,对生产过程进行拍摄取证,是特别值得发扬的,尤其是在侵犯方法专利的案件

处理中。当然其出现的瑕疵，尽管没有剥夺或限制当事人的相关权利，对处理决定的正确性没有产生影响，但也应该尽力避免和杜绝。总体而言，对于一个相关业务量不多的知识产权局，是难能可贵的。

对专利权人而言，当其发现侵权行为后，先后两次发出警告函，要求侵权人来协商处理纠纷，在侵权人不予理会又不停止侵权时，及时向专利行政执法机关提出处理请求，并将侵权人是其前员工及与其签订的保密协定作为证据提交，是值得特别提倡的。该证据虽然不是必不可少的证据，但其能起到能促使执法机关到现场去调查取证的作用。

案例二十一　李宪奎与广州市知识产权局专利处理决定纠纷上诉案

一、《广东省高级人民法院行政判决书》(〔2010〕粤高法行终字第35号)

广东省高级人民法院
行政判决书

〔2010〕粤高法行终字第35号

上诉人(原审原告):李宪奎
委托代理人:王军
被上诉人(原审被告):广州市知识产权局
法定代表人:吴岳静,职务:局长
委托代理人:李大文、刘凯,该局公务员
原审第三人:广东韩江建筑安装工程有限公司(以下简称:韩江公司)
法定代表人:朱列章,职务:经理
委托代理人:胡征华,该公司法律顾问

上诉人李宪奎因诉广州市知识产权局专利处理决定纠纷一案,不服广州市中级人民法院〔2009〕穗中法行初字第70号行政判决,向本院提起上诉。本院依法组成合议庭审理了本案,现已审理终结。

原审法院经审理查明:原告李宪奎系专利号为ZL98125100.5"挡土墙的成形方法"发明专利的权利人,该专利颁证日为2001年2月10日,授权公告日为2001年4月4日。2008年6月25日,经过国家知识产权局专利复审委员会的无效宣告程序,该专利权利要求5及8中的"沿水平方向设置刚性筋"的技术方案无效,其余各部分皆维持有效。该专利的权利要求1为"一种挡土墙的成形方法，其步骤包括：a. 基本沿竖直方向采用水泥拌合法形成多个成排布置的水泥拌合桩；b. 在紧靠上述基本沿竖向的水泥拌合桩的前侧的外侧边沿该桩的纵向设置刚性筋；c. 在上述基本沿竖向的多个成排的水泥拌合桩后面形成多个地锚”。

2003 年 11 月 12 日，原告李宪奎向被告广州市知识产权局提出申请，以第三人韩江公司作为广东全球通大厦的施工方，在上述工程基坑支护工程中使用的施工方法侵犯了其专利号 ZL98125100.5 名称为“挡土墙的成形方法”的发明专利权为由，请求被告处理。被告即日受理了原告的申请，立案号穗知法字〔2003〕48 号案。次日，被告向第三人送达了请求书副本及有关附件材料，同时对涉案基坑支护工程进行了现场勘验，并拍摄现场照片 3 张。2004 年 1 月 7 日，被告就该案进行第一次案件口头审理，后鉴于国家知识产权局专利复审委员会受理了第三人提出的宣告涉案专利权无效的请求及第三人提出的中止处理申请，被告于 2004 年 2 月 24 日中止了该案的处理。2008 年 6 月 25 日，国家知识产权局专利复审委员会对涉案专利作出第 11819 号《无效宣告请求审查决定书》，宣告原告专利权部分无效，即宣告 98125100.5 号发明专利权的权利要求 5、权利要求 8 中“沿水平方向设置刚性筋”的技术方案无效，在权利要求 1—4、6—7、权利要求 8 中“沿斜向设置刚性筋”的技术方案、权利要求 9—11 的基础上维持有效。2009 年 2 月 10 日，被告对该案恢复处理，并于同年 2 月 24 日进行了第二次口头审理。

被告经审查确认第三人在广东全球通大厦施工方案中挡土墙的形成步骤包括：A. 基本沿竖直方向采用深层搅拌法形成多个成排布置的深层搅拌桩（水泥拌合桩）；B. 在深层搅拌桩成桩 3 天后，采用壁厚 3.0mm 钢管制作出浆孔，钻孔直径 130mm，放入 φ108 超前钢管，注入 M20 水泥净浆；C. 在水泥拌合桩的外侧挂钢筋网，在钢筋网上喷混凝土，使得钢筋网与水泥拌合桩粘接，从而使两者形成一整体面墙；D. 土钉顶端穿过上述钢筋网及竖向的多个成排的深层搅拌桩后形成多个锚杆。

被告经将原告的发明专利技术特征与第三人广东全球通大厦工程施工方案技术特征进行对比，认为相同的是：一、专利权权利要求 1 的 a 步骤与第三人施工方法的 A 步骤相比，两者都是基本沿竖直方向形成多个成排布置的水泥拌合桩；二、专利权权利要求 1 的 c 步骤与第三人施工方法的 D 步骤相比，专利技术中地锚的顶端固定于水泥拌合桩前侧的横向腰梁上并向后延伸，第三人施工方法 D 土钉顶端穿过上述钢筋网及竖向的多个成排的深层搅拌桩后形成多个锚杆，虽然专利技术使用的是“地锚”，第三人所使用的“土钉”，但“地锚”、“土钉”只是在工程施工中称谓不同，从两者的对比来看，所采用的技术，作用均是相同的，因此可以认定两者是相同的。

不同的是:一、第三人施工方法的 B 步骤不同于专利权利要求 1 的 b 步骤。虽然原告认为第三人施工方法 B 步骤中超前钢管的设置也等同于专利权利要求 1 的 b 步骤中“在紧靠上述基本沿竖向的水泥拌合桩的前侧的外侧边沿该桩的纵向设置刚性筋”,但专利技术权利要求 1 对 b 步骤的描述为:“在紧靠上述基本沿竖向的水泥拌合桩的前侧的外侧边沿该桩的纵向设置刚性筋”,结合说明书的解释,该专利其中的优点在于“由于刚性筋设置于水泥拌合桩的外侧面,而未设置拌合桩的内部,其未与拌合桩的桩体材料粘接,这样很容易在施工完毕后将该刚性筋抽出或拆卸而重复使用,即用于以后的工程中”,由此可见专利权利要求 1 对于刚性筋的设置应该是设置在水泥拌合桩的前侧的外侧边,而不是设置在水泥拌合桩内部的前侧,并且是可以拔出重复利用的。第三人施工方法的 B 步骤是“φ108 钢管在相应位置深层搅拌桩成桩 3 天后施工,采用壁厚 3.0 mm 钢管制作出浆孔,钻孔直径 130mm,成孔偏斜不大于 1%。钢管放入钻孔后,注入 M20 水泥净浆。”由此可见,φ108 钢管是在深层搅拌桩成桩并制作出浆孔后,设置在深层搅拌桩内部并灌注了 M20 水泥净浆,是不能取出的。因此可以认定,第三人施工方法的 B 步骤与请求人专利中的权利要求 1 的 b 步骤不相同也不等同。二、第三人施工方法的 C 步骤也不同于专利权利要求 1 的 b 步骤。专利技术权利要求 1 的 b 步骤的描述为:“在紧靠上述基本沿竖向的水泥拌合桩的前侧的外侧边沿该桩的纵向设置刚性筋”,结合说明书的解释,该专利其中的优点在于“由于刚性筋设置于水泥拌合桩的外侧面,而未设置拌合桩的内部,其未与拌合桩的桩体材料粘接,这样很容易在施工完毕后将该刚性筋抽出或拆卸而重复使用,即用于以后的工程中”,由此可见专利权利要求 1 刚性筋的设置应该是在水泥拌合桩的前侧的外侧边,并且是可以拔出重复利用的。第三人施工方法的 C 步骤是在水泥拌合桩的外侧挂设钢筋网,在钢筋网上喷混凝土,钢筋网喷混凝土形成的是面板结构,设置钢筋网的目的在于加强面板的强度,并起到固定锚杆顶端的作用,而且钢筋网喷混凝土形成的面板与水泥拌合桩是粘接在一起的,该钢筋网是无法在施工完毕后抽出重复利用。这与涉案专利的权利要求在受力结构、作用与施工步骤上均不相同,未达到同样的技术效果。专利权人权利要求 1 的 b 步骤与第三人施工方法的 C 步骤并不相同。

被告认为,由于第三人施工方法 B 步骤中超前钢管设置的施工方案以及 C 步骤中挂钢筋网后,在钢筋网上喷混凝土的施工方案并不同于专利权权利要求 1 的 b 步骤,故应认定第三人的施工技术未完全覆盖原告发明专利的全部必要技术特征,两者既不相同也不等同,第三人被控使用的施工技术未落入原告专利的保护范围。根据《中华人民共和国专利法》第十一条第一款、第五十六条第一款、第五十七条第一款的规定,作出处理决定如下:被请求人(即本案第三人）在广东全球通大厦基坑支护工程中使用的施工技术不构成侵犯请求人（即本案原告）专利号 ZL98125100. 5 名称为“挡土墙的成形方法”发明专利权。原告不服，诉至原审法院。

在诉讼过程中，原告对被告所认定的第三人在广东全球通大厦施工方案中挡土墙的形成步骤的概括，及对原告的发明专利技术特征与第三人在广东全球通大厦使用的施工方案技术特征对比后归纳的相同点均无异议，仅对被告对上述两种技术特征对比后归纳的不同点及结论有异议；第三人对被告的上述认定均无异议。

原审法院认为，在职权方面，《中华人民共和国专利法》第六十条规定：“未经专利权人许可，实施其专利，即侵犯其专利权，引起纠纷的，由当事人协商解决；不愿协商或者协商不成的，专利权人或者利害关系人可以向人民法院起诉，也可以请求管理专利工作的部门处理。……”《广东省专利保护条例》第三条第一款规定：省、市、县人民政府的专利行政主管部门，是本行政区域内的专利管理机关，依法实施专利保护、处理专利纠纷、查处假冒他人专利和冒充专利行为。依照上述规定，被告作为专利管理机关有对原告所举报的本区域内的专利纠纷进行查处的职权。

关于原告专利的有效性及保护范围问题。《中华人民共和国专利法》第五十九条第一款规定：“发明或者实用新型专利权的保护范围以其权利要求的内容为准，说明书及附图可以用于解释权利要求。”

原告享有 ZL98125100. 5“挡土墙的成形方法”发明专利权的事实，有涉案专利的权利证书为证，应认定其真实有效，其专利权的保护范围应以其权利要求书的内容为准，说明书和附图可以用于解释权利要求。根据原告的权利要求书和国家知识产权局专利复审委员会第 11819 号《无效宣告请求审查决定书》的内容，原告专利的权利要求 1 为：一种挡土墙的成形方法，其步骤包括：a. 基本沿竖直方向采用水泥拌合法形成多个成排布置的水泥拌合桩；b. 在紧靠上述基本沿竖向的水泥拌合桩的前侧的外侧边沿该桩的纵向设置刚性筋；c. 在上述基本沿竖向的多个成排的水泥拌合桩后面形成多个地锚。

关于第三人被控使用的施工技术是否落入原告专利权保护范围的认定问题。首先，根据《广东全球通大厦基坑支护施工合同》《基坑支护施工承包合同》及被告在涉案工程现场拍摄的照片，第三人施工方法的 B 步骤不同于原告专利权利要求 1 的 b 步骤：专利权利要求 1 对于刚性筋的设置是设置在水泥拌合桩的前侧的外侧边，而不是设置在水泥拌合桩内部的前侧，并且是可以拔出重复利用的；第三人施工方法的 B 步骤的 φ108 钢管是在深层搅拌桩成桩并制作出浆孔后，设置在深层搅拌桩内部并灌注了 M20 水泥净浆，是不能取出的，两者不相同也不等同。其次，第三人施工方法的 C 步骤也不同于专利权利要求 1 的 b 步骤:专利权利要求 1 刚性筋的设置应该是在水泥拌合桩的前侧的外侧边,并且是可以拔出重复利用的;第三人施工方法的 C 步骤是在水泥拌合桩的外侧挂设钢筋网,在钢筋网上喷混凝土,钢筋网喷混凝土形成的是面板结构,设置钢筋网的目的在于加强面板的强度,并起到固定锚杆顶端的作用,而且钢筋网喷混凝土形成的面板与水泥拌合桩是粘接在一起的,该钢筋网是无法在施工完毕后抽出重复利用,两者在受力结构、作用与施工步骤上均不相同,未达到同样的技术效果。基于两者存在的上述差异,被告认为第三人被控使用的施工技术未落入原告专利权保护范围,从而认定第三人未侵犯原告涉案专利权认定事实清楚。原告主张第三人使用的涉案施工技术落入其专利权的保护范围,认为被告处理决定错误没有事实依据,应不予以支持。经审查,被告在作出处理决定前进行了相关的调查,履行了法定程序,原告亦依法行使了相关权利,被告的执法程序无不当。综上所述,原告起诉意见不能成立,不予采纳;被告作出被诉处理决定认定事实清楚,适用法律正确,程序合法,予以维持。依照《中华人民共和国行政诉讼法》第五十四条第(一)项的规定,判决如下:维持被告广州市知识产权局于 2009 年 8 月 10 日作出的穗知法字〔2003〕48 号专利处理决定。

上诉人李宪奎不服一审判决向本院提起上诉称:第三人施工方法中所运用的施工技术,全部覆盖了原告发明专利的全部必要技术特征,尽管第三人在施工过程中,在水泥拌合桩的内部设置钢管代替原告专利中的刚性筋,但其实际是运用了与原告专利基本相同的手段,基本相同的功能,达到基本相同的效果,并且本领域的普通技术人员无需经过创造性劳动就能够联想到的技术特性。第三人施工所用的技术特性,等同于原告专利的这一技术特性,第三人施工技术落入了原告专利的保护范围,构成了对原告专利的侵权。被上诉人在没有认清事实的基础上,错误地运用了法律,错误认定第三人的行为没有落入原告专利保护范围。综上,请求二审法院撤销被上诉人广州市知识产权局的穗知法字(2003)48 号处理决定,判令被上诉人重新作出具体行政行为。

被上诉人广州市知识产权局答辩称:(1)本案被上诉人接到上诉人的专利侵权纠纷处理申请后,依法进行了立案、现场勘验、拍照和口审,执法过程事实清楚,证据充分,适用法律正确,符合专利行政执法程序要求;(2)第三人施工方法的 B 步骤和 C 步骤与上诉人专利要求 1 的 b 步骤不相同也不等同。第三人施工技术没有侵犯上诉人的专利权;(3)广州中院和广东省高级人民法院曾就第三人在金穗大厦基坑支护工程中使用的施工方法是否侵犯上诉人该发明专利权作出过一、二审民事判决,均认定第三人的施工方法未落入上诉人专利权保护范围。综上,被上诉人处理决定认定事实清楚,程序合法,适用法律正确,对于技术的判断准确。请求二审法院驳回上诉人上诉,维持原判。

原审第三人广东韩江建筑安装工程有限公司未提出书面答辩意见。

本院根据各方当事人提供的证据材料及庭审质证情况，确认原审判决查明的事实。

本院认为，《中华人民共和国专利法》第五十六条第一款规定："发明或者实用新型专利权的保护范围以其权利要求的内容为准，说明书及附图可以用于解释权利要求。"上诉人李宪奎享有ZL98125100.5"挡土墙的成形方法"发明专利，其中权利要求5和权利要求8中"沿水平方向设置刚性筋"的技术方案已被国家知识产权局专利复审委员会以第11819号《无效宣告请求审查决定书》宣告无效，其余权利要求真实有效，其专利权保护范围以权利要求书中的内容为准。上诉人的专利权利要求1为：一种挡土墙的成形方法，其步骤包括：a. 基本沿竖直方向采用水泥拌合法形成多个成排布置的水泥拌合桩；b. 在紧靠上述基本沿竖向的水泥拌合桩的前侧的外侧边沿该桩的纵向设置刚性筋；c. 在上述基本沿竖向的多个成排的水泥拌合桩后面形成多个地锚。被上诉人广州市知识产权局认定原审第三人韩江公司被控使用的施工技术包括四个步骤：A. 基本沿竖直方向采用深层搅拌法形成多个成排布置的深层搅拌桩（水泥拌合桩）；B. 在深层搅拌桩成桩3天后，采用壁厚3.0mm钢管制作出浆孔，钻孔直径130mm，放入φ108超前钢管，注入M20水泥净浆；C. 在水泥拌合桩的外侧挂钢筋网，在钢筋网上喷混凝土，使得钢筋网与水泥拌合桩粘接，从而使两者形成一整体面墙；D. 土钉顶端穿过上述钢筋网及竖向的多个成排的深层搅拌桩后形成多个锚杆。上诉人和原审第三人对被上诉人所认定的原审第三人在广东全球通大厦施工方案中挡土墙的形成步骤的概括均无异议。关于原审第三人施工方案是否完全覆盖上诉人发明专利的全部必要技术特征的问题，本院曾就上诉人与广东珠江投资有限公司在金穗大厦建设工程时，原审第三人承建的基坑支护工程中使用的设计方案是否侵犯上诉人该发明专利权的民事纠纷，作出过（2004）粤高法民三终字第10号民事判决，该判决已发生法律效力。该判决认定："被控施工方法步骤1、步骤3（即本案被控施工方法步骤A、步骤D）与专利方法步骤a、步骤c两者的方法构成相同。被控施工方法步骤2（即本案被控施工方法步骤C）在沿竖向的水泥拌合桩的前侧的外侧挂设钢筋网并喷射混凝土。该钢筋网是一个面板结构，桩与面板之间隔离了混凝土，设置钢筋网的作用是加强了面板的强度，可使该土墙不下塌，但在基坑完成后钢筋网不可以再抽出重复使用；而专利方法步骤b在紧靠上述基本沿竖向的水泥拌合桩的前侧的外侧边沿该桩的纵向设置刚性筋，该刚性筋是条状结构，可采用坚硬竹筋、木筋、金属钢板、钢桩、钢筋，方法是采用锤击打入法、静压打入法、滚动钻进成孔法插入的，作用在于加强水泥桩的强度，且在基坑完成后可抽出重复使用。故两者的受力结构、作用与施工方法均不同，也不构成等同。因此被控施工方法未落入发明专利方法的保护范围。”虽然上述民事纠纷的施工工程与本案不同，但是民事纠纷中韩江公司的被控施工步骤（步骤2），与本案原审第三人韩江公司的被控施工步骤（步骤C）均包括“在水泥拌合桩的外侧挂钢筋网，在钢筋网上喷混凝土，在钢筋网及水泥拌合桩之间隔离了混凝土（即使得钢筋网与水泥拌合桩粘接，从而使两者形成一整体面墙）”的内容。《最高人民法院关于行政诉讼证据若干问题的规定》第七十条规定：“生效的人民法院裁判文书或者仲裁机构裁决文书确认的事实，可以作为定案依据。但是如果发现裁判文书或者裁决文书认定的事实有重大问题的，应当中止诉讼，通过法定程序予以纠正后恢复诉讼。”因此，根据本院的生效民事判决所确认的事实以及原审第三人被控施工技术与上诉人发明专利权利要求的对比，被上诉人认定原审第三人使用的施工技术未完全覆盖原告发明专利的全部必要技术特征，两者既不相同也不等同，原审第三人被控使用的施工技术未落入上诉人发明专利方法的保护范围事实清楚，符合法律规定。被上诉人在收到上诉人的专利调处请求后，即日受理并随后向上诉人和原审第三人送达了相关材料，进行现场勘验、口头审理等，程序合法。原审判决维持被上诉人专利处理决定正确。上诉人关于原审第三人构成侵权，被上诉人处理决定适用法律和认定事实错误的主张缺乏充足的证据和理由，本院不予支持。

综上所述，原审判决认定事实清楚，适用法律正确，程序合法，依法应予以维持；上诉人的上诉理由不能成立，依法应予以驳回。依照《中华人民共和国行政诉讼法》第六十一条第（一）项之规定，判决如下：

驳回上诉，维持原判。

二审案件受理费100元，由上诉人李宪奎负担。

本判决为终审判决。

审 判 长　罗　燕

审 判 员　朱小华

代理审判员　刘德敏

二〇一〇年三月二十九日

书 记 员　郭琼瑜

二、本案概要

广州市知识产权局收到请求人对侵犯其专利权行为查处申请后，即日受理，次日向被请求人送达了请求书副本及有关附件材料，同时对涉案基坑支护工程进行了现场勘验,并拍摄现场照片 3 张。之后按照法定程序进行了口头审理。口头审理中对被请求人的施工方法进行了概括并对应于请求人的专利权利要求进行了技术特征划分。在此基础上,将被请求人的施工方法和请求人的权利要求限定的要求保护的施工方法进行了比对。比对的结果认为被请求人的施工方法没有落入请求人的专利权的保护范围,不构成侵权,作出决定驳回了请求人的处理请求。请求人不服向广州市中级法院提起行政诉讼。广州市中级法院经审理认定广州市知识产权局作出的该处理决定的程序合法、认定事实清楚、证据确实充分,结论正确。维持了广州市知识产权局的该处理决定,驳回了请求人的诉讼请求。请求人仍不服,向广东省高级人民法院提起上诉。广东省高级法院审理后,判决驳回了请求人的上诉,维持了一审判决。同时维持了广州市知识产权局的该处理决定。

三、本案解析——本案行政处理决定是靠什么经受住两级司法审查

本案中,广州市知识产权局的该处理决定基于以下三点得到了一审法院、二审法院判决的共同确认。

1. 从受理、材料的送达、调查、中止审理、恢复审理、口头审理到处理决定的作出做到了没有任何瑕疵。

2. 第一时间到被请求人的施工现场进行了勘验、拍摄取证。

3. 对被请求人的施工方法进行了准确概括并对其对应于请求人的权利要求书记载的技术特征进行了技术特征划分。在此基础上对构成双方技术方案的技术特征进行了比对,得出双方的技术方案存在如下区别:

(1)被请求人施工方法的 B 步骤不同于专利权利要求 1 的 b 步骤。虽然请求人认为被请求人施工方法 B 步骤中超前钢管的设置也等同于专利权利要求 1 的 b 步骤中"在紧靠上述基本沿竖向的水泥拌合桩的前侧的外侧边沿该桩的纵向设置刚性筋",但专利技术权利要求 1 对 b 步骤的描述为:"在紧靠上述基本沿竖向的水泥拌合桩的前侧的外侧边沿该桩的纵向设置刚性筋"。结合说明书的解释,该专利其中的优点在于"由于刚性筋设置于水泥拌合桩的外侧面,而未设置在拌合桩的内部,其未与拌合桩的桩体材料粘接,这样很容易在施工完毕后将该刚性筋抽出或拆卸而重复使用,即用于以后的工程中",由此可见专利权利要求 1 对于刚性筋的设置应该是设置在水泥拌合桩的前侧的外侧边,而不是设置在水泥拌合桩内部的前侧,并且是可以拔出重复利用的。被请求人施工方法的 B 步骤是"φ108 钢管在相应位置深层搅拌桩成桩 3 天后施工,采用壁厚 3.0mm 钢管制作出浆孔,钻孔直径 130mm,成孔偏斜不大于

1%。钢管放入钻孔后,注入 M20 水泥净浆。”由此可见,φ108 钢管是在深层搅拌桩成桩并制作出浆孔后,设置在深层搅拌桩内部并灌注了 M20 水泥净浆,是不能取出的。因此可以认定,第三人施工方法的 B 步骤与请求人专利中的权利要求 1 的 b 步骤不相同也不等同。

(2)被请求人施工方法的 C 步骤也不同于专利权利要求 1 的 b 步骤。专利技术权利要求 1 的 b 步骤的描述为:“在紧靠上述基本沿竖向的水泥拌合桩的前侧的外侧边沿该桩的纵向设置刚性筋”,结合说明书的解释,该专利其中的优点在于“由于刚性筋设置于水泥拌合桩的外侧面,而未设置在拌合桩的内部,其未与拌合桩的桩体材料粘接,这样很容易在施工完毕后将该刚性筋抽出或拆卸而重复使用,即用于以后的工程中”,由此可见专利权利要求 1 刚性筋的设置应该是在水泥拌合桩的前侧的外侧边,并且是可以拔出重复利用的。被请求人施工方法的 C 步骤是在水泥拌合桩的外侧挂设钢筋网,在钢筋网上喷混凝土,钢筋网喷混凝土形成的是面板结构,设置钢筋网的目的在于加强面板的强度,并起到固定锚杆顶端的作用,而且钢筋网喷混凝土形成的面板与水泥拌合桩是粘接在一起的,该钢筋网是无法在施工完毕后抽出重复利用。这与涉案专利的权利要求在受力结构、作用与施工步骤上均不相同,未达到同样的技术效果。专利权人权利要求 1 的 b 步骤与第三人施工方法的 C 步骤并不相同。

基于上述区别,广州市知识产权局认为被请求人施工方法 B 步骤中超前钢管设置的施工方案以及 C 步骤中挂钢筋网后,在钢筋网上喷混凝土的施工方案并不同于专利权权利要求 1 的 b 步骤,认定被请求人的施工技术未完全覆盖请求人发明专利的全部必要技术特征,两者既不相同也不等同,被请求人被控使用的施工技术未落入请求人涉案专利的保护范围,不构成侵权,事实清楚,证据确实充分,逻辑严密,适用法律正确。

四、本案点评

广州市知识产权局在该案中不仅做到了程序完全合法、而且是在第一时间到施工现场勘验取证,在此基础上对请求人的施工方法进行总结概括并进行了技术特征划分,划分之后进行技术特征比对,得出上述双方技术方案的不同点。基于该不同点得出被请求人的施工技术方案没有落入请求人的专利权的保护范围,作出不构成侵权的处理决定。对此,笔者不得不佩服相关执法人员不仅专业能力很强,而且敬业精神也非常好。对案件处理要做到这个程度,得花非常大的精力。在此值得笔者学习,也值得专利侵权纠纷行政处理中的每个新手学习。

案例二十二　请求人与长沙市知识产权局专利侵权行政处理决定纠纷上诉案

一、《湖南省高级人民法院行政判决书》(〔2014〕湘高法行终字第65号)

湖南省高级人民法院
行政判决书

〔2014〕湘高法行终字第65号

上诉人(原审原告):胡五一
委托代理人:王黄金
被上诉人(原审被告):长沙市知识产权局
法定代表人:彭民安,局长
委托代理人:刘鑫,该局工作人员
委托代理人:谭啸,该局工作人员
原审第三人:长沙中远电动工具有限公司
法定代表人:李双红,董事长
原审第三人:佛山市南海银象焊接技术有限公司
法定代表人:丁超英,董事长
原审第三人:丁超英

上述三原审第三人共同委托代理人:简劼,湖南辰邦律师事务所律师。

上诉人胡五一因与被上诉人长沙市知识产权局、原审第三人长沙中远电动工具有限公司(以下简称中远公司)、佛山市南海银象焊接技术有限公司(以下简称银象公司)、丁超英专利行政裁决一案,不服湖南省长沙市中级人民法院(2013)长中行知初字第00022号行政判决,向本院提起上诉。本院受理后,依法组成合议庭,对本案进行了审理。现已审理终结。

湖南省长沙市中级人民法院查明:胡五一于1991年7月4日向国家专利局提出名称为“一种电焊钳导电体”的发明专利申请,该专利于1996年9月28日获得授权,专利号为ZL9110××××.6。2011年7月4日,该专利因保护期限届满而失效,但胡五一于2011年3月28日提出处理请求时该专利为有效专利。在行政处理决定中,胡五一主张以涉案专利ZL9110××××.6的权利要求1和权利要求2来确定保护范围。涉案专利的权利要求1为:一种电焊钳导电体,包括导电体,其特征在于,在导电体后端直至前端开设有长槽。涉案专利的权利要求2为:按权利要求1所述的电焊钳导电体,其特征在于,长槽的开口位于焊条接触面的相对侧。

2009年7月2日,湖南省长沙市蓉园公证处出具(2009)湘长蓉证字2297号公证书。该公证书记载:胡五一与公证员黄正华、刘群一于2009年4月7日下午来到长沙市南湖五金机电大市场十七栋“长沙中远电动工具有限公司”,胡五一以普通消费者的身份购买了银象牌500A电焊钳两把、威奥牌800型两把、大象牌500A两把,并在该公司当场取得销售证明单一张。购买行为结束后公证员对所购物品进行了封存,封存物品保留于胡五一处。

长沙市知识产权局在确认公证物品封存实物的封存状态完整的情况下拆封了公证实物证据,内有用黄色塑料袋装的标有“银象牌”“500A”字样的黄色的电焊钳。公证实物的包装盒上有“银象牌”“500安电焊钳”“佛山市南海银象焊接技术有限公司”“商务热线:0757-83810206 商务传真:0757-83810306”“E-mail:yx-welding@163.com”等标识,产品名称为“银象牌电焊钳”。该电焊钳结构特征包括:有压杆、手柄、导电体、与导电体固定连接在一起的接线装置;导电体后端直至前端开设有长槽,长槽的开口处位于焊条接触面的相对侧。被控侵权产品的技术特征可归纳如下:(1)一种电焊钳导电体,包括导电体;(2)在导电体后端直至前端开设有长槽;(3)长槽的开口位于焊条接触面的相对侧。与原告的涉案专利进行比对可知,被控侵权产品具备了原告ZL9110××××.6号专利的权利要求1、2的全部技术特征,落入了原告涉案专利权利要求1、2的保护范围。

丁超英于1993年3月26日申请“银象”组合商标注册,专用权期限自2004年6月28日至2014年6月27日。

2009年9月10日,胡五一致函银象公司关于电焊钳专利侵权的事宜。银象公司和丁超英在行政处理程序中答辩称其从未生产或销售过被控侵权产品,也从未授权他人在被控侵权产品上使用其注册商标。中远公司在行政处理程序中答辩称其产品有合法来源,不应当承担赔偿责任。

湖南省高级人民法院行政审判庭于2012年9月21日到银象公司所在地

的电信公司调查取证证实，被控侵权产品包装上标注的两个电话号码中一个是中国电信佛山分公司公话（公用电话号码），地点在佛山市禅城区石湾街道办奇槎村长盛拼线厂宿舍内，一个是公民私人电话号码，地点在佛山市禅城区石湾街道办绿景二路3号田心苑A座（07—08）508号住宅内，上述两个电话号码均不在银象公司或与其相关地点。银象公司还提交了2009年到2011年银象公司总代理商单价表。

2013年2月18日，长沙市知识产权局作出长知法重处字（2013）2号专利侵权纠纷案件处理决定书。该决定认定的内容主要包括：（1）胡五一作为专利号为ZL9110××××.6发明专利的专利权人，本案侵权事由发生时该专利合法有效，其专利权应受法律保护。（2）经比对，该被控侵权的银象牌500A电焊钳落入了胡五一涉案专利权利要求1、2的保护范围。（3）中远公司未经胡五一许可销售该被控侵权产品的行为，属于为生产经营目的的销售行为，已构成对胡五一专利权的侵犯。（4）仅凭被控侵权产品上标注的“佛山市南海银象焊接技术有限公司”文字和“银象”商标，以及胡五一提交的2007年中远公司销售证明单复印件，不足以证明银象公司、丁超英为被控侵权产品的生产者。故作出以下处理决定：一、责令中远公司立即停止销售在涉案专利有效期内生产的银象牌500A电焊钳侵权产品；二、驳回胡五一的其他处理请求。

原审法院审理认为：胡五一作为专利号为ZL9110××××.6名为“一种电焊钳导电体”的专利的权利人，其在专利有效期届满日2011年7月4日之前的合法权利应受到法律保护。根据《中华人民共和国行政诉讼法》第五条规定，人民法院审理行政案件，对具体行政行为是否合法进行审查。鉴于胡五一对行政处理程序无异议，对于长沙市知识产权局认定中远公司销售了被控侵权产品及被控侵权产品落入胡五一涉案专利权保护范围的事实无异议，本案争议焦点在于长沙市知识产权局未认定银象公司、丁超英是本案被控侵权产品的生产者从而驳回胡五一对银象公司、丁超英的处理请求是否合法。

原告胡五一认为，本案被控侵权产品上标有银象公司的企业名称及“银象”注册商标，应当按照《最高人民法院关于产品侵权案件的受害人能否以产品的商标所有人为被告提起民事诉讼的批复》的规定认定银象公司、丁超英是被控侵权产品的生产者，长沙市知识产权局驳回胡五一对银象公司、丁超英的处理请求不具有合法性，违反了《最高人民法院关于产品侵权案件的受害人能否以产品的商标所有人为被告提起民事诉讼的批复》的规定。原审法院认为，行政诉讼与民事诉讼遵循不同的证据标准，长沙市知识产权局认定胡五一提交的证据不足以证明银象公司、丁超英实施了相关专利侵权行为不违反法律规定，故胡五一的诉讼请求不能成立，不予支持。综上，原审依照《最高人民法院关于执行〈中华人民共和国行政诉讼法〉若干问题的解释》第五十六条第

(四)项之规定,判决驳回胡五一的诉讼请求。案件受理费 100 元,由胡五一负担。

胡五一不服上述判决,向本院提起上诉称:(1)原审认定证据错误:原审对胡五一提供的证据——《销售证明单》不予认定错误;原审对长沙市知识产权局提供的证据——"湖南省高级人民法院调取的证据"予以认定错误。(2)根据胡五一提供的公证书、被控产品、被控产品包装上标识的文字和商标、银象公司工商登记证明、银象商标注册信息,可以推定银象公司和丁超英为被控产品的生产者。原审认为长沙市知识产权局认定胡五一提交的证据不足以认定银象公司和丁超英实施了相关专利侵权行为不违反法律规定,是错误的。(3)长沙市知识产权局和原审对案件具体行政行为的类型是行政执法还是行政裁决的事实认定不清,分配举证责任和证明标准错误。(4)本案受到湖南省高级人民法院(2012)湘高法行终字第 128 号和 79 号案件错误裁判的影响。(5)本案应当适用《最高人民法院关于产品侵权案件的受害人能否以产品的商标所有人为被告提起民事诉讼的批复》,认定被控产品标识的所有人为该产品的生产者。综上,胡五一请求本院判决:(1)撤销原判;(2)撤销长沙市知识产权局长知法重处字(2013)2 号专利侵权纠纷案件处理决定;(3)中远公司、银象公司、丁超英在涉案专利有效期内停止生产银象牌 500A 电焊钳侵权产品;(4)长沙市知识产权局承担一、二审诉讼费。

长沙市知识产权局答辩称:(1)长沙市知识产权局处理长知法重处字(2013)2 号专利纠纷案所有程序符合法律规定。(2)长知法重处字(2013)2 号处理决定事实认定无误。依据现有证据不能认定银象公司和丁超英是被控侵权产品的生产者。(3)长知法重处字(2013)2 号处理决定适用法律正确。综上,长沙市知识产权局请求本院,驳回胡五一的诉讼请求,维持长知法重处字(2013)2 号处理决定。

中远公司、银象公司、丁超英未答辩。

本案当事人在原审中提交的证据已随案移送本院。经审查,原审采信的证据可以作为认定本案事实的依据。

胡五一上诉称原审对其提供的证据——《销售证明单》不予认定错误。本院认为,该《销售证明单》无其他证据佐证,且长沙市知识产权局、中远公司、银象公司、丁超英均对其真实性和关联性表示质疑,故无法确认该《销售证明单》载明的产品系本案被控侵权产品,原审法院对该《销售证明单》不予认定正确,本院予以支持。胡五一还上诉称原审对长沙市知识产权局提供的证据——"湖南省高级人民法院调取的证据"予以认定错误。本院认为,本院前往银象公司所在地的电信公司,调取银象公司使用的电话号码和被控侵权产品包装上标注电话号码的使用人以及银象公司代理商、经营商单价表(含产品目录),

用以证明银象公司是否为被控侵权产品的生产者。本院调取的上述证据具备真实性、合法性、关联性,原审法院予以认定正确,本院予以支持。据此,原审法院查明的事实本院予以确认。

本院另查明,中远公司在给长沙市知识产权局的答辩状中称:中远公司销售的被控侵权产品系从当时已离职的前银象公司业务员吴某处购得。银象公司已要求中远公司承担销售假冒该公司产品的法律责任。

本院认为:本案被诉具体行政行为是长沙市知识产权局作出的专利侵权纠纷案件处理决定,长沙市知识产权局对作出该处理决定负有举证责任。本案争议的焦点是长沙市知识产权局在该处理决定中未认定银象公司和丁超英是本案被控侵权产品的生产者是否合法。从现有证据看,证明银象公司和丁超英是本案被控侵权产品生产者的证据是被控侵权产品包装上标注的"银象"商标和"佛山市南海银象焊接技术有限公司"以及丁超英是"银象"商标专用人的商标查询信息。证明银象公司和丁超英不是本案被控侵权产品生产者的证据有:中远公司述称其销售的被控侵权产品不是从银象公司购得;电信公司证明被控侵权产品上标注的"商务热线"和"商务传真"实为电信公司公用电话和私宅电话,非银象公司使用;银象公司产品目录显示没有电焊钳产品;银象公司和丁超英均否认自己是被控侵权产品的生产者。长沙市知识产权局根据上述证据未认定银象公司和丁超英是本案被控侵权产品的生产者,符合行政裁决盖然性的证明标准,合法合理。胡五一上诉称本案应当适用《最高人民法院关于产品侵权案件的受害人能否以产品的商标所有人为被告提起民事诉讼的批复》,认定被控产品标识的所有人为该产品的生产者。该批复规定:任何将自己的姓名、名称、商标或者可资识别的其他标识体现在产品上,表示其为产品制造者的企业或个人,均属于《中华人民共和国民法通则》第一百二十二条规定的"产品制造者"和《中华人民共和国产品质量法》规定的"生产者"。本院认为,该批复解决的是诉讼主体的确定问题,即可以以产品的商标所有人为被告提起民事诉讼。但该规定并不是认定责任主体的标准。被标注相关标识的企业或个人可以作被告,但是否需要承担相应的责任,还需要事实证据予以证实,不能仅凭标识直接认定其是责任承担主体。且适用该批复的前提是能够确认商标所有人的该标注行为。如果该商标及其他标识是其他人所标注,且没有得到商标权人的授权,则属于假冒他人商标,应由实际侵权人承担相应责任,而非商标权人。本案中,长沙市知识产权局根据现有证据,未认定被控侵权产品标识的商标所有人和生产厂家为该产品的生产者,符合法律规定。胡五一的该上诉请求不能成立,本院不予支持。胡五一上诉还称,本案受到湖南省高级人民法院〔2012〕湘高法行终字第128号和第79号案件错误裁判的影响。经查,被诉处理决定书和原审判提及上述案件的裁判,故胡五一的该上诉理由不能成立，本院不予支持。此外，胡五一上诉请求本院判决中远公司、银象公司、丁超英在涉案专利有效期内停止生产银象牌500A电焊钳侵权产品，因该诉请超出胡五一在原审时提出的诉讼请求，故不属于本案审理的范围，本院不予支持。综上，本案被诉具体行政行为证据确凿，适用法律、法规正确，符合法定程序。原审判决认定事实基本清楚，适用法律正确，应予维持。根据《中华人民共和国行政诉讼法》第六十一条第（一）项之规定，判决如下：

驳回上诉，维持原判。

二审案件受理费100元，由上诉人胡五一负担。

本判决为终审判决。

审判长　郑　波

审判员　夏　阳

代理审判员　李俊颖

二〇一四年五月十九日

书记员　张　弛

二、本案概要

专利权人发现有侵犯其专利权的产品出售，遂和公证人员一起购买并公证封存了该产品。之后请求长沙市知识产权局对侵犯其专利权的行为进行查处。长沙市知识产权局经审理认定被控产品落入了请求人专利权的保护范围，侵犯了请求人的专利权，责令销售该被控产品的销售者停止销售该产品。但认定仅凭该产品上的商标等标注无法认定该商标所有人及标注的生产者就是该侵权产品的制造者，没有认定该商标所有人及标注的生产者的专利侵权责任。请求人不服，向长沙市中级法院提起行政诉讼，长沙市中级法院判决维持了长沙市知识产权局的处理决定，驳回了请求人的诉讼请求。请求人仍不服，向湖南省高级人民法院提起上诉。湖南省高级法院判决维持了该一审判决和长沙市知识产权局的决定，驳回了请求人的上诉请求。

三、本案解析

（一）专利行政处理机关对专利侵权纠纷处理决定的正确性承担举证责任

《专利法》（自2009年10月1日起施行）第六十条规定："未经专利权人许可，实施其专利，即侵犯其专利权，引起纠纷的，由当事人协商解决；不愿协商或者协商不成的，专利权人或者利害关系人可以向人民法院起诉，也可以请求管理专利工作的部门处理。管理专利工作的部门处理时，认定侵权行为成立的，可以责令侵权人立即停止侵权行为，当事人不服的，可以自收到处理通知之日起十五日内依照《中华人民共和国行政诉讼法》向人民法院起诉；侵权人期满不起诉又不停止侵权行为的，管理专利工作的部门可以申请人民法院强制执行。进行处理的管理专利工作的部门应当事人的请求，可以就侵犯专利权的赔偿数额进行调解；调解不成的，当事人可以依照《中华人民共和国民事诉讼法》向人民法院起诉。”《专利行政执法办法》（2010 年修订）第一条规定：“为深入推进依法行政，规范专利行政执法行为，保护专利权人和社会公众的合法权益，维护社会主义市场经济秩序，根据《中华人民共和国专利法》《中华人民共和国专利法实施细则》以及其他有关法律法规，制定本办法。”第二条规定：“管理专利工作的部门开展专利行政执法，即处理专利侵权纠纷、调解专利纠纷以及查处假冒专利行为，适用本办法。”

以上规定清楚表明，知识产权局等专利行政管理机关应专利权人请求，对于涉嫌侵犯专利权的行为进行查处的行为，以及在此基础上做出的处理决定，是行政执法行为，而不是行政裁判行为，属于具体行政行为。《行政诉讼法》（修改前后该内容没有变化）第二条第一款规定：“公民、法人或者其他组织认为行政机关和行政机关工作人员的行政行为侵犯其合法权益，有权依照本法向人民法院提起诉讼”。第三十四条第一款规定：“被告对作出的行政行为负有举证责任，应当提供作出该行政行为的证据和所依据的规范性文件”。因此，一旦当事人对知识产权局做出的关于专利侵权的处理决定不服，向法院提起诉讼，知识产权局对其做出的处理决定，包括不构成侵权的处理决定，也包括本案中的不能认定第三人是侵权产品制造者的决定，都承担举证责任。

（二）本案对请求人仅仅依据侵权产品上的商标等标注指控侵权产品生产者时执法机关该如何处理作出了很好的示范作用

在专利侵权纠纷行政处理中，一旦认定被控产品的技术方案落入了专利权的保护范围，专利侵权成立的，专利权人又请求对被控产品生产者进行处理的情况下，专利行政执法机关就必须对被控产品的生产者做出处理。这时如何认定侵权产品的生产者，就成为问题的关键。通常情况下，专利行政执法机关向现有证据指示的生产者发出答辩通知，通知其进行答辩，而被通知人通常都不会否认其是被控产品的生产者，而是和被控产品的销售者合起来就请求人的处理请求进行抗辩。一旦出现被通知人否认其是被控产品的生产者的情形，执法机关就要非常慎重，此时不论是否认定该被通知的人是被控产品的生产者，都很可能成为当事人提起行政诉讼的被告。

本案中，证明银象公司和丁超英是本案被控侵权产品生产者的证据是被控侵权产品包装上标注的“银象”商标和“佛山市南海银象焊接技术有限公司”的标注，以及丁超英是“银象”商标专用人的商标查询信息。证明银象公司和丁超英不是本案被控侵权产品生产者的证据有：侵权产品的销售者中远公司述称，其销售的被控侵权产品不是从银象公司购得；电信公司证明被控侵权产品上标注的“商务热线”和“商务传真”实为电信公司公用电话和私宅电话，非银象公司使用；银象公司产品目录显示没有电焊钳产品；银象公司和丁超英均否认自己是被控侵权产品的生产者。

就上述证据，根据被控产品上标注的“商务热线”和“商务传真”实为电信公司公用电话和私宅电话，非银象公司使用来判断，该标注行为应该是非商标权人自己所为，很可能是假冒商标行为。因此仅凭该产品上的商标等标注不能认定其标注的生产者或者商标所有者就是被标注产品的生产者。外加上述对侵权产品生产者的具有压倒性的否定性证据，长沙市知识产权局对请求人指控的侵权产品的生产者不予认可，证据是充分的，逻辑是严密的。正因如此，其处理决定被一审判决和二审判决都予以维持。至于请求人一再坚持的《最高人民法院关于产品侵权案件的受害人能否以产品的商标所有人为被告提起民事诉讼的批复》，其全文内容如下：

> 《最高人民法院关于产品侵权案件的受害人能否以产品的商标所有人为被告提起民事诉讼的批复》（2002年7月4日最高人民法院审判委员会第1229次会议通过　法释〔2002〕22号）
>
> 北京市高级人民法院：
>
> 你院京高法〔2001〕271号《关于荆其廉、张新荣等诉美国通用汽车公司、美国通用汽车海外公司损害赔偿案诉讼主体确立问题处理结果的请示报告》收悉。经研究，我们认为，任何将自己的姓名、名称、商标或者可资识别的其他标识体现在产品上，表示其为产品制造者的企业或个人，均属于《中华人民共和国民法通则》第一百二十二条规定的“产品制造者”和《中华人民共和国产品质量法》规定的“生产者”。本案中美国通用汽车公司为事故车的商标所有人，根据受害人的起诉和本案的实际情况，本案以通用汽车公司、通用汽车海外公司、通用汽车巴西公司为被告并无不当。

对此，正如湖南高院二审判决中所认为的“该批复解决的是诉讼主体的确定问题，即可以以产品的商标所有人为被告提起民事诉讼。但该规定并不是认定责任主体的标准。被标注相关标识的企业或个人可以作被告，但是否需要承担相应的责任，还需要事实证据予以证实，不能仅凭标识直接认定其是责任承担主体。且适用该批复的前提是能够确认商标所有人的该标注行为。如果该商标及其他标识是其他人所标注,且没有得到商标权人的授权,则属于假冒他人商标,应由实际侵权人承担相应责任,而非商标权人"。

长沙市知识产权局根据侵权产品上标注确定银象公司和丁超英作为侵权产品可能的生产者通知其答辩,而没有仅仅依据该标注就确定银象公司和丁超英承担侵权产品的生产责任,把控是准确的。可以说其对于此类问题作出了很好的榜样和示范。

四、本案点评

本案对请求人仅仅依据侵权产品上的商标等标注指控侵权产品生产者时,执法机关该如何处理,作出了很好的示范作用。

案例二十三　鹤壁佳多科工贸有限责任公司与杭州市知识产权局专利行政决定纠纷上诉案

一、《浙江省高级人民法院行政判决书》(〔2014〕浙行终字第27号)

浙江省高级人民法院
行政判决书

〔2014〕浙行终字第27号

上诉人(原审原告):鹤壁佳多科工贸有限责任公司。
法定代表人:赵树英,董事长。
委托代理人:邢海涛。
委托代理人:赵爱民,河南精忠律师事务所律师。
被上诉人(原审被告):杭州市知识产权局。
法定代表人:楼健人,局长。
委托代理人:沈锦亮。
委托代理人:李建国,浙江九重天律师事务所律师。
被上诉人(原审第三人):浙江托普仪器有限公司。
法定代表人:陈渝阳,总经理。
委托代理人:戴晓翔,浙江晓翔律师事务所律师。

鹤壁佳多科工贸有限责任公司诉杭州市知识产权局专利行政裁决一案,杭州市中级人民法院于2013年12月13日作出〔2013〕浙杭行初字第71号行政判决。鹤壁佳多科工贸有限责任公司不服,向本院提出上诉。本院于2014年2月7日受理后,依法组成合议庭,于同年3月12日进行了公开开庭审理。上诉人鹤壁佳多科工贸有限公司的委托代理人邢海涛、赵爱民,被上诉人杭州市知识产权局的委托代理人沈锦亮、李建国，被上诉人浙江托普仪器有限公司的委托代理人戴晓翔到庭参加诉讼。本案现已审理终结。

原审法院经审理查明，原告系“一种频振式杀虫灯高压电网的绕制方法”（专利号：ZL2007103××××5）的专利权人。原告于2013年6月24日向被告杭州市知识产权局提交《专利侵权纠纷处理请求书》，请求被告责令被请求人（浙江托普仪器有限公司）立即停止制造、销售、使用、许诺销售等专利侵权行为，由被请求人赔偿请求人损失并承担案件相关费用。原告为支持其主张提供了如下证据：《一种频振式杀虫灯高压电网的绕制方法》发明专利证书、申请公布说明书及年费缴纳发票复印件；《植保仪器专册》复印件；浙江托普仪器有限公司 www.zhibao17.com 上图片；原告营业执照副本复印件及组织机构代码证副本复印件；被控侵权产品拆卸过程光盘一张；被控侵权产品的光盘一张。被告于同月26日受理后，成立合议组审理此案，于2013年8月22日进行了口头审理，原告和第三人的委托代理人参加了口头审理。被告杭州市知识产权局于2013年9月25日作出杭知法处字（2013）013号《专利侵权纠纷处理决定书》，认为：本案争议的焦点是被请求人浙江托普仪器有限公司是否使用了“一种频振式杀虫灯高压电网的绕制方法”（专利号：ZL20071030××××.6）发明专利权利要求书中记载的方法制造了涉案产品。请求人（鹤壁佳多科工贸有限责任公司）提供的证据2、3、5、6均只能体现涉案产品的结构特征，并未体现专利方法的技术特征，也即未体现专利方法按时间顺序的步骤；通过结构特征也无法倒推涉案产品的制造步骤，即专利方法。请求人也未提供该涉案产品为新产品的证据，不存在举证责任倒置，即由被请求人提供其产品制造方法不同于专利方法的证据。因此请求人证明涉案产品使用“一种频振式杀虫灯高压电网的绕制方法”（专利号：ZL20071030××××.6）专利方法制造涉案产品的证据不足。参照《最高人民法院关于民事诉讼证据的若干规定》第二条第二款规定，请求人承担不利后果。综上，请求人诉被请求人侵犯发明专利权不成立，对请求人的请求不予支持。根据《中华人民共和国专利法》第五十九条第一款，《中华人民共和国专利法实施细则》第二十条、第二十一条，《专利行政执法办法》第十七条第一款第（四）项规定，作出驳回请求人的请求的处理决定。该处理决定书告知了诉权。

原告不服该《专利侵权纠纷处理决定书》，向本院提起诉讼。

原审法院认为，根据《中华人民共和国专利法实施条例》第八十一条规定，当事人请求处理专利侵权纠纷或者调解专利纠纷的，由被请求人所在地或者侵权行为地的管理专利工作的部门管辖。被告作为被请求人所在地的管理专利工作的部门，对本案所涉的专利纠纷具有管辖权。根据《中华人民共和国专利法》第二条规定，“发明，是指对产品、方法或者其改进所提出的新的技术方案”。第六十一条规定,“专利侵权纠纷涉及新产品制造方法的发明专利的,制造同样产品的单位或者个人应当提供其产品制造方法不同于专利方法的证明”。方法发明是指发明的最终表现形态为一种实现某种技术效果的程序或步骤。根据“谁主张,谁举证”的原理,方法专利的专利权人主张他人侵犯其专利权,应当举证证明他人使用了专利方法制造产品,当方法专利的专利权人能够提供证据证明专利侵权纠纷涉及新产品制造方法的发明专利的,举证责任倒置。本案中,原告拥有专利权的发明是“一种频振式杀虫灯高压电网的绕制方法”(专利号:ZL2007103××××5),系方法发明专利。原告向被告提出专利侵权纠纷处理申请,认为浙江托普仪器有限公司侵犯其专利权,原告应当举证证明浙江托普仪器有限公司使用了“一种频振式杀虫灯高压电网的绕制方法”(专利号:ZL2007103××××5)发明专利权利要求书中记载的方法制造了被控侵权产品,也即要举证被控侵权产品的制造程序或步骤与其享有专利权的方法一致。但原告在专利纠纷处理程序中未提交证明浙江托普仪器有限公司制造被控侵权产品的程序与步骤是使用了其专利方法的证据,亦未提交案涉纠纷是涉及新产品制造方法的发明专利的证据,被告由此认定原告所主张的浙江托普仪器有限公司使用其专利方法制造被控侵权产品的证据不足,这一认定具有法律依据。原告认为案件纠纷涉及新产品制造方法的证明责任不应当分配给原告等理由并无法律依据。被告的处理决定书认定事实清楚,适用法律正确,并无不当。被告作出案涉处理决定的程序上,被告于2013年6月26日受理申请,成立合议组审理此案。被告向申请人和被申请人均告知了回避的权利,于2013年8月22日进行了口头审理,并于2013年9月25日作出了案涉《专利侵权纠纷处理决定书》。上述程序符合法律规定。综上,原告的诉讼理由不能成立,诉讼请求本院不予支持,依照最高人民法院《关于执行〈中华人民共和国行政诉讼法〉若干问题的解释》第五十六条第(四)项之规定,判决驳回原告鹤壁佳多科工贸有限责任公司的诉讼请求。

鹤壁佳多科工贸有限责任公司上诉称:(1)一审程序违法。原审在实体事实部分,未审查原审第三人浙江托普仪器有限公司生产的产品的技术特征,产品的名称在判决书中也只字未提,导致专利技术与被控产品无法比对,也就无法确认被控产品是否使用了专利技术。很显然,原审漏审案件主要事实导致事实不清,属程序违法,依法应发回重审或者查清事实后改判。(2)一审适用法律错误。一审认为,上诉人拥有专利权的发明是“一种频振式杀虫灯高压电网的绕制方法”,系方法发明专利。并认为,方法发明是指发明的最终表现形态为一种实现某种技术效果的程序或步骤。上诉人认为,一审观点适用法律错误。根据《专利法》第二条第二款规定:“发明,是指对产品、方法或者其改进所提出的新的技术方案”。也就是说,发明是新的技术方案,一审将上诉人所有的专利划分为方法专利无法律依据。《专利法》仅将专利划分为三类，即①发明；②实用新型；③外观设计。没有其他分类。一审认为："方法发明是指发明的最终表现形态为一种实现某种技术效果的程序或者步骤"。一审的观点无任何法律依据。发明的最终表现形态为物，即"物化"的产品，"物化"的过程叫程序或者步骤或者工艺流程。上诉人所有专利的核心技术特征是高压电网横向绕制，两根高压电线间距均等，四根绝缘柱上有凹槽等，原审第三人生产的产品同样具备上述技术特征，侵权事实显而易见。上诉人在一审时提交的证据足以证明上述事实。关于举证责任的分配，一审认为上诉人未提交涉案产品为新产品的证据，更令人不解。《专利法》明文规定，授予专利权应当具有新颖性。所谓的新颖性，是指该发明或者实用新型不属于现有技术，也没有任何单位或者个人就同样的发明或者实用新型在申请日以前向国务院专利行政部门提出过申请，并记载在申请日以后公布的专利申请文件或者公告的专利文件中。上诉人依法取得了专利权，就足以证明其发明专利具有新颖性，生产出的产品为新产品，无需举证；相反，其他人主张发明专利生产的产品非新产品，需提交法定证据予以证实。同时，上诉人在行政程序中属未提交"查新"报告，但责任在被上诉人杭州市知识产权局，其未依法要求上诉人提供新产品检索报告。事实上"新产品"是指专利权被授予时是否新产品，而非专利权授予后是否新产品。如上所述，发明专利在授予前要进行实质审查，实质审查重要内容之一就包含新颖性。具有新颖性的技术生产的产品即为新产品。最后，一审判决仅适用了《行政诉讼法》作为判决依据，未适用任何实体法的规定，明显法律依据不足，属于适用法律错误。综上所述，一审无论是在事实上还是法律适用上均存在错误。请求依法撤销原判；依法撤销杭州市知识产权局作出的杭知法处字〔2013〕013 号《专利侵权纠纷处理决定书》。

杭州市知识产权局答辩称：(1)原专利行政裁决-杭知法处字第〔2013〕013 号处理决定，符合法定程序，一审判决对此予以认定是正确的。(2)原处理决定与一审判决均认定，涉案专利是方法发明专利，由于上诉人未能举证证明依照其专利方法制造的产品系新产品，因而不发生举证责任倒置，为证实第三人侵权，上诉人仍应举证证明第三人使用了其专利方法，这一认定符合法律规定。《中华人民共和国专利法》第六十一条规定，专利侵权纠纷涉及新产品制造方法的发明专利的，制造同样产品的单位或者个人应当提供其产品制造方法不同于专利方法的证明。根据该规定，在涉及方法发明专利的侵权认定中，举证责任倒置有两个条件，一是上诉人要证明依照专利方法制造的产品是新产品，二是上诉人要证明第三人制造了同样的产品。在完成该两项举证责任的条件下，举证责任才转移至第三人。为此，答辩人在原处理决定中，一审法院在一审判决中，均将新产品的证明责任分配给上诉人，是有法律依据的。何谓新产品,《最高人民法院关于审理侵犯专利权纠纷案件应用法律若干问题的解释》第十七条规定,产品或者制造产品的技术方案在专利申请日以前为国内外公众所知的,人民法院应当认定该产品不属于专利法第六十一条第一款规定的新产品。根据该规定,上诉人只有在证明了产品或者制造产品的技术方案,在专利申请日前不为国内外公众所知,才完成了新产品的证明责任。而上诉人未能就此举证,因此不符合举证责任倒置的条件,举证责任不发生转移,仍然应该由上诉人就第三人使用了专利方法进行举证。从涉案专利独立权利要求的记载来看,为实现发明,必须完成基本装配条件、绝缘柱上设凹槽、电网沿凹槽按顺序绕制等工序步骤,印证了专利方法由各项步骤特征组成。涉案专利说明书在"具体实施方式"部分,更是使用了"具体绕制步骤"的表述,来解释专利方法,阐明了专利方法是由先后顺序具体、清晰的各项步骤特征所组成的,再次印证了专利方法是由各项步骤组成的。为此,答辩人采用再现方法发明专利全部步骤特征的方式评判是否侵权,一审判决将方法解释为实现某种技术效果的程序或步骤,进而要求上诉人举证证明第三人使用了其方法中的相关程序或步骤,符合关于"方法"一词的通常理解,更符合进行专利侵权判断的全面覆盖原则,合理合法。但是,上诉人并未能提供第三人使用了其专利方法的证据,使得答辩人在原处理决定中,一审判决在判决中,均无法以第三人的制造方法与专利方法进行比对,应承担举证不能的不利责任。上诉人要求以第三人生产的产品的技术特征与专利方法进行比对,违反了专利侵权判断原则,缺乏法律依据。上诉人因一审判决未进行该比对,进而认为一审判决程序违法,毫无法律依据。上诉人提供的《植保仪器专册》、浙江托普仪器有限公司在网站 www. zhibao17. com 上的侵权图片、被控侵权产品及拆卸过程视频资料等证据,仅能体现被控侵权产品的结构特征,不能体现制造过程中使用了专利方法所包含的各项步骤特征。根据涉案专利说明书在"背景技术"及"发明内容"部分的记载,横向绕制电网早已有之,但缺点是容易松动,造成短路,涉案专利采用在绝缘柱上开凹槽,沿凹槽绕制网线的技术方案,解决了上述缺点。该记载表明,上诉人诉称的电网横向绕制是核心技术特征的观点不成立;同时也表明,在绝缘柱上开凹槽,沿凹槽绕制网线的方法,是发明的重要内容。而被控侵权产品不具有上述凹槽,以及以凹槽为基础的后续步骤,没有再现该重要方法特征。(3)上诉人混淆了方法发明专利新颖性判断标准与新产品判断标准,从而得出了只要方法具有新颖性,依照该方法制造的产品即是新产品的错误结论。方法专利新颖性审查中,只对产品的制造方法是否具有新颖性进行审查,并不对产品是否是新产品进行审查,因此不能由方法具备新颖性,而推导出产品即是新产品的结论,上诉人仍应根据《最高人民法院关于审理侵犯专利权纠纷案件应用法律若干问题的解释》第十七条规定,提供相关证实新产品的证据。(4)答辩人作为专利侵权行政裁决机构,没有提醒上诉人或者向上诉人进行释明,上诉人应提交新产品证据的法定义务,因此,上诉人将在行政裁决中未提交查新报告的责任归咎于答辩人,毫无法律根据。综上,一审判决认定事实清楚,适用法律、法规正确,程序合法,上诉人的上诉理由不能成立。请求驳回上诉,维持原判。

浙江托普仪器有限公司答辩称:一、一审判决不存在上诉人声称的"程序违法"问题。本案涉及专利方法,需要比对的是被控产品中"高压电网的绕制方法"是否与专利方法一致,不是比对被控产品"杀虫灯"结构是否与专利方法一致。尽管上诉人声称托普公司侵犯其专利权,但并未提供被控产品"高压电网绕制方法"的有效证据,不具备与专利权利要求记载的技术特征进行比对的前提,其诉讼主张缺乏证据支持;换言之,无法进行技术特征比对的原因是上诉人造成的,上诉人应当对举证不能的后果担责。然而,上诉人在上诉状中却称一审判决"未审查托普公司生产的产品的技术特征,导致专利技术与被控产品无法比对,无法确认被控产品是否使用了专利技术",混淆是非的指责一审判决"事实不清、程序违法",其诉讼观点和逻辑关系错误,将自己的问题作为指责一审判决的理由。二、一审判决不存在上诉人声称的"适用法律错误"问题。(1)上诉人以专利分为"发明、实用新型、外观设计"为由,认为一审判决"将上诉人所有的专利划分为方法专利无法律依据"。对此,第三人认为:首先,根据不同的标准,专利有不同的分类,不能因为专利按类型分为"发明、实用新型、外观设计",就否认专利还可以按技术方案的内容区分为产品专利和方法专利。其次,《专利法》第六十一条第一款和第十一条第一款均对方法专利和产品专利作出专门规定,明确给出了发明专利分为方法专利和产品专利的依据。(2)上诉人称"发明专利的最终表现形态为物,即物化的产品",混淆了制造一件产品的工序和该产品结构的关系,试图将产品的制造方法扩展为该产品的结构。值得强调的是,被控产品的绝缘柱上根本没有凹槽;横向绕制高压电网是专利申请日前的现有技术,被控产品中绕制的电网缺乏专利方法记载的多项技术特征、且再现的横向绕制特征是现有技术,侵权指控不成立显而易见。(3)上诉人在上诉状中将专利的"新颖性"与专利方法涉及的"新产品"混为一谈,声称"发明专利具有新颖性,生产出的产品为新产品,无须举证""具有新颖性的技术生产的产品即为新产品"存在概念不清的问题。《最高人民法院关于审理侵犯专利权纠纷案件应用法律若干问题的解释》第十七条规定了如何确认新产品:"产品或者制造产品的技术方案在专利申请日以前为国内外公众所知的,人民法院应当认定该产品不属于专利法第六十一条第一款规定的新产品"。本案中涉及的"频振式杀虫灯"是专利申请日以前为国内外公众所知的产品,并非"新产品",上诉人在杭州市知识产权局审理时没有提供任何证据证明“频振式杀虫灯”属于新产品，当然不发生举证责任的倒置或转移。即使上诉人一审提供的所谓“查新报告”，针对的是利用“根据标靶害虫设定科学网间距”“专波专用”“时控技术”技术的研究项目，并非“频振式杀虫灯”，而这些内容均未记载在专利权利要求书和说明书中，与证明涉案专利中的“频振式杀虫灯”为“新产品”没有关联性，得不出用专利方法制造的产品系新产品的结论。因此，上诉人既不能举证被控产品的制造方法，又不能举证专利方法是新产品的制造方法，应当自行承担不利后果。三、被控产品并未采用专利方法。记载在权利要求中的技术特征均应作为判断比对基础，所有的特征均具有同等作用，在侵权分析时没有主次之分。第三人绕制杀虫灯高压电网的工艺不具备专利的多项技术特征：(1)专利的方法是在装配好灯管、上盘、下盘、四根柱座、四根绝缘柱、电器盒和接虫袋后，在确定了这些部件的位置及结构关系的基础上，再在定位于柱座的绝缘柱上绕制高压电网，即装配灯管等在先，绕制高压电网在后。被控杀虫灯则是绕制高压电网在先，安装灯管等在后，两者的顺序步骤不同。改变安装灯管的顺序步骤能有效避免带管绕制电网时损坏灯管等，具有优化制造杀虫灯工艺和方便更换灯管的技术效果。(2)被控杀虫灯中的绝缘柱上并无凹槽，上诉人也确认“绝缘柱上没有凹槽”。这就印证了被控侵权的网线绕制方法不具有权利要求1中在“绝缘柱一侧等距设置多个凹槽”的步骤；相应的，不具有“高压电网绕制在凹槽中”的步骤，缺乏与“凹槽”相关联的全部步骤。将网线粘合定位在光滑绝缘柱表面的措施，具有绕制方便、网距可调、规整划一、网线不脱落、生产效率高等优点，克服了专利方法具有的绝缘柱凹槽加工难度大、强度受损、网线定位不可靠、间距不可调等缺点，体现出更好的技术效果。(3)被控杀虫灯中螺旋形斜向绕制高压电网线，不同于专利权利要求1中“拉紧电网线顺着与绝缘柱垂直方向绕制”的特征。(4)被控杀虫灯中的高压电网线起始端分别固定于相对的绝缘柱底端，不同于专利权利要求1中“两根电网线起始端分别固定于相临(邻)两根绝缘柱底端”的特征。(5)被控杀虫灯中的高压电网线尾端位于绝缘柱上端，不同于将两根电网线尾端设在“位于绝缘柱下端最底部”以及“将位于绝缘柱底部的两根电网线尾端焊接高压引出线”的特征。相应的，也不具有“该高压引出线套上绝缘套管”的特征。(6)被控杀虫灯的制造方法不具有将“漏虫口设置在电器盒右下端”以及“连接漏虫袋”的特征。(7)被控杀虫灯的制造方法不具有权利要求1中限定的绕制网线路径(即该权项的“A特征”)。因此，被控杀虫灯中绕制高压电网的工艺步骤，没有再现专利限定的顺序步骤且缺乏多项技术特征，显著不同于专利方法，没有落入专利权保护范围，上诉人的侵权指控不仅在举证上存在问题，在实体认定上同样错误。综上，一审判决和杭州市知识产权局的处理决定事实清楚、证据充分、程序合法、适用法律正确，驳回上诉人请求的结论并无不当，应予维持。上诉人的上诉没有事实依据和法律依据，其诉讼请求依法应予驳回。

二审庭审中，上诉人鹤壁佳多科工贸有限责任公司出示了涉案专利产品“佳多频振式杀虫灯”，被上诉人浙江托普仪器有限公司出示了被控侵权产品“频振式杀虫灯”。本院围绕上诉人鹤壁佳多科工贸有限责任公司诉称被上诉人浙江托普仪器有限公司使用上诉人的发明专利“一种频振式杀虫灯高压电网的绕制方法”制造了被控侵权产品的理由是否成立、被诉处理决定及原审判决是否正确等审理重点进行审查。

经审理，本院对原审判决认定的事实予以确认。

本院认为：

一、关于被控侵权产品的技术特征是否落入涉案专利权的保护范围问题。经审查，鹤壁佳多科工贸有限责任公司提供的“一种频振式杀虫灯高压电网的绕制方法”发明专利证书的说明书记载：“目前高压电网大多是竖向绕制，也有极少数采用横向绕制。其中横绕的缺点网线易松动，造成高压短路，竖向会因连接件结合难固定而不可避免的产生击穿塑料件现象。由于本发明采用特种玻璃材料制作绝缘管进行绕制高压网线，形成环形高压电网，有效解决高压击穿现象，延长了一种频振式杀虫灯在全天候情况下使用的寿命。且绕制方法简便。其绝缘柱凹槽的设置，使绕制的网线无松动，外端不外露，避免了高压短路，且保证了安全实用性”。由此可见，上诉人鹤壁佳多科工贸有限责任公司的上述方法发明专利的重要技术特征是绝缘柱上设置凹槽，在行政程序及诉讼中，其均不能提供被控侵权产品也有此技术特征的证据。经实物比对，专利产品与被控侵权产品形状、结构等方面确有多处相似或相近，但被控侵权产品绕制网线的绝缘柱上并没有设置凹槽，这与上诉人的涉案专利技术绝缘柱设置凹槽并不构成相同或等同。《最高人民法院关于审理侵犯专利权纠纷案件应用法律若干问题的解释》第七条第二款规定：“被诉侵权技术方案的技术特征与权利要求记载的全部技术特征相比，缺少权利要求记载的一个以上的技术特征，或者有一个以上技术特征不相同也不等同的，人民法院应当认定其没有落入专利权的保护范围”。因此，被控侵权产品技术特征并未落入上诉人“一种频振式杀虫灯高压电网的绕制方法”的发明专利权的保护范围。

二、关于是否涉及新产品问题。《最高人民法院关于审理侵犯专利权纠纷案件应用法律若干问题的解释》第 17 条规定，产品或者制造产品的技术方案在专利申请日以前为国内外公众所知的，人民法院应当认定该产品不属于专利法第六十一条第一款规定的新产品。从涉案专利证书所记载的技术背景看，频振式杀虫灯属于涉案专利申请日之前的已有技术。上诉人在行政程序中未提交本案纠纷属于涉及新产品制造方法的发明专利的证据，起诉时提交的河南省农业科学院科技信息研究所的《科技查新报告》，也不能证明本案属于涉及新产品制造方法的发明专利。因此，涉案方法发明专利虽具有新颖性，但使用该专利方法生产的“频振式杀虫灯”并不属于新产品。上诉人认为其“专利法明文规定授予专利权应当具有新颖性。上诉人依法取得了专利权，就足以证明其发明专利具有新颖性，生产出的产品为新产品，无需举证”的观点，显然是将新产品的概念与专利所具有的新颖性相混淆。

三、关于举证责任是否倒置问题。《中华人民共和国专利法》第六十一条规定“专利侵权纠纷涉及新产品制造方法的发明专利的，制造同样产品的单位或者个人应当提供其产品制造方法不同于专利方法的证明”。由于本案不属于涉及新产品制造方法的发明专利，被上诉人杭州市知识产权局据此认为“请求人也未提供涉案产品为新产品的证据，不存在举证责任倒置，即无需由被请求人提供其制造产品方法不同于专利方法的证据”并无不当。

四、关于涉案专利是否属于方法发明专利问题。《中华人民共和国专利法》第二条规定“本法所称的发明创造是指发明、实用新颖和外观设计。发明，是指对产品、方法或者其改进所提出的新的技术方案”。因此，发明专利，根据内容可分为产品发明专利和方法发明专利。由于涉案发明专利是“一种频振式杀虫灯高压电网的绕制方法”，原审将该发明专利认定为方法发明专利符合法律规定。上诉人诉称“一审将上诉人拥有的涉案发明专利认定为方法发明专利，适用法律错误”的理由不能成立。

五、关于产品结构是否属于技术特征问题。由于制造产品的方法技术是以该产品的结构为依托，方法技术并不能离开产品结构而单独存在，产品的某些结构特征体现了方法技术。因此，产品的技术特征中，既包括制造该产品的方法步骤，同时也包括与此相关的产品结构特征。本案上诉人提供的相关证据体现的结构特征属于专利方法的技术特征范畴，只不过该技术特征并不能证实被上诉人浙江托普仪器有限公司侵犯其方法专利权。被上诉人杭州市知识产权局在被诉专利侵权纠纷处理决定书中认为“请求人提供的证据只能体现涉案产品的结构特征，并未体现专利方法的技术特征”不当，本院予以指正。

综上，上诉人鹤壁佳多科工贸有限责任公司主张被上诉人浙江托普仪器有限公司侵犯其发明专利权的理由，缺乏相应的事实和法律依据。被上诉人杭州市知识产权局被诉专利侵权纠纷处理决定的部分理由存在不当，但驳回请求人鹤壁佳多科工贸有限责任公司请求的结论正确。原审判决驳回鹤壁佳多科工贸有限责任公司的诉讼请求，认定事实清楚，适用法律正确，审判程序合法。上诉人鹤壁佳多科工贸有限责任公司的上诉理由均不能成立，本院不予采纳。依照《中华人民共和国行政诉讼法》第六十一条第(一)项之规定，判决如下：

驳回上诉，维持原判。

二审案件受理费人民币100元，由上诉人鹤壁佳多科工贸有限责任公司负担。

本判决为终审判决。

审　判　长　董跃进
审　判　员　唐维琳
代理审判员　万成兆
二〇一四年三月十七日
书　记　员　韦若莎

二、本案概要

专利权人认为其名为"一种频振式杀虫灯高压电网的绕制方法"专利权受到侵害，请求杭州市知识产权局处理。杭州市知识产权局以其专利属于方法专利，而其仅仅提供了被控产品的结构方面的证据，没有提供被请求人使用其专利方法方面的证据为由驳回其处理请求。请求人不服，向杭州市中级人民法院起诉，杭州市中级法院认为杭州市知识产权局的处理并无不当，维持了该处理决定。请求人仍不服，上诉到浙江省高级法院。浙江高院经过技术特征比对，认为被控产品及方法没有落入请求人的专利权的保护范围，维持了一审判决和杭州市知识产权局的处理决定。但认为杭州市知识产权局关于方法发明专利的举证及如何判断是否落入方法专利权的保护范围的认识不对，并予以指正。

三、本案解析

（一）方法发明专利及侵犯方法专利权的类型

根据《专利法》第二条、第十一条，《专利法司法解释》（自2016年4月1日起施行）第十一条，《最高人民法院关于审理侵犯专利权纠纷案件应用法律若干问题的解释》（法释〔2009〕21号）第十三条第一款的规定，方法发明专利是指对解决某种技术问题或者制造某种产品的方法授予的专利。某种产品、设备、物质的用途发明也属于方法发明，对其授予的专利权也属于方法专利。方法专利的名称通常为××××的方法，××××的应用或者用途。方法专利的内容由有先后顺序或者无先后顺序的一系列实施步骤组成。本案专利权人名为“一种频振式杀虫灯高压电网的绕制方法”的专利就属于典型的方法发明专利。

侵犯方法发明专利权的类型有,使用专利方法以及使用、许诺销售、销售、进口依照该专利方法直接获得的产品。依照该专利方法直接获得的产品是指使用专利方法获得的原始产品。

(二)方法专利权受侵犯时的举证方法及要求

方法专利受到侵犯的类型包括使用专利方法以及使用、许诺销售、销售、进口依照该专利方法直接获得的产品。对于这所有的侵犯方法专利权的类型而言,判断是否侵权的核心要件和判断产品专利侵犯的一样。正如《最高人民法院关于审理侵犯专利权纠纷案件应用法律若干问题的解释》(法释〔2009〕21 号)第七条所解释的:被诉侵权技术方案包含与权利要求记载的全部技术特征相同或者等同的技术特征的,应当认定其落入专利权的保护范围;被诉侵权技术方案的技术特征与权利要求记载的全部技术特征相比,缺少权利要求记载的一个以上的技术特征,或者有一个以上技术特征不相同也不等同的,应当认定其没有落入专利权的保护范围。具体就使用专利方法的使用类侵权,同样是要将专利要求保护的技术方案划分成技术特征。只不过这时的技术特征不像产品类权利要求技术特征那样表现为构成产品的零部件及其形状、构造、位置及相互关系等,而是一系列实施步骤或者操作步骤。再将被控的制造产品的方法或者使用产品或者操作设备的方法,对应于对该专利技术方案的技术特征的划分,划分成技术特征。然后将两个划分成技术特征的技术方案进行比对。比对的结果如果是被控侵权技术方案包含与权利要求记载的全部技术特征相同或者等同的技术特征的,被控技术方案落入专利权的保护范围;如果被控侵权的技术方案的技术特征与权利要求记载的全部技术特征相比,缺少权利要求记载的一个以上的技术特征,或者有一个以上技术特征不相同也不等同的,被控侵权的技术方案没有落入专利权的保护范围。此种情形下,专利权人需要提交的证据应当是记录了被控侵权人制造、操作或者使用过程的录像,或者是指导制作、操作、使用过程的完整的工艺文件、操作手册、作业指导书之类。但很多时候,对于专利权人来说,无法得到这样的材料。专利权人虽然可以请求专利执法机关到现场调查取证,但经常会出现专利权人不能说服执法机关去现场调查,或者虽然现场调查了也取不到这样的证据。而不论是专利权人自己取证还是执法机关取证,依照涉嫌侵犯专利权的技术方法直接获得的产品,即使用涉嫌侵犯专利权的技术方法获得的原始产品则更容易得到。这时专利权人提供的侵权证据就成了一定的具体产品,技术方案的比较似乎成了方法与产品的比较。对于本领域的技术人员来说,按照现有技术,很容易根据该产品的特征还原出制造该产品的方法。最起码能够推定出,在现有技术下，要生产出该产品必须用到哪些方法，采用怎样的步骤。在此基础上，将该推定出来的必须用到的方法步骤与涉案专利的已经划分成技术特征的方法步骤进行比对，如果缺少了权利要求记载的一个以上的技术特征，或者有一个以上技术特征不相同也不等同的，则被控技术方案没有落入专利权的保护范围，否则则落入了专利权的保护范围。这样的判断方法同样适用于"使用、许诺销售、销售、进口依照该专利方法直接获得的产品"的情况。

据上所述，专利权人能够提供直接记录了被控侵权人制造、操作或者使用产品或者设备等过程的录像，或者是指导制作、操作、使用过程的完整的工艺文件、操作手册、作业指导书之类的证据作为侵权证据，当然是再好不过的。但如果能够提供依照涉嫌侵犯专利权的技术方案直接获得的产品，即使用涉嫌侵犯专利权的方法获得的原始产品作为侵权证据，对于机械类产品同样是可以的。因为，正如专利授权和专利确权判断新颖性和创造性时要站在本领域普通技术人员的立场一样，在专利行政执法和司法中，也要站在本领域的普通技术人员的立场来判断。也就是说，对于专利执法人员来说，应当是具备根据机械类产品来推断出，现有技术下，生产、制造该产品的技术方案的（实际当中出现不具备的情形时，可以通过咨询、委托鉴定等途径来弥补）。本案中，专利行政执法机关主张：涉案专利属于方法专利，请求人"提供的证据2、3、5、6均只能体现涉案产品的结构特征，并未体现专利方法的技术特征，也即未体现专利方法按时间顺序的步骤；通过结构特征也无法倒推涉案产品的制造步骤，即专利方法"该主张是错误的。正如浙江省高级人民法院在二审判决中所指出的："关于产品结构是否属于技术特征问题。由于制造产品的方法技术是以该产品的结构为依托，方法技术并不能离开产品结构而单独存在，产品的某些结构特征体现了方法技术。因此，产品的技术特征中，既包括制造该产品的方法步骤，同时也包括与此相关的产品结构特征。本案上诉人提供的相关证据体现的结构特征属于专利方法的技术特征范畴，只不过该技术特征并不能证实被上诉人浙江托普仪器有限公司侵犯其方法专利权。被上诉人杭州市知识产权局在被诉专利侵权纠纷处理决定书中认为"请求人提供的证据只能体现涉案产品的结构特征，并未体现专利方法的技术特征"不当，本院予以指正"。浙江省高级人民法院在该判决中对方法专利权受侵犯时的举证方法及要求所作的阐述对处理这类问题具有很好的指导作用。

（三）《专利法》意义上的"新产品"及在相关侵权处理时的举证责任问题

《专利法》第六十一条规定"专利侵权纠纷涉及新产品制造方法的发明专利的，制造同样产品的单位或者个人应当提供其产品制造方法不同于专利方法的证明"。该条的适用条件是涉案专利是"新产品"的制造方法，而且被请求人制造的产品与该专利产品相同。根据谁主张谁举证的证明责任分配原则,对于专利权属于"新产品"的制造方法及被请求人制造的产品与该"新产品"相同的举证责任当然在请求人。如果其不能举证,就不能适用该条规定,专利权人只有按照方法专利侵权的证明方法,证明了被请求人制造该产品的方法落入了其专利权的保护范围的,才能构成侵权。如果请求人举证达到了上述标准,如果被请求人不能证明其生产同样产品的方法不同于专利方法的话,就会推定其使用了专利方法,构成专利侵权。需要说明的是,产品相同不一定制造方法相同,如果他人是用不同于专利方法的其他方法制造的同样产品,就不构成侵犯专利权。根据《最高人民法院关于审理侵犯专利权纠纷案件应用法律若干问题的解释》(法释〔2009〕21 号)第十七条规定:"产品或者制造产品的技术方案在专利申请日以前为国内外公众所知的,人民法院应当认定该产品不属于《专利法》第六十一条第一款规定的新产品",涉案产品是否是"新产品"的"新的"时间基准不是侵权之时,也不是判断是否侵权之时,而是涉案专利的申请日。而且构成该"新产品""新"的条件是"产品"在专利申请日以前不为国内外公众所知,不包括"制造产品的技术方案"在国内外不为公众所知。"制造产品的技术方案"在申请日前在国内外不为公众所知的,该技术方案具有新颖性,但具有新颖性的技术方案制造出的完全可能是旧产品。本案中,请求人以其专利权具有新颖性来主张其依照该专利方法获得的产品一定是《专利法》第六十一条所述的"新产品",以此要求被请求人证明其制造方法不同于专利方法,是错误的。执法机关不支持该主张是正确的。

(四)本案认定不构成专利侵权是正确的

本案中,请求人的专利权利要求包括了技术特征"四根绝缘柱(7)分别装于四根柱座(6)中,且绝缘柱(7)一侧等距设置多个凹槽(11),高压电网(1)绕制在四根绝缘柱(7)外侧的凹槽(11)中"。而且在其说明书中强调:"其绝缘柱上凹槽的设置,使绕制的网线无松动,外端不外露,避免了高压短路,且保证了安全实用性"。据此,在绝缘柱一侧等距设置多个凹槽是其专利技术方案的必要技术特征,而且是重要的发明点。而被请求人的被控杀虫灯中的绝缘柱上并无凹槽,请求人也确认"绝缘柱上没有凹槽"。据此,完全可以推定出,被请求人的涉案技术方案中不包括,在绝缘柱一侧等距设置多个凹槽的技术特征,也不包括与绝缘柱一侧等距设置多个凹槽等同的技术特征。《最高人民法院关于审理专利纠纷案件适用法律问题的若干规定》第十七条第二款规定:"等同特征,是指与所记载的技术特征以基本相同的手段,实现基本相同的功能,达到基本相同的效果"。据此,如果在被请求人的涉案技术方案中包括了与"绝缘柱上设有凹槽"等同的技术特征,就必然会达到基本相同的技术效果——必然在其杀虫灯的绝缘柱上出现凹槽。因此,被请控技术方案没有落入涉案专利权的保护范围,不构成侵权。虽然杭州市知识产权局处理该案的理由是错误的，但其驳回请求人处理请求的结论是正确的。浙江省高级人民法院二审判决在对杭州市知识产权局的错误的驳回理由予以指正后，维持其处理决定的结论是正确的。

应该说明的是，从本案来看，不论是请求人还是专利行政执法机关、甚至一审法院，与本案有关的专利法律知识都是有待提高的。幸好二审法院对有关法律规定进行了释明，对如何处理该案作出了指导。本案对于学习处理类似的专利侵权纠纷是难得的好案例。

四、本案点评

对于方法发明专利，如何判断是否构成专利侵权，不论是对专利权人，还是执法机关，乃至一审法院，都是一个难点。本案二审法院对此作出了很好的释明。对于如何处理方法发明专利侵权纠纷，本案是一个难得的好案例。

案例二十四　青岛银泰洁净设备有限公司与青岛市知识产权局专利侵权处理决定纠纷上诉案

一、《山东省高级人民法院行政判决书》(〔2014〕鲁行终字第222号)

山东省高级人民法院
行政判决书

〔2014〕鲁行终字第222号

上诉人(一审原告):青岛银泰洁净设备有限公司
法定代表人:李青,董事长
委托代理人:龙如点,山东倡通律师事务所律师
被上诉人(一审被告):青岛市知识产权局
法定代表人:李天传,局长
委托代理人:安锴
委托代理人:万晓星
被上诉人(一审第三人):王福生
委托代理人:苏源,山东凯恩律师事务所律师

青岛银泰洁净设备有限公司(以下简称银泰公司)诉青岛市知识产权局(以下简称知产局)知识产权行政处理决定一案,青岛市中级人民法院于2014年6月9日作出〔2014〕青知行初字第2号行政判决。一审原告银泰公司不服,向本院提起上诉。本院受理后,依法组成合议庭,于2014年12月16日公开开庭审理了本案。上诉人银泰公司的法定代表人李青及其委托代理人龙如点,被上诉人知产局的委托代理人安锴、万晓星,被上诉人王福生的委托代理人苏源到庭参加诉讼。本案现已审理终结。

本案行政争议形成过程如下：

知产局于2014年2月21日作出《青岛市知识产权局处理决定书》（青知处字〔2013〕1号，以下简称1号处理决定），认为，200820231329.9号专利是经国家知识产权局审查依法授予的专利权，专利权人的合法权益应当得到保护。根据《中华人民共和国专利法》第十一条第一款的规定，原告银泰公司未经专利权人许可，为生产经营目的制造、销售200820231329.9号实用新型专利产品，侵犯了第三人王福生的专利权。根据修正前的专利法第五十七条第一款和《山东省专利条例》第二十五条的规定，决定：原告银泰公司立即停止制造、销售200820231329.9号实用新型专利产品，销毁制造侵权产品的专用零部件、工具、模具、设备等物品。银泰公司不服该处理决定，诉至一审法院。

一审法院查明：第三人王福生是ZL200820231329.9号、名称为“全封闭触摸、自动感应式废水直接利用冲厕装置”实用新型专利的专利权人。该专利申请日为2008年12月5日，授权公告日为2010年1月27日，该专利处于有效状态。

ZL200820231329.9号专利的权利要求书中记载的专利权利要求为：1、一种全封闭触摸、自动感应式废水直接利用冲厕装置，其特征在于，盥洗池的排水管下部连接过滤器，过滤器的排水管下部连接楼板上安装的地漏，地漏的排水管通过管路与废水存水箱的废水进水管连接，废水存水箱还设有补给管，废水存水箱设有溢流管，废水存水箱排水管路通过若干个三通与其相对应的高位冲洗水箱内三通阀连接，三通阀的出水管安装执行器，执行器连接红外感应器，高位冲洗水箱安装有自动排水器，自动排水器的排水管与便池连通。

2012年12月20日，第三人向被告提出专利侵权纠纷处理请求，认为原告侵犯其涉案专利权，请求责令原告立即停止制造、销售、使用、许诺销售等专利侵权行为。2013年1月4日，被告决定立案受理。

2013年1月23日，原告向国家知识产权局专利复审委员会就200820231329.9号专利提出无效宣告请求并被国家复审委受理。原告以此为由向被告提出中止审理申请，被告于2013年2月8日作出《中止处理通知书》。2013年5月20日，国家复审委作出维持200820231329.9号实用新型专利权有效的决定，被告依此于2013年10月28日作出《恢复处理通知书》。

第三人在行政处理过程中提交了实用新型专利证书及国家知识产权局专利复审委员会审查决定书，在口审中未提交专利年费缴纳收据或专利登记簿副本。

在本案处理过程中，经第三人申请，被告在青岛职业技术学院进行了调查取证，对该学院11号楼行政楼二楼男洗手间进行了检查，发现在洗手间内有一套废水收集装置及冲厕装置，进行了拍照、录像，并制作了笔录。该套装置系由原告制造、安装。

被告在行政处理过程中将涉案专利技术特征归纳为：A. 全封闭；B. 触摸、自动感应式；C. 盥洗池的排水管下部连接过滤器；D. 过滤器的排水管下部连接楼板上安装的地漏；E. 地漏的排水管通过管路与废水存水箱的废水进水管连接；F. 废水存水箱设有补给管；G. 废水存水箱设有溢流管；H. 废水存水箱排水管路通过若干个三通与其相对应的高位冲洗水箱内三通阀连接；I. 三通阀的出水管安装执行器；J. 执行器连接红外感应器；K. 高位冲洗水箱安装有自动排水器；L. 自动排水器的排水管与便池连通。将原告使用的被控侵权产品的技术特征归纳为：a. 封闭的废水存水箱；b. 触摸开关；c. 盥洗池的排水管下方有一个沥水篮；d. 沥水篮下方有一截管道；e. 上述d管道穿过楼板与下层的废水存水箱的废水进水管连通；f. 废水存水箱设有补给管；g. 废水存水箱设有溢流管；h. 废水存水箱主排水管道通过若干个三通与其相对应的高位冲洗水箱内有三个端口的管件连接；i. 有三个端口的管件其中一个端口连接安装的执行器；j. 执行器连接触摸开关；k. 高位冲洗水箱安装有倒U形管；l. 倒U形管的一端与便池连通。经比对，被告认为，被控侵权产品的技术特征a、c、f、g、k、l与涉案专利技术特征A、C、F、G、K、L构成相同，b、d、e、h、i、j与涉案专利技术特征B、D、E、H、I、J构成等同，被控侵权产品的技术方案落入了涉案专利的保护范围。被告依据旧专利法第五十七条第一款和《山东省专利条例》第二十五条的规定，于2014年2月21日作出青知处字(2013)1号处理决定书，认定原告行为侵犯了被告专利权，决定原告立即停止制造、销售200820231329.9号实用新型专利产品，销毁制造侵权产品的专用零部件、工具、模具、设备等物品。原告不服该决定书，向一审法院提起行政诉讼。

哈尔滨工业大学出版社出版的《建筑给水排水工程》一书第11页关于"地漏的设置及数量"部分写有"厕所、盥洗室、卫生间，以及需要在地面排水的房间都应设置地漏"，"不同场所应采用不同类型的地漏。如手术室、设备层等非经常性排水场所，为防止排水系统气体污染室内空气，可设密闭地漏；卫生间设有洗脸盆、浴盆、洗衣机等设备时，应设多通道地漏；在食堂、厨房等污水中杂物较多时，宜设网格式地漏"。

结合一审法院查明事实及当事人的陈述，一审法院认为，本案的焦点问题在于：一、被告在行政处理口审程序中第三人未出示缴纳专利年费收据或专利登记簿副本的情况下，认定专利为有效专利是否程序违法，处理错误；二、被告对于原告侵权行为的认定是否错误，即被控侵权产品是否落入涉案专利的保护范围。

一、被告在行政处理口审程序中第三人未出示缴纳专利年费收据或专利登记簿副本的情况下,认定专利为有效专利是否程序违法,处理错误。

一审法院认为,出具缴纳专利年费收据或专利登记簿副本的目的是为了证明专利仍在保护期内,而并非证明专利本身符合新颖性、创造性和实用性的要求,本案中,首先,第三人在口审程序中不但提交了专利实用新型专利证书还提交了国家知识产权局专利复审委员会审查决定书,在该审查决定书中维持了专利有效性,第三人可以依此证明其专利在行政处理过程中为有效专利;其次,在行政处理过程中,原告向专利复审委提出无效申请,申请专利无效的前提系该专利仍在保护期内,故可以推定原告对涉案专利仍在保护期内的事实是知悉的,且除此之外,原告并未证明其在行政处理过程中曾对涉案专利仍在有效期内提出异议。综上,一审法院认为,被告在行政处理口审程序中第三人未出示缴纳专利年费收据或专利登记簿副本的情况下,认定专利为有效专利并无不当,原告的主张不能成立,应予驳回。

二、被告对于原告侵权行为的认定是否错误,即被控侵权产品是否落入涉案专利的保护范围。

被告在行政处理决定中对于涉案专利的技术特征进行了归纳,一审法院认为,其归纳并无不当,且原告及第三人对此均无异议,故一审法院仍以此作为涉案专利的保护范围。

1. 关于"全封闭"技术特征的认定

本案中,关于A"全封闭"技术特征,原告结合权利要求记载的各部件之间应为连接的,进而认为应当是整体封闭;被告则依据说明书记载的"储存水箱具有封闭性能可避免废水的异味散发",认为应当理解为废水存水箱具有封闭性能。一审法院认为,《最高人民法院关于审理侵犯专利权纠纷案件应用法律若干问题的解释》第三条规定"人民法院对于权利要求,可以运用说明书及附图、权利要求书中的相关权利要求、专利审查档案进行解释。说明书对权利要求用语有特别界定的,从其特别界定。上述方法仍不能明确权利要求含义的,可以结合工具书、教科书等公知文献及本领域普通技术人员的通常理解进行解释",根据上述规定,对于权利要求的解释首先要依据说明书及附图,因此,本案中,对于"全封闭"技术特征应当依据说明书进行解释,而涉案专利说明书中仅说明了"储存水箱具有封闭性能可避免废水的异味散发",而未对其他部分的封闭性作出解释,因此,"全封闭"技术特征指的就是储存水箱的全封闭性,而并非是整个冲厕装置都是封闭的。

关于原告提出的各部件之间是连接的,进而应当是整体封闭的理由,一审法院认为,涉案专利技术特征中的"连接",应当理解为各部件之间的位置关系,在说明书没有作出特别界定的情况下,并不能理解为部件之间的均是封闭连接的。

2. 关于“过滤器”“地漏”技术特征的认定

本案中，原告认为被控侵权产品中并没有“过滤器”，也没有“地漏”，缺乏此部分的技术特征；而被告则认为，被控侵权产品中的沥水篮与涉案专利技术特征中的“过滤器”相同，被控侵权产品在圆柱桶下方地板上的一截管道与涉案专利技术特征中的“地漏”构成等同。一审法院认为，本案中涉案专利技术特征 C 为“盥洗池的排水管下部连接过滤器”，说明书及附图均未对过滤器的具体特征作出界定，仅在说明书中记载了“该装置是将洗漱间上一层盥洗池内的废水经过废水过滤器，将废水中的头发杂物过滤后自动流入楼板下面的废水储存水箱内待用”，因此，过滤器要实现的就是过滤废水中杂物的作用，而被控侵权产品在盥洗池排水管的下方是一沥水篮，其作用也是实现废水通过后过滤的作用，与涉案专利的技术特征 C 相同。关于原告提出的该沥水篮与盥洗池排水管并未连接的理由，一审法院在上文中已对于“连接”的理解进行了分析，是指各部件之间的位置关系，被控侵权产品亦处于盥洗池排水管下方，与涉案专利该技术特征相同。

涉案专利技术特征 D 为“过滤器的排水管下部连接楼板上安装的地漏”，说明书及附图并未对“地漏”的结构、功能等特征作出界定，一审法院认为，虽然“地漏”在公知文献或实际使用中具有除排水之外的防臭、过滤等多种不同的功能，但是在说明书及附图并无特别界定的情况下，结合说明书中记载的“将废水中的头发杂物过滤后自动流入楼板下面的废水储存水箱内待用”的内容，该技术特征中的地漏应当理解为其具有的就是排水的功能，并不能作扩大理解。被控侵权产品地板上并无地漏，但是有一截直立的短管道，该管道穿过楼板与下层的废水存水箱的进水管相连，起到的是将过滤过的废水输送到下层废水存水箱的作用。因此，一审法院认为，被控侵权产品的该特征与专利技术特征相比是以基本相同的手段、实现基本相同的功能，达到基本相同的效果，并且本领域的普通技术人员无需经过创造性劳动就能够联想到的，依据《最高人民法院关于审理专利纠纷案件适用法律问题的若干规定》第十七条第二款规定，构成等同。

3. 关于“三通阀”技术特征的认定

本案中，原告认为被控侵权产品中没有专利权利要求中记载的“三通阀”，而被告则认为被控侵权产品中“有三个端口的管件”与“三通阀”构成等同。庭审中，原告认为被控侵权产品在高位冲洗水箱中与涉案专利技术特征“三通阀”相对应的管件共有四个端口，一端进水、一端出水、一端安装执行器、一端是多余的。一审法院认为，结合涉案专利说明书及附图，涉案专利中“三通阀”是要通过连接执行器，控制废水存水箱内的废水进入高位冲洗水箱，因此，无论被控侵权产品使用的管件有三个端口还是四个端口，也无论执行器是安装在出水管上还是安装在一个单独的端口上，目的都是通过与执行器的连接控制废水的流动，且该种方式的替代也是本领域内的普通技术人员无需经过创造性劳动就能够联想到的，故一审法院认为，被控侵权产品高位冲洗水箱中与执行器相连接的管件（即行政处理决定中“有三个端口的管件”）与涉案专利权利要求中的“三通阀”构成等同。

4. 关于“红外感应器”技术特征的认定

本案中，原告认为被控侵权产品冲厕时采用的是手按开关，没有“红外感应器”，缺少此技术特征；而被告则认为，根据权利要求1的主题名称及说明书，涉案专利技术特征J“执行器连接红外感应器”应当理解为“执行器连接触摸感应器或红外感应器”，被控侵权产品使用的开关与该项技术特征构成等同。一审法院认为，虽然涉案专利技术特征J表述为“执行器连接红外感应器”，但该专利名称为“全封闭触摸、自动感应式废水直接利用冲厕装置”，从该名称看，“触摸”与“自动感应式”为并列方式，结合说明书中“当人在使用卫生间时感应器通过人体感应接收器或触摸感应器开关接收信号”的解释，技术特征J应当理解为“执行器连接红外感应器”或“执行器连接触摸感应器”，无论被控侵权产品与执行器相连接的是原告所称的“手按开关”还是被告所称的“触摸开关”，与技术特征J相比，是以基本相同的手段、实现基本相同的功能，达到基本相同的效果，并且本领域的普通技术人员无需经过创造性劳动就能够联想到的，因此，与涉案专利技术特征J构成等同。

综上，被告行政处理决定合法，应予维持，原告的诉讼请求没有事实和法律依据，一审法院不予支持。依照《最高人民法院关于审理侵犯专利权纠纷案件应用法律若干问题的解释》第三条、《最高人民法院关于审理专利纠纷案件适用法律问题的若干规定》第十七条第二款、《最高人民法院关于执行〈中华人民共和国行政诉讼法〉若干问题的解释》第五十六条第（四）项之规定，判决驳回原告银泰公司的诉讼请求。案件受理费人民币100元，由原告银泰公司负担。

银泰公司不服一审法院判决，上诉称：（1）一审法院认定被上诉人在行政处理程序中第三人未出示缴纳年费收据或专利登记簿副本的情况下，认定专利为有效专利并无不当错误。（2）一审法院认定被控侵权产品完全落入涉案专利的保护范围与事实不符、证据不足，是在错误认定事实的基础上作出了错误的认定。①“全封闭”系涉案专利要求书前序部分的必要技术特征，而该特征各部件的技术特征明确为连接而全封闭，上诉人被控侵权产品不具备全封闭的技术特征，依法不构成侵权，被上诉人认为“涉案专利要求1中的‘全封闭’理解为废水存水箱具有封闭功能”属于断章取义。②一审法院认定涉案专利权利要求书中的“地漏”与被控侵权产品中的“短管”，涉案专利权利要求书中的“过滤器”与被控侵权产品中的“沥水篮”等同，完全错误。③一审法院认定上诉人被控侵权产品中“有三个端口的管件”与涉案专利要求中的“三通阀”构成等同错误。④一审法院认定上诉人被控侵权产品中的“轻触按压开关”与涉案专利技术要求中的“红外感应器”构成等同错误。(3)上诉人在此改造工程项目施工时，并不知道不应知道侵犯了申请人的专利，依法不应承担侵权和赔偿责任。请求撤销一审法院判决；撤销1号处理决定或发回重审；本案一、二审诉讼费用由被上诉人承担。

被上诉人知产局答辩称：(1)关于“全封闭”“地漏”“三通阀”“红外感应器”等技术特征的对比认定问题。根据涉案专利权利要求中“全封闭”一词仅出现在权利要求的主题名称中，根据说明书的情况，不能证明所有的技术单元都要封闭连接。“地漏”应当是连接水池废水排出管道和废水存水箱进水管之间的连接件，被控侵权产品从功能上与“地漏”构成等同。虽然涉案侵权产品中的连接件与“三通阀”构成等同。被控侵权产品使用了触摸式开关，与涉案专利与执行器连接的触摸感应器相比，以基本相同的手段实现基本相同的功能，一审法院对该特征的认定亦无不当。(2)关于涉案专利权是否有效的问题。《专利行政执法办法》第九条规定并非知产局立案的必要条件。案件处理过程中银泰公司没有提出对专利有效性的质疑，且补充证据应当是合法的。一审法院判决合法正确，请求予以维持。

被上诉人王福生庭前未提交书面答辩意见。

二审庭审中，合议庭确定本案的审理重点是：(1)被上诉人作出1号行政处理决定认定事实是否清楚，程序是否合法。(2)一审法院判决认定事实是否清楚，适用法律是否正确。

针对合议庭确定的第一个审理重点，上诉人坚持上诉状中的意见。还认为，被控侵权产品有几项特征与涉案专利完全不同，被上诉人的被控侵权产品未落入涉案专利的保护范围。上诉人根据招标文件的相关图纸描述进行定制，系履行建筑安装合同。上诉人的被诉侵权产品不构成侵权，被上诉人作出被诉处理决定认定事实不清，适用法律错误，应予撤销。被上诉人意见基本同答辩状中的意见。还认为，上诉人有关行政处理口审程序中第三人未出示缴纳专利年费收据或专利登记簿副本的情况下，认定专利为有效专利即属于程序违法的主张无法律依据。被上诉人王福生意见基本同被上诉人。还认为，被上诉人的涉案实用新型专利现行有效，被上诉人的被控侵权产品落入涉案专利的保护范围，构成侵权，被上诉人作出被诉《1号行政处理决定》认定事实清楚，适用法律正确，应予维持。

针对合议庭确定的第二个审理重点，上诉人认为，一审法院对于上诉人的被控侵权产品是否落入涉案专利的保护范围的事实未予查清，属于认定事实不清,适用法律错误,依法应予撤销。被上诉人知产局、王福生均认为,一审法院判决认定事实清楚,适用法律正确,依法应予维持。

各方当事人在一审中提交的证据和依据已随案卷移送本院。经审理,本院同意一审法院判决对证据的认证意见及据此确认的案件事实。

上诉人在二审庭审中向本院新提交一组证据,证据1:《政府采购青职学院学生公寓节水装置改造工程项目招标文件》复印件一份。证据2:《建筑安装工程承包合同》复印件一份。上述证据用以证明上诉人是根据招标文件定制产品。证据3:《实用新型专利说明书》一宗,以证明与涉案专利相关的小专利已失效,故涉案专利也已无效。证据4:照片彩印件一份,以证明被控侵权产品与涉案专利不同,不构成侵权。被上诉人市知产局认为,上述证据均为复印件,且无正当理由未在一审提供,均不应采信。经审查,本院认为,上述证据均形成于一审庭审之前,不属于《最高人民法院关于行政诉讼证据若干问题的规定》第五十二条规定的"新的证据",且无正当理由未在一审提供,故本院均不予采信。

本院认为:

(一)关于1号处理决定对上诉人侵权行为的认定是否正确;一审法院判决认定事实是否清楚。焦点问题在于被控侵权产品是否落入涉案专利的保护范围。

被上诉人知产局在行政处理决定中对涉案专利的技术特征进行了归纳,其归纳并无不当,且上诉人及被上诉人王福生对此均无异议,故一审法院判决仍以此作为涉案专利的保护范围并无不当。

1. 关于"全封闭"技术特征的认定

根据《最高人民法院关于审理侵犯专利权纠纷案件应用法律若干问题的解释》第三条规定"人民法院对于权利要求,可以运用说明书及附图、权利要求书中的相关权利要求、专利审查档案进行解释。说明书对权利要求用语有特别界定的,从其特别界定。上述方法仍不能明确权利要求含义的,可以结合工具书、教科书等公知文献及本领域普通技术人员的通常理解进行解释",对于权利要求的解释首先要依据说明书及附图,因此本案中,对于"全封闭"技术特征应当依据说明书进行解释,而涉案专利说明书中仅说明了"储存水箱具有封闭性能可避免废水的异味散发",而未对其他部分的封闭性作出解释。上诉人结合权利要求记载的各部件之间应为连接的,进而认为应当是整体封闭的观点不能成立,一审法院认为"全封闭"技术特征指的就是储存水箱的全封闭性并无不当。

2. 关于"过滤器""地漏"技术特征的认定

本案中涉案专利技术特征C为"盥洗池的排水管下部连接过滤器",说明书及附图均未对过滤器的具体特征作出界定,仅在说明书中记载了"该装置是将洗漱间上一层盥洗池内的废水经过废水过滤器，将废水中的头发杂物过滤后自动流入楼板下面的废水储存水箱内待用”。过滤器要实现的就是过滤废水中杂物的作用，而被控侵权产品在盥洗池排水管的下方是一沥水篮，其作用也是实现废水通过后过滤的作用，与涉案专利的技术特征 C 相同。因此，知产局认为被控侵权产品中的沥水篮与涉案专利技术特征中的“过滤器”相同并无不当。

虽然“地漏”在公知文献或实际使用中具有除排水之外的防臭、过滤等多种不同的功能，但是在本案涉案专利说明书及附图并无特别界定的情况下，结合说明书中记载的“将废水中的头发杂物过滤后自动流入楼板下面的废水储存水箱内待用”的内容，该技术特征中的地漏应当理解为其具有的就是排水的功能。被控侵权产品有一截直立的短管道，该管道穿过楼板与下层的废水存水箱的进水管相连，起到的是将过滤过的废水输送到下层废水存水箱的作用。上诉人认为被控侵权产品中并没有“过滤器”，也没有“地漏”，缺乏此部分的技术特征的主张不能成立。根据《最高人民法院关于审理专利纠纷案件适用法律问题的若干规定》第十七条第二款规定，等同特征是指与所记载的技术特征以基本相同的手段，实现基本相同的功能，达到基本相同的效果，并且本领域的普通技术人员无需经过创造性劳动就能够联想到的特征。一审法院认为被控侵权产品该特征与专利技术特征相比是以基本相同的手段、实现基本相同的功能，达到基本相同的效果，并且本领域的普通技术人员无需经过创造性劳动就能够联想到的，认定构成等同，亦无不当。上诉人认为根据照片资料，涉案产品旁边的楼板上存在地漏，但该地漏与本案涉案废水收集用于冲厕的设备并无关系，上诉人关于一审法院认为不存在地漏即属于认定事实错误的主张，本院不予支持。

3. 关于“三通阀”技术特征的认定

结合涉案专利说明书及附图，涉案专利中“三通阀”通过连接执行器，控制废水存水箱内的废水进入高位冲洗水箱。在说明书和权利要求书中未对其构造进行限定和描述，只要实现一段出口的执行器工作时能够实现导通作用即可，目的是通过与执行器的连接控制废水的流动，且该种方式的替代也是本领域内的普通技术人员无需经过创造性劳动就能够联想到的。因此，知产局经审查认为被控侵权产品中“有三个端口的管件”与“三通阀”构成等同，并无不当。一审法院的认定亦无不当。

4. 关于“红外感应器”技术特征的认定

虽然涉案专利技术特征 J 表述为“执行器连接红外感应器”，但该专利名称为“全封闭触摸、自动感应式废水直接利用冲厕装置”，从该名称看，“触摸”与“自动感应式”为并列方式，结合说明书中“当人在使用卫生间时感应器通过人体感应接收器或触摸感应器开关接收信号”的解释，技术特征J应当理解为“执行器连接红外感应器”或“执行器连接触摸感应器”。无论被控侵权产品与执行器相连接的是上诉人所称的“手按开关”还是知产局所称的“触摸开关”，与技术特征J相比，是以基本相同的手段、实现基本相同的功能，达到基本相同的效果，并且本领域的普通技术人员无需经过创造性劳动就能够联想到的，因此，一审法院认为与涉案专利技术特征J构成等同，并无不当。

因此，被上诉人作出被诉《1号行政处理决定》，认定被控侵权产品落入了涉案专利的保护范围，侵犯了被上诉人王福生的专利权并无不当，一审法院对此予以认定亦无不当。

（二）关于1号处理决定行政程序是否合法，适用法律是否正确；一审法院判决适用法律是否正确。焦点问题在于行政处理口审程序中在王福生未出示缴纳专利年费收据或专利登记簿副本的情况下，知产局认定专利为有效专利是否程序违法，处理错误。

本案中，被上诉人王福生在行政处理口审程序中提交了专利实用新型专利证书和国家知识产权局专利复审委员会审查决定书，在该审查决定书中维持了专利有效性，可以依此证明该专利在行政处理过程中为有效专利，上诉人对上述证据并无异议，在对被上诉人王福生提交的3号证据质证过程中，也称经自己查询涉案专利为有效状态。缴纳专利年费收据或专利登记簿副本目的是为了证明专利仍在保护期内，而并非证明专利本身符合新颖性、创造性和实用性的要求。被上诉人知产局对涉案侵权产品是否侵权的认定，亦非对涉案专利是否符合新颖性、创造性和实用性的要求的认定。虽然上诉人提出“第三人的技术方案属现有技术，应被宣告无效”，但该异议是对涉案专利是否具有新颖性、创造性和实用性的异议，并非是对该专利是否仍在有效期内的异议。因此知产局在行政处理口审程序中第三人未出示缴纳专利年费收据或专利登记簿副本的情况下，认定专利为有效专利，没有违反法律法规禁止性规定。被上诉人知产局根据《山东省专利条例》第二十五条关于“专利行政部门处理专利侵权纠纷，认定侵权行为成立的，责令侵权人立即停止制造、使用、销售、许诺销售、进口等侵权行为，销毁侵权产品或者使用侵权方法直接获得的产品，销毁制造侵权产品或者使用侵权方法的专用零部件、工具、模具、设备等物品”之规定，作出被诉1号处理决定并无不当。一审法院经审理认为被诉1号处理决定合法，应予维持，上诉人的诉讼请求没有事实和法律依据，判决驳回上诉人的诉讼请求并无不当。上诉人关于一审法院以上诉人在口审程序中未对涉案专利是否有效提出异议为由，免除被上诉人的程序义务，属于适用法律错误的主张不能成立，本院不予支持。

综上，一审法院判决认定事实清楚，适用法律正确，依法应予维持。上诉人银泰公司的上诉理由不能成立，依法应予驳回。依照《中华人民共和国行政诉讼法》第六十一条第（一）项之规定判决如下：

驳回上诉，维持原判。

二审案件受理费50元，由上诉人青岛银泰洁净设备有限公司负担。

本判决为终审判决。

审 判 长 山 莹
审 判 员 许 琳
代理审判员 于 晶
二〇一四年十二月二十四日
书 记 员 王 璐

二、本案概要

本案请求人发现有人未征得其同意，擅自使用其专利设备，随向青岛市知识产权局请求查处。青岛市知识产权局立案后，到使用现场进行了调查，实施了拍照、摄像取证并制作了调查笔录。之后被请求人向专利复审委员会提起无效宣告请求，并向青岛市知识产权局提出中止审理。青岛市知识产权局在无效请求被受理后中止了处理程序，在无效宣告决定维持了专利权后恢复审理。经过口头审理、详细的技术方案比对，青岛市知识产权局认为，被控侵权产品的技术特征a、c、f、g、k、l与涉案专利技术特征A、C、F、G、K、L构成相同，b、d、e、h、i、j与涉案专利技术特征B、D、E、H、I、J构成等同，被控侵权产品的技术方案落入了涉案专利的保护范围，构成专利侵权，作出处理决定，决定：被请求人立即停止制造、销售涉案专利产品，销毁制造侵权产品的专用零部件、工具、模具、设备等物品。被请求人不服，向青岛市中级法院提起行政诉讼，青岛市中院判决维持了该处理决定。被请求人仍不服，上诉到山东省高级法院，山东高院判决维持了一审判决和行政处理决定。

三、本案解析——本案处理决定不符合《专利行政执法办法》是否合法

本案作出处理决定所依据的《山东省专利条例》第二十五条与《专利行政执法办法》（国家知识产权局令第71号）相比，在制止专利侵权方面是更为严厉的。其区别在于：第一，《山东专利省条例》规定，认定侵权行为成立的，责令

侵权人立即销毁侵权产品或者使用侵权方法直接获得的产品，而《专利行政执法办法》规定：侵权产品难以保存的，责令侵权人销毁该产品；第二，《山东专利省条例》规定了认定侵权行为成立的，责令侵权人立即销毁制造侵权产品或者使用侵权方法的专用零部件，而《专利行政执法办法》无此规定。

《行政诉讼法》规定：人民法院审理行政案件，以法律和行政法规、地方性法规为依据（地方性法规适用于本行政区域内发生的行政案件），参照国务院部、委根据法律和国务院的行政法规、决定、命令制定、发布的规章。

因此，在本案发生的山东省，当该两个规定不一致时，应该适用《山东省专利条例》的相关规定。本案处理决定虽然与国家知识产权局制定发布的《专利行政执法办法》的规定不一致，但有作为地方法规的《山东省专利条例》为依据，在山东省内，仍然是合法正确的。

四、本案点评

本案的示范价值在于以六个技术特征相同、六个技术特征等同认定构成侵权。

青岛市知识产权局的该处理决定，在维护专利权方面可以说是非常大胆的。能够将表面上看起来差异很大的技术特征认定成等同技术特征，在一个并不是很复杂的实用新型专利侵权中认定了有六个技术特征相同、六个技术特征等同，进而认定构成专利侵权，依法作出立即停止制造、销售实用新型专利产品，销毁制造侵权产品的专用零部件、工具、模具、设备等物品的处理决定。限于材料，虽然无法得知在行政处理程序口头审理中，青岛市知识产权局这样做的具体依据的细节和分析论述的详细内容，但从一审判决及二审判决对相关问题的分析来看，青岛市知识产权局这样做是完全正确的。本案在依法加强知识产权保护，促进创业、创新方面，具有引领带头作用。在如何理解专利权利要求及如何认定构成技术特征等同方面，一审判决和二审判决的相关解释说明具有教科书的价值，是非常珍贵的。

需要说明的是，《最高人民法院关于审理侵犯专利权纠纷案件应用法律若干问题的解释》（自 2010 年 1 月 1 日起施行）第十九条第一款规定："被诉侵犯专利权行为发生在 2009 年 10 月 1 日以前的，人民法院适用修改前的专利法；发生在 2009 年 10 月 1 日以后的，人民法院适用修改后的专利法。"本案发生争议提出处理请求的时间是 2012 年 12 月 20 日，作出行政处理决定的时间是 2014 年 2 月 21 日，按照该司法解释，应该适用修改后的即新的《专利法》而不是旧的《专利法》。本案处理决定引用旧的《专利法》是不妥的，但这不影响处理决定的正确性。

案例二十五　潍坊市路通机械电子有限公司与潍坊市知识产权局专利行政处理纠纷上诉案

一、《山东省高级人民法院行政判决书》(〔2011〕鲁行终字第38号)

山东省高级人民法院
行政判决书

(2011)鲁行终字第38号

上诉人(原审原告):潍坊市路通机械电子有限公司
法定代表人:张传波,经理
委托代理人:张振明、周文强,该公司法务人员
被上诉人(原审被告):潍坊市知识产权局
法定代表人:高玉国,局长
委托代理人:郎咸起,潍坊市知识产权局工作人员
委托代理人:付建生,潍坊市知识产权局工作人员
原审第三人:山东圆友建设机械有限公司
法定代表人:谢俊德,董事长
委托代理人:臧传进
委托代理人:王兴万
原审第三人:潍坊恒泰路桥工程材料有限公司
法定代表人:玄祖奎,总经理
委托代理人:玄德亮

潍坊市中级人民法院就潍坊市路通机械电子有限公司(以下简称路通公司)诉潍坊市知识产权局(以下简称知产局)专利行政处理一案作出(2010)潍行初字第202号行政判决,原审原告路通公司不服,向本院提起上诉。本院受

理后，依法组成合议庭，于2011年4月12日公开开庭审理了本案。上诉人路通公司的委托代理人张振明、周文强，被上诉人知产局的委托代理人郎咸起、付建生，原审第三人山东圆友建设机械有限公司（以下简称圆友公司）的委托代理人臧传进、王兴万，原审第三人潍坊恒泰路桥工程材料有限公司（以下简称恒泰公司）的委托代理人玄德亮到庭参加了诉讼。本案现已审理终结。

一审法院审理查明：2008年10月30日圆友公司就其研制的"风送式混凝土搅拌楼"向国家知识产权局申请了实用新型专利，于2009年8月12日得到国家知识产权局授权，专利号为：ZL200820174619.4，专利权人为圆友公司，现为有效专利。

该ZL200820174619.4号专利的权利要求书载明如下独立权利要求："一种风送式混凝土搅拌楼，包括支撑框架（1），支撑框架（1）上安装有由电机驱动的搅拌机（6），支撑框架（1）的一侧安装有骨料上料系统（8），骨料上料系统（8）通过骨料储料斗（9）与搅拌机（6）连通，其特征在于：所述支撑框架（1）的上部设有粉料仓（2），粉料仓（2）的下部连通有风槽输料装置，风槽输料装置通过粉料计量系统（5）与搅拌机（6）连通。"该专利说明书载明其主要特点为：使整个粉料上料装置都设置在支撑框架上，即将粉料仓设置在支撑框架上部，搅拌机设置在支撑框架中下部，减小了作业空间，使整个设备的占地面积大大减小；粉料从高处依靠自身重力和气体的推力来输送到低处，降低了上料所需要的能耗；粉料上料过程中，都在支撑框架内部，避免了因粉料四处飘洒而造成的环境污染。

2009年11月，第三人恒泰公司与圆友公司曾就建"混凝土搅拌楼"一事进行过合作洽谈。圆友公司在业务洽谈过程中制作了施工基础图留在恒泰公司。后恒泰公司委托原告路通公司为其建造了一座"混凝土搅拌楼"，恒泰公司从路通公司处购得该设备并进行使用。该搅拌楼具备以下特征：混凝土搅拌楼支撑框架、混凝土搅拌机、斜行上料系统、搅拌机下方有一料斗、搅拌楼上方安装有装水泥的罐。该搅拌楼的施工图纸具备以下特征：混凝土搅拌楼，包括支架。支架上设有爬梯，支架上安装有用于搅拌混凝土的搅拌机，支架安装有斜形上料系统，斜形上料系统的底部设有气路系统，储料斗将上料系统和搅拌机相连，支架的上方设有盛装搅拌材料的罐，罐的下部有一螺旋式送料装置，螺旋式送料装置通过计量系统连接到搅拌机。

2010年3月22日，第三人圆友公司向被告知产局提出专利侵权纠纷处理请求，称路通公司在未经其许可的情况下，擅自生产、销售了其专利产品；恒泰公司在未经其许可的情况下，使用其专利产品，给其造成直接经济损失50万元。请求被告依法责令两被请求人立即停止侵权行为，赔偿经济损失50万元，销毁涉嫌侵权产品。被告于同年3月24日予以受理，并于当日向路通公司、恒泰公司发出答辩通知书。路通公司、恒泰公司未向被告提交答辩材料及证据。同日,被告到恒泰公司进行了调查。2010年4月13日被告对该专利侵权纠纷进行了审理,圆友公司、路通公司、恒泰公司均派员出庭。2010年5月4日,被告到潍坊市公安局寒亭分局经济犯罪侦查大队调取询问笔录并查阅路通公司图纸等证据。被告于2010年7月7日作出潍知法字〔2010〕07号《专利侵权纠纷案件处理决定书》,认定:路通公司生产销售、恒泰公司使用的被控侵权产品,其技术特征包含了专利号为ZL200820174619.4、名称为:"风送式混凝土搅拌楼"的独立权利要求的全部技术特征,落入了涉案专利的保护范围,构成侵权。依据《中华人民共和国专利法》第十一条第一款、第五十九条第一款;《中华人民共和国专利法实施细则》第二十条第二款、第七十九条、第八十一条第一款;《专利行政执法办法》第十二条、第三十三条第(一)项、第(三)项、第(六)项;《山东省专利保护条例》第十五条第二款、第二十三条第(一)项、第(三)项之规定,决定:(1)第一被请求人潍坊市路通机械电子有限公司立即停止生产销售上述侵权产品。(2)第二被请求人潍坊恒泰路桥工程材料有限公司立即停止使用上述侵权产品。案件处理费986元人民币两被请求人各承担50%。路通公司不服该处理决定,遂诉至法院。

一审法院审理认为,《中华人民共和国专利法实施细则》第七十九条规定"专利法和本细则所称管理专利工作的部门,是指由省、自治区、直辖市人民政府以及专利管理工作量大又有实际处理能力的设区的市人民政府设立的管理专利工作的部门"。第八十一条规定"当事人请求处理专利侵权纠纷或者调解专利纠纷的,由被请求人所在地或者侵权行为地的管理专利工作的部门管辖"。据此,被告知产局具备管理本市专利工作的法定职责,对本市专利侵权纠纷申请的处理有管辖权。被告应依法履行职责,正确处理专利侵权纠纷,以保护发明创造专利权,维护和规范社会主义市场经济秩序,保护行政相对人的合法权益。

本案的争议焦点为:被告作出潍知法字〔2010〕07号《专利侵权纠纷案件处理决定书》认定事实是否清楚、程序是否合法、适用法律是否正确。

关于争议焦点一即被诉行为认定事实是否清楚。被告在处理决定中将第三人恒泰公司名称误为"潍坊恒太路桥工程材料有限公司",应予以纠正。被告认定"路通公司生产销售、恒泰公司使用的被控侵权产品,其技术特征包含了专利号为ZL200820174619.4、名称为:'风送式混凝土搅拌楼'的独立权利要求的全部技术特征,落入了涉案专利的保护范围,构成侵权。"从以下两个方面分析:

1. 关于被告认定被控产品落入本案专利的保护范围问题

实用新型是对产品的形状、构造或者其结合所提出的适于实用的新的技术方案。根据《中华人民共和国专利法》第五十九条第一款“发明或者实用新型专利权的保护范围以其权利要求的内容为准，说明书及附图可以用于解释权利要求”,《中华人民共和国专利法实施细则》第二十条“权利要求书应当有独立权利要求，也可以有从属权利要求。独立权利要求应当从整体上反映发明或者实用新型的技术方案，记载解决技术问题的必要技术特征。从属权利要求应当用附加的技术特征，对引用的权利要求作进一步限定”，国家知识产权局《专利行政执法办法》(局长令第 19 号)第十二条“专利法第五十六条第一款所称的‘发明或者实用新型专利权的保护范围以其权利要求的内容为准’，是指专利权的保护范围应当以其权利要求记载的技术特征所确定的范围为准，也包括与记载的技术特征相等同的特征所确定的范围。等同特征是指与记载的技术特征以基本相同的手段，实现基本相同的功能，达到基本相同的效果，并且所属领域的普通技术人员无需经过创造性劳动就能够联想到的特征”。据此，在一项实用新型专利的权利要求书中，独立权利要求记载了解决技术问题的必要技术特征，审查被控产品是否侵犯实用新型专利权，适用的是全面覆盖原则，若被控产品全面再现了专利的必要技术特征或与专利必要技术特征相等同的特征，则落入专利权的保护范围，构成侵犯专利权。圆友公司 ZL200820174619.4 号专利的权利要求书包含如下独立权利要求 1:“一种风送式混凝土搅拌楼，包括支撑框架(1)，支撑框架(1)上安装有由电机驱动的搅拌机(6)，支撑框架(1)的一侧安装有骨料上料系统(8)，骨料上料系统(8)通过骨料储料斗(9)与搅拌机(6)连通，其特征在于：所述支撑框架(1)的上部设有粉料仓(2)，粉料仓(2)的下部连通有风槽输料装置，风槽输料装置通过粉料计量系统(5)与搅拌机(6)连通。”结合该专利说明书及附图解释可见，该专利最主要的特点是使整个粉料上料装置都设置在支撑框架上，减小了作业空间，使整个设备的占地面积大大减小；粉料从高处依靠自身重力和气体的推力来输送到低处，降低了上料所需要的能耗；粉料上料过程中，都在支撑框架内部，避免了因粉料四处飘洒而造成的环境污染。结合本案有效证据及各方当事人无争议的陈述，将被控产品的施工图纸与圆友公司专利说明书及附图比对，从被控产品编号为 HZS120A.00 的图纸中可以看出：被控混凝土搅拌楼，具有支撑框架，支撑框架上安装有由电机驱动的搅拌机(图纸编号 6)，支撑框架的一侧安装有骨料上料系统，骨料上料系统通过中间集料装置(图纸编号 7)与搅拌机(6)连通，该中间集料装置相当于专利的骨料储料斗，所述支撑框架的上部设有粉料仓(图纸编号 13)，粉料仓(13)的下部连通有螺旋输送机(图纸编号 14)，支撑框架下部设有气路系统(图纸编号 5)，螺旋输送机(图纸编号 14)及气路系统(图纸编号 5)对应于专利的风槽输料装置，螺旋输送机通过粉料计量系统与搅拌机连通，底部设有卸料漏斗(图纸编号 11)。路通公司起诉称被告认定事实错误,其被控产品未落入专利保护范围,理由如下:设备上不存在风槽输料装置、该设备在水平面上的投影为长方形而非八角形、原告的设备为八个料仓而非四个。法院认为,圆友公司专利独立权利要求与被控产品技术特征两者区别在于:前者为风槽输料装置,后者为螺旋机输料装置。两种输料装置虽存在差异,但其实现的功能、达到的效果以及技术手段不会造成根本性变化,将风槽输料装置替换为螺旋机输料装置,系该领域的公知技术,普通技术人员无需经创造性劳动即可联想得到,且对于这一点在圆友公司专利说明书的"背景技术"部分已载明,被告认定上述两技术特征构成等同,认定正确。另,专利保护范围以权利要求的内容为准,圆友公司的专利权利要求并没有限定设备形状及料仓的数量,而被控产品使用八个料仓,也是四个料仓为一组,即将专利技术并排在一起使用,原告所提到的上述不同点,不属于专利法意义上的专利技术特征的不同。被控产品混凝土搅拌楼结构上与专利独立权利要求1基本相同,路通公司、恒泰公司在被告处理专利侵权纠纷的行政程序中虽提出辩驳理由,但未提供任何证据予以证实。被告在其合议组开庭审理后,到潍坊市公安局寒亭分局经济犯罪侦查大队调取了相关人员的询问笔录并查阅路通公司图纸,该宗证据均未交由申请人与被申请人进行证据质辩,而径行作为做出处理决定的证据使用,显属不当。但在本案诉讼过程中,经庭审质证,对该宗证据原告及两第三人均无异议。被告根据其所取得的有效证据、申请人提供的证据及当事人的自认事实,作出被控产品落入本案专利的保护范围的认定,主要事实清楚,结论正确。

2. 关于路通公司、恒泰公司的行为是否构成专利侵权问题

法院认为,第三人圆友公司所拥有的专利号为ZL200820174619.4、名称为:"风送式混凝土搅拌楼"的专利为有效专利。根据《中华人民共和国专利法》第十一条规定"发明和实用新型专利权被授予后,除本法另有规定的以外,任何单位或者个人未经专利权人许可,都不得实施其专利,即不得为生产经营目的制造、使用、许诺销售、销售、进口其专利产品,或者使用其专利方法以及使用、许诺销售、销售、进口依照该专利方法直接获得的产品。"圆友公司作为专利权人,其享有的实用新型专利权受法律保护,他人未经其许可,不得实施其专利。原告路通公司、第三人恒泰公司未经专利权人圆友公司的同意,擅自实施其专利,路通公司制造、销售、恒泰公司使用涉诉混凝土搅拌楼,被告根据上述规定认定该行为侵犯了圆友公司的专利权,认定正确。原告路通公司在行政程序及本案诉讼中均未提供任何证据,其未侵犯圆友公司专利权的理由,缺乏事实及法律依据,依法不成立,法院不予支持。

关于争议焦点二即被告作出专利侵权纠纷处理决定程序是否合法问题。法院认为,被告在收到圆友公司专利侵权纠纷处理请求书后,予以立案受理,

并通知被申请人受理该案的情况，告知当事人有关答辩及提供证据事项，进行了调查、取证，通知申请人及被申请人到庭进行了审理，经调解不成，后作出处理决定。被告上述行为，符合专利行政执法的程序规定。被告在恒泰公司处进行现场勘验时制作了笔录，但无被调查人或在场人的签字，原告及恒泰公司对此持异议，根据《山东省处理专利侵权纠纷工作规范》第三十五条“调查取证明应当由两名或两名以上合议组成员共同进行。调查时，调查人员应当向当事人或者有关人员出示行政执法证件。勘验现场或者物证，应当通知当事人及有关人员到场，必要时可邀请有关单位派人协助”、第三十六条“调查人员在调查、勘验时，应当制作笔录。调查笔录应当载明调查人员、被调查人、参加人或在场人、记录人以及调查勘验的时间、地点、调查事项、记录内容等事项，并由当事人、调查人员和记录人签名或盖章。当事人拒绝签名或者不能签名的，应当在笔录上注明原因。有其他人在现场的，可由其他人签名”的规定，被告此节调查取证程序上存在瑕疵。被告在开庭审理后到公安部门调取了有关证据，但未向申请人与被申请人出示该宗证据并进行质证，而径行作为处理依据使用，不符合法律规定。但该宗证据在本案诉讼中经庭审质证，对其真实性、合法性各方当事人均无异议。虽然被告个别调查取证程序存在瑕疵，结合全案情况分析，被诉行为并未构成程序违法。

关于争议焦点三即被告作出专利侵权纠纷处理决定适用法律是否正确问题。法院认为，被告适用《专利法实施细则》第七十九条关于专利纠纷处理管辖权地域指定、第八十一条第一款、《山东省专利保护条例》第十五条第二款关于专利纠纷处理管辖权地域指定的规定，确定其具备处理申请人与被申请人之间专利侵权纠纷的职权，适用法律正确。被告适用《中华人民共和国专利法》第十一条第一款关于有效专利未经权利人许可，都不得实施、第五十九条第一款关于保护范围以其权利要求的内容为准、《专利法实施细则》第二十条第二款关于独立权利要求整体反映技术方案，记载必要技术特征、《专利行政执法办法》第十二条关于保护范围等同原则界定的规定，对被申请人的侵权行为作出认定，适用法律正确。被告适用《专利行政执法办法》第三十三条第（一）项、第（三）项、第（六）项“管理专利工作的部门认定专利侵权行为成立，作出处理决定的，应当责令侵权人立即停止侵权行为，采取下列制止侵权行为的措施：（一）侵权人制造专利产品的，责令其立即停止制造行为，销毁制造侵权产品的专用设备、模具，并且不得销售、使用尚未售出的侵权产品或者以任何其他形式将其投放市场；侵权产品难以保存的，责令侵权人销毁该产品。……（三）侵权人销售专利产品或者依照专利方法直接获得产品的，责令其立即停止销售行为，并且不得使用尚未售出的侵权产品或者以任何其他形式将其投放市场；尚未售出的侵权产品难以保存的，责令侵权人销毁该产品。……(六)停止侵权行为的其他必要措施”、《山东省专利保护条例》第二十三条第(一)项、第(三)项“专利管理部门可以采用下列方式责令侵权人立即停止侵权行为:(一)对制造侵权产品的,责令其停止制造,封存制造侵权产品的专用模具、专用设备,并且不得使用、转移已经制造的侵权产品或者以任何方式将该产品投放市场;……(三)对销售侵权产品或者依照专利方法直接获得的产品的,责令其停止销售,并且不得以任何方式转移尚未出售的侵权产品或者依照该专利方法直接获得的产品;……”之规定,决定责令路通公司立即停止生产销售侵权产品、恒泰公司立即停止使用侵权产品,适用法律正确。虽然申请人圆友公司提出赔偿经济损失 50 万元的请求,根据

《中华人民共和国专利法》第六十条之规定“管理专利工作的部门处理时,认定侵权行为成立的,可以责令侵权人立即停止侵权行为,当事人不服的,可以自收到处理通知之日起十五日内依照《中华人民共和国行政诉讼法》向人民法院起诉;侵权人期满不起诉又不停止侵权行为的,管理专利工作的部门可以申请人民法院强制执行。进行处理的管理专利工作的部门应当事人的请求,可以就侵犯专利权的赔偿数额进行调解;调解不成的,当事人可以依照《中华人民共和国民事诉讼法》向人民法院起诉”,被告对申请人及被申请人就赔偿问题进行了调解,未达成一致。被告依据上述规定作出处理结果,适用法律正确。

综上,被告作出潍知法字〔2010〕07 号《专利侵权纠纷案件处理决定书》认定的主要事实清楚,适用法律正确,程序合法,处理决定结果正确。原告对其诉讼请求及理由未提供事实及法律依据,其诉讼请求依法不成立,法院不予支持。依照《中华人民共和国行政诉讼法》第五十四条第(一)项之规定,判决维持被告知产局2010 年 7 月 7 日作出的潍知法字〔2010〕07 号《专利侵权纠纷案件处理决定书》。

原审原告路通公司不服一审法院判决上诉称:(一)一审法院判决关于上诉人的产品落入圆友公司的专利权保护范围并构成专利侵权的认定是错误的。(1)上诉人的产品并没有落入圆友公司的专利保护范围。(2)上诉人制造并出售给恒泰公司的产品没有侵犯圆友公司的专利权。(二)被诉具体行政行为程序明显违法。

被上诉人知产局答辩称,上诉人制造、恒泰公司使用的产品完全落入圆友公司专利权的保护范围,侵犯了圆友公司的专利权。被诉侵权处理决定认定事实清楚,适用法律正确,程序合法。

二审中,合议庭确定案件的审理重点为:知产局作出的处理决定认定事实是否清楚,适用法律是否正确,程序是否合法。

针对法庭确定的案件审理重点,上诉人路通公司认为,圆友公司的涉案专

利不具有新颖性和创造性,其核心部分已为在先的他人专利所解决,故申请人民法院委托国家专利管理机构进行检索。认定一个产品是否落入某一专利权的保护范围,应当将全部技术特征进行比较,缺少权利要求记载的一个以上的特征或者一个以上技术特征不相同也不等同的,应当认定为未落入专利权的保护范围。上诉人生产并出售给第三人恒泰公司使用的混凝土搅拌楼,没有支撑框架、风槽输料装置和气路系统,在水平面上的投影为长方形而非八角形,与圆友公司的专利技术特征无一相同或等同,未落入涉案专利权保护范围。知产局未经认真审查就认定上诉人的产品构成对第三人圆友公司专利的侵权,证据不足,适用法律错误。知产局在行政审理后到公安部门调取有关证据,但未经质证直接作为行政处理的依据,行政程序违法。原审第三人恒泰公司同意上诉人的意见。

被上诉人知产局认为,上诉人主张涉案专利因不具有新颖性和创造性而无效,依法应当向国家知识产权局提出,现在提出已经过了异议期。上诉人主张其产品与涉案专利的不同,但将风槽输料装置替换为螺旋机输料装置,在圆友公司专利说明书的"背景技术"部分已载明,上诉人所提到的其他不同点,不属于专利法意义上的专利技术特征的不同。被上诉人经过充分调查取证,依法认定上诉人生产的产品构成了对第三人圆友公司专利的侵权,主要证据充分,适用法律正确,程序合法。原审第三人圆友公司同意被上诉人知产局的意见。

各方当事人在一审时提供的证据已随案移送本院。二审时没有新的证据提交。根据当事人提交的有效证据,本院确认的事实与一审法院判决相同。

本院认为:

《中华人民共和国专利法》第十一条规定"发明和实用新型专利权被授予后,除本法另有规定的以外,任何单位或者个人未经专利权人许可,都不得实施其专利,即不得为生产经营目的制造、使用、许诺销售、销售、进口其专利产品,或者使用其专利方法以及使用、许诺销售、销售、进口依照该专利方法直接获得的产品。"原审第三人圆友公司获得的 ZL200820174619.4 号专利依法应受到保护,未经其许可生产销售专利产品构成专利侵权。上诉人路通公司认为圆友公司涉案专利不具有新颖性和创造性而属于无效专利,依法应向有关机关提出。

《中华人民共和国专利法》第五十九条第一款"发明或者实用新型专利权的保护范围以其权利要求的内容为准,说明书及附图可以用于解释权利要求"、《中华人民共和国专利法实施细则》第二十条"权利要求书应当有独立权利要求,也可以有从属权利要求。独立权利要求应当从整体上反映发明或者实用新型的技术方案,记载解决技术问题的必要技术特征。从属权利要求应当用附加的技术特征，对引用的权利要求作进一步限定。”判断上诉人生产销售的混凝土搅拌楼是否构成对第三人专利的侵权，应比较两者的主要技术特征是否相同或者等同。圆友公司涉案专利独立权利要求与被控产品技术特征两者主要区别在于：前者为风槽输料装置，后者为螺旋机输料装置。两种输料装置虽存在差异，但其实现的功能、达到的效果以及技术手段不构成实质性的差异，且圆友公司专利说明书的“背景技术”部分已加以说明。至于上诉人生产的设备在水平面上的投影为长方形而非八角形、上诉人的设备为八个料仓而非圆友公司专利产品的四个料仓，不属于专利法意义上的专利技术特征的不同，故被上诉人知产局关于上诉人生产的产品落入第三人圆友公司专利的保护的认定正确。被上诉人在其合议组开庭审理后，到潍坊市公安局寒亭分局经济犯罪侦查大队调取了相关人员的询问笔录并查阅路通公司图纸，该宗证据均未交由申请人与被申请人进行证据质辩，被上诉人径行将其作为作出处理决定的证据使用，属于执法程序瑕疵。但上述证据经庭审质证，当事人对其内容并无异议，可以作为证明案件事实的有效证据。被上诉人在综合取得的相关证据的基础上，作出潍知法字〔2010〕07 号《专利侵权纠纷案件处理决定书》，认定上诉人生产销售的产品落入了涉案专利的保护范围，构成专利侵权，主要证据充分，适用法律正确，程序合法。

综上，一审法院判决认定事实清楚，适用法律正确，依法应予维持。上诉人的上诉理由不能成立，本院不予支持。依据《中华人民共和国行政诉讼法》第六十一条第（一）项之规定，判决如下：

驳回上诉，维持原判。

二审案件受理费 100 元，由上诉人负担。

本判决为终审判决。

审　判　长　张传毅
代理审判员　山　莹
代理审判员　刘加鹏
二〇一一年四月十八日
书　记　员　杜钰越

二、本案概要

专利权人圆友公司与恒泰公司就建造“混凝土搅拌楼”一事进行过合作洽谈，后恒泰公司委托路通公司为其建造了一座“混凝土搅拌楼”，恒泰公司从路通公司处购得相关设备并进行使用。圆友公司认为路通公司和恒泰公司侵犯了其专利权,向潍坊市知识产权局请求查处,潍坊市知识产权局立案后,通知被请求人进行答辩,并到现场进行了调查取证、向公安机关调取相关证据,通过口审程序,认为二被请求人建造安装并使用的"混凝土搅拌楼"落入了圆友公司专利权的保护范围,构成专利侵权,作出处理决定。路通公司不服该处理决定,诉至潍坊市中级法院,潍坊中院判决维持行政处理决定。路通公司仍不服,上诉到山东省高级法院,山东省高级法院判决维持了一审判决和潍坊市知识产权局的处理决定。

三、本案解析

(一)没有导致事实认定错误或者事实无法查明及法律适用错误的程序瑕疵不构成撤销行政处理决定的依据

本案中,潍坊市知识产权局在恒泰公司处进行现场勘验时制作了笔录,但无被调查人或在场人的签字,路通公司及恒泰公司对此持异议。此不符合《山东省处理专利侵权纠纷工作规范》第三十五条、第三十六条的规定,构成程序方面的瑕疵。另外,潍坊市知识产权局在开庭审理后到公安部门调取了有关证据,但未向请求人与被请求人出示该宗证据并进行质证,而径行作为处理依据使用,也不符合相关法律规定。但该宗证据在诉讼庭审质证中,各方当事人对其真实性、合法性均无异议。该程序方面的瑕疵从实体上没有影响该处理决定的正确性。否则该处理决定很可能会被法院判决撤销。

判断程序瑕疵是否会导致处理决定被撤销,一个简便的方法是假定程序方面没有该瑕疵,是否会得出同样的处理决定。如果会得出同样的处理决定,则法院的判决应该是判决处理行为程序违法,但维持处理决定;如果会得出实质不同的处理决定,则应该判决程序违法的同时撤销所作出的处理决定。另外,如果程序方面的瑕疵导致处理决定的所依据事实的真实性是无法认定的,则该瑕疵构成处理决定被撤销的依据,如果不影响事实的认定,则不构成处理决定撤销的依据。

(二)利用施工图纸进行侵权判定是合法高效的

潍坊市知识产权局取得了被控设备的施工图纸,将该施工图纸显示的被控设备的技术方案进行技术特征的划分,并与涉案专利权的技术方案进行比对,认为被控设备的技术方案落入了专利权的保护范围,构成专利侵权,做出处理决定。这种根据案件具体实际,选取便于比对判断的涉案技术方案的载体的做法,对于有效维护专利权,提高办案效率的做法是值得发扬的。像本案这样的利用施工图纸等,能够准确确定被控产品或者设备的技术方案的方法不仅是合法的，而且是更直接简便的。《专利法》要求是将被控技术方案与涉案专利技术方案进行比对，并没有限定如何得到被控技术方案。在实际处理中一切能够准确确定被控技术方案的方法途径都是可以采用的，而且越简便越好。

（三）专利说明书可以作为进行等同技术特征判定的依据

对于圆友公司专利独立权利要求的技术特征风槽输料装置，与被控产品技术特征螺旋机输料装置，是否构成等同技术特征的问题，由于圆友公司专利说明书的“背景技术”部分已载明两种输料装置虽存在差异，但其实现的功能、达到的效果以及技术手段不会造成根本性变化。因此，认定将风槽输料装置替换为螺旋机输料装置，系该领域的公知技术，普通技术人员无需经创造性劳动即可联想得到，构成等同技术特征，不仅结论正确，依据充分，而且有很强的说服力。认定是否构成等同技术特征，其依据是现有技术。如果专利说明书中已经就相关的现有技术作出了明确说明，则该说明可以直接作为现有技术，以判定是否构成等同技术特征。

（四）“专利法意义上的专利技术特征的不同”的含义

本案中，针对被请求人在上诉中所争辩的被控生产设备在水平面上的投影为长方形而非八角形、被控设备为八个料仓而非圆友公司专利产品的四个料仓，二审判决中出现了“不属于专利法意义上的专利技术特征的不同”的表述。《最高人民法院关于审理侵犯专利权纠纷案件应用法律若干问题的解释》（法释〔2009〕21 号）第七条第二款规定：“被诉侵权技术方案包含与权利要求记载的全部技术特征相同或者等同的技术特征的，人民法院应当认定其落入专利权的保护范围；被诉侵权技术方案的技术特征与权利要求记载的全部技术特征相比，缺少权利要求记载的一个以上的技术特征，或者有一个以上技术特征不相同也不等同的，人民法院应当认定其没有落入专利权的保护范围。”据此，二审判决书中所述的“不属于专利法意义上的专利技术特征的不同”应该是指，这种技术特征的不同，不能作为上述司法解释所规定的，能够构成被控技术方案没有落入涉诉专利权利要求保护范围的判断依据的不同。换个角度理解，就是判断被控技术方案是否落入专利权的保护范围，并不是看被控技术方案的该技术特征是否与涉案专利权利要求技术方案的某个技术特征相同或者不同。正如本案中，虽然在涉案专利从属权利要求中有漏斗状的 4 个“粉料仓”，而被控技术方案中有 8 个“粉料仓”，但由于涉案专利独立权利要求中并没有限定“粉料仓”的数量，因此这种 8 个与 4 个的不同，以及“粉料仓”具体形状的不同就构不成该判决书所述的“专利法意义上的专利技术特征的不同”。

（五）本案法律适用是正确的

在本案发生的山东省，2002 年 5 月 16 日山东省人大常委会制定了《山东省专利保护条例》;2013年8月1日山东省人大常委制定了《山东省专利条例》,同时废止了该《山东省专利保护条例》。由于该案作出处理决定的时间是2010年7月7日,因此应该适用当时生效的《山东省专利保护条例》。顺变说明的是,《山东省专利条例》比《山东省专利保护条例》在保护专利权方面力度加强了很多,也比国务院知识产权局的《专利行政执法办法》的保护力度强了很多。在山东省内,《山东省专利条例》比国务院知识产权局的《专利行政执法办法》有更高的效力,两者不一致时以山东省的条例为准。

四、本案点评

本案行政处理执法过程中,虽然在程序方面存在重大瑕疵,但由于这些瑕疵没有影响到是否构成专利侵权的认定,以及以此为依据作出的处理决定结论本身的正确,在行政诉讼中,处理决定本身得到了两审法院的维持。该案行政处理中,依据被控设备的施工图纸进行技术特征划分和比对,是一合法高效的做法,应该推广发扬。

案例二十六　苏州赛尔德斯塑胶有限公司与江苏省知识产权局专利侵权处理纠纷上诉案

一、《江苏省高级人民法院行政判决书》(〔2014〕苏知行终字第0003号)

江苏省高级人民法院
行政判决书

〔2014〕苏知行终字第 0003 号

上诉人(原审原告):苏州赛尔德斯塑胶有限公司
法定代表人:伍善恒,该公司总经理
委托代理人:陈春泉,江苏大名律师事务所律师
被上诉人(原审被告):江苏省知识产权局
法定代表人:朱宇,该局局长
委托代理人:陈苏宁
委托代理人:陈小林
原审第三人:艾尔戴克斯国际公司
法定代表人:亚当·哈勃,该公司副总裁兼秘书
委托代理人:方挺
委托代理人:张一军

上诉人苏州赛尔德斯塑胶有限公司(以下简称赛尔德斯公司)因与被上诉人江苏省知识产权局(以下简称江苏知产局)、原审第三人艾尔戴克斯国际公司(以下简称艾尔戴克斯公司)专利侵权纠纷处理决定一案,不服中华人民共和国江苏省南京市中级人民法院〔2013〕宁知行初字第 6 号行政判决,向本院提起上诉。本院受理后,依法组成合议庭,于 2014 年 4 月 30 日公开开庭审理

了本案。上诉人赛尔德斯公司的委托代理人陈春泉，被上诉人江苏知产局的委托代理人陈苏宁、陈小林，艾尔戴克斯公司的委托代理人方挺到庭参加诉讼，本案现已审理终结。

赛尔德斯公司一审诉称：江苏知产局认定赛尔德斯公司构成专利侵权，没有事实和法律依据，请求法院撤销江苏知产局作出的苏知法处字〔2013〕1 号专利侵权纠纷处理决定（以下简称苏 1 号决定）。理由如下：一、江苏知产局在审理时没有进行全面、完整的技术对比。(1)认定被控侵权技术方案是否落入专利权的保护范围，应对被控侵权技术方案的技术特征与权利人主张的权利要求记载的全部技术特征进行对比，不应省略权利人主张的权利要求记载的任何一项技术特征。(2)如果进行全面对比，两者具有非常明确的技术区别。二、赛尔德斯公司的被控侵权产品使用的技术方案属于现有技术。(1)江苏知产局认为“运输托盘的现有技术为木制结构”有违公众常识。(2)江苏知产局在苏 1 号决定中认定赛尔德斯公司侵权的事实依据包括产品材料的组合和制造流程，这些技术属于现有技术，已被公告号为 US5868080A 的美国专利和公开号为 WO2004/041516A1 的 PCT 国际专利申请所公开，艾尔戴克斯公司请求宣告埃罗帕尔技术私人有限公司第 200680043133.0 号“托盘”发明专利无效时，所提供的对比文件也是上述在先专利。三、江苏知产局行政程序违法。江苏知产局作出的苏 1 号决定书以及口审笔录、行政诉讼答辩状中记载的均是“苏州塞尔德斯塑胶有限公司”，该单位并不存在，且与赛尔德斯公司无关。这不是简单的笔误，是严重程序违法的问题。

江苏知产局一审辩称：一、江苏知产局苏 1 号决定认定事实清楚，适用法律法规正确。(1)赛尔德斯公司认为江苏知产局没有将被控侵权产品的技术特征及其制造过程与艾尔戴克斯公司发明专利所有的权利要求进行比对的理由不能成立。(2)赛尔德斯公司认为艾尔戴克斯公司发明专利中高度耐冲击聚苯乙烯板经过热化合在两个侧面上形成“相邻近”或“邻接”关系而非“化合在一起”的观点不能成立。(3)赛尔德斯公司认为艾尔戴克斯公司发明专利与被控侵权产品制造方法使用的模子数量不同的观点不能成立。(4)江苏知产局在处理涉案专利侵权纠纷过程中，赛尔德斯公司并没有向江苏知产局提出现有技术抗辩。二、江苏知产局苏 1 号决定处理程序合法。苏 1 号决定书记载的“苏州塞尔德斯塑胶有限公司”中的“塞”字属于笔误，赛尔德斯公司作为涉案专利侵权纠纷处理决定的被请求人主体适格，不存在程序违法。故请求法院维持江苏知产局作出的苏 1 号决定。

艾尔戴克斯公司一审述称，其同意江苏知产局的答辩意见，同时进一步陈述意见如下：(1)赛尔德斯公司主张江苏知产局在审理时没有进行全面、完整的技术比对没有法律依据。(2)赛尔德斯公司主张其使用的被控侵权方案为现有技术的理由不能成立。首先,赛尔德斯公司在行政处理程序中并没有提出现有技术抗辩。其次,赛尔德斯公司在本案行政诉讼中所列举的 WO2004/041516A1 号 PCT 国际专利的公开日晚于艾尔戴克斯公司发明专利的申请日,不构成现有技术。(3)艾尔戴克斯公司曾经使用 US5868080A 的美国专利和 WO2004/041516A1 的 PCT 国际专利申请请求宣告埃罗帕尔技术私人有限公司第 200680043133.0 号“托盘”发明专利无效,与赛尔德斯公司使用的被控侵权技术方案是否为现有技术无关。故请求法院依法驳回赛尔德斯公司的全部诉讼请求。

一审审理查明:

一、艾尔戴克斯公司涉案发明专利的情况

2003 年 11 月 6 日,艾尔戴克斯公司向国家知识产权局申请了名称为“垫板平台”的发明专利,2009 年 1 月 7 日获得授权,专利号为 ZL200310104295.9。该专利目前仍处于有效的法律状态。该专利权利要求书共记载了 13 项权利要求,艾尔戴克斯公司在本案行政处理程序中,确定以该专利涉及的 1、3、8、9 共 4 项独立权利要求全部作为其主张的保护范围。

其中权利要求 1 记载,“一种垫板平台,其具有普通的矩形板形状,并且带有第一侧和第二侧、与所述第一侧和第二侧隔开的边缘以及从所述第一侧和第二侧中的一个伸出的多个支脚,其特征在于,所述垫板平台由泡沫聚苯乙烯制成,所述聚苯乙烯具有在表面附近与第一和第二高度耐冲击的聚苯乙烯板化合的部分,其中,所述第一高度耐冲击的聚苯乙烯板覆盖所述第一侧和所述边缘的至少一半,以形成强化的聚苯乙烯,所述第二高度耐冲击的聚苯乙烯板覆盖所述第二侧和所述边缘的至少一半,以形成强化的聚苯乙烯”。

权利要求 3 记载,“一种制造强化的聚苯乙烯承载结构的过程,其特征在于,包括以下步骤:提供适于插入泡沫聚苯乙烯内芯的成型模子;将所述泡沫聚苯乙烯内芯插入所述成型模子,其中,所述泡沫聚苯乙烯内芯的第一侧和所述泡沫聚苯乙烯内芯的至少一半厚度从所述成型模子延伸出;加热第一高度耐冲击的聚苯乙烯板;以及用所述第一高度耐冲击的聚苯乙烯板环绕并化合于所述泡沫聚苯乙烯内芯的第一侧和所述泡沫聚苯乙烯内芯的至少一半厚度;将所环绕的泡沫聚苯乙烯内芯插入所述成型模子,其中,所述泡沫聚苯乙烯内芯的第二侧和所述泡沫聚苯乙烯内芯的至少一半厚度从所述成型模子延伸出;加热第二高度耐冲击的聚苯乙烯板;以及用所述第二高度耐冲击的聚苯乙烯板环绕并化合于所述泡沫聚苯乙烯内芯”。

权利要求 8 记载,“一种强化的聚苯乙烯承载结构,包括:泡沫聚苯乙烯内芯,具有第一侧、第二侧和边缘,所述边缘隔开所述第一侧和第二侧,并具有宽度;第一高度耐冲击的聚苯乙烯板,其与所述泡沫聚苯乙烯内芯化合,其中,所述第一高度耐冲击的聚苯乙烯板覆盖所述泡沫聚苯乙烯内芯的所述第一侧与所述宽度的一半;以及第二高度耐冲击的聚苯乙烯板,其与所述泡沫聚苯乙烯内芯化合,其中,所述第二高度耐冲击的聚苯乙烯板覆盖所述泡沫聚苯乙烯内芯的所述第二侧与所述宽度的一半”。

权利要求9记载,“一种强化的聚苯乙烯承载结构,包括:(a)泡沫聚苯乙烯内芯,具有顶侧和底侧,所述顶侧具有宽度,从所述底侧向外延伸出多个支腿;(b)第一高度耐冲击的聚苯乙烯板,其与所述泡沫聚苯乙烯内芯化合,其中,所述第一高度耐冲击的聚苯乙烯板所述顶侧与所述泡沫聚苯乙烯内芯的一半宽度;以及(c)第二高度耐冲击的聚苯乙烯板,其与所述泡沫聚苯乙烯内芯化合,其中,所述第二高度耐冲击的聚苯乙烯板覆盖所述底侧、所述多个支腿以及所述泡沫聚苯乙烯内芯的一半宽度”。

该专利说明书记载“发明内容”包括:“本发明的一个目的是提供一种可方便地移动的承载结构,该结构不大可能携带木生昆虫。本发明的另一个目的是提供一种可移动的承载结构,该结构不带有能造成伤害的木头碎片和钉子。根据本发明所述,它提供了一种垫板平台,所述垫板平台具有泡沫聚苯乙烯内芯,在所述内芯表面附近具有与高度耐冲击的聚苯乙烯相化合的区域。由于组成成分的化合,与垫板平台形成化学结合之前的内芯相比,其强度与重量之比增长至近1000:1。这样就可以使垫板平台能够承载与木制托盘所承载的负荷相当的负荷。所述的垫板平台不会支持昆虫生命,也不带有会对人造成伤害的木头碎片和钉子。”

二、赛尔德斯公司及其被查处的侵权行为

赛尔德斯公司成立于2006年1月9日,注册资本93.2436万美元,经营范围为一般经营项目包括研究开发、生产超轻型环保塑胶托盘(栈板)及包装制品等。

2013年3月26日,江苏知产局在行政处理程序中依职权到赛尔德斯公司进行调查取证,赛尔德斯公司确认艾尔戴克斯公司向江苏知产局提交的从苏州金柏包装技术开发有限公司公证购买的被控侵权产品“运输托盘”系赛尔德斯公司生产,同时江苏知产局对赛尔德斯公司生产被控侵权产品的样品及厂房拍摄照片9张、录像3段。江苏知产局在行政程序口审中,组织双方当事人针对被控侵权产品与艾尔戴克斯公司涉案“垫板平台”发明专利进行了比对。经比对,江苏知产局确定被控侵权产品的技术特征包括:被控侵权产品为运输托盘,呈矩形形状,具有上下两个侧面和边缘,边缘隔开上下两个侧面,具有一定宽度。其中一个侧面伸出多个支脚,内芯为聚苯乙烯材料,外覆盖有高度耐冲击的聚苯乙烯板,其中,伸出多个支脚侧面覆盖的高度耐冲击聚苯乙烯板延伸至边缘宽度的近4/5,另一侧面覆盖的高度耐冲击聚苯乙烯板延伸至边缘宽度近2/5。江苏知产局认为,被控侵权产品与艾尔戴克斯公司涉案发明专利权利要求1、8、9相比,其聚苯乙烯内芯顶侧所覆盖的高度耐冲击聚苯乙烯板延伸至边缘的宽度不到其宽度一半,即近2/5,这与艾尔戴克斯公司发明专利所述延伸至边缘宽度一半或至少一半的技术特征不同。但从艾尔戴克斯公司发明专利说明书中可知,运输托盘的现有技术为木制结构,而艾尔戴克斯公司发明专利为泡沫聚苯乙烯内芯和高强度耐冲击聚苯乙烯板经过热化合而形成的高强度垫板平台,与现有技术相比采用了不同的材料和不同的生产工艺。艾尔戴克斯公司发明专利将第一和第二高度耐冲击聚苯乙烯板覆盖在泡沫聚苯乙烯内芯及其宽度的一半及一半以上,目的是为了使高度耐冲击聚苯乙烯板能够全部覆盖于泡沫聚苯乙烯内芯的表面上,并使之在泡沫聚苯乙烯内芯宽度的中间位置上形成接合或形成一定的重合面,从而达到提高垫板平台承载强度的效果。而被控侵权产品的泡沫聚苯乙烯内芯顶侧覆盖的高度耐冲击聚苯乙烯板延伸至泡沫聚苯乙烯内芯宽度虽然不到一半,但其与泡沫聚苯乙烯内芯底侧覆盖的高度耐冲击聚苯乙烯板最终在泡沫聚苯乙烯内芯的宽度上形成了重合面,同样达到了提高垫板平台承载强度的效果。故被控侵权产品的这一技术特征与艾尔戴克斯公司发明专利相比,虽然两者不相同,但都采用了高度耐冲击聚苯乙烯板与泡沫聚苯乙烯内芯热化合的技术手段,实现了高度耐冲击聚苯乙烯板能够全部覆盖于泡沫聚苯乙烯内芯表面的功能,起到了提高垫板平台承载强度的效果,两者构成等同。同时,江苏知产局还对被控侵权产品的制造过程与艾尔戴克斯公司发明专利权利要求3进行了比对,依据其拍摄的3段录像,可以看到权利要求3记载的全部技术特征,江苏知产局确定制造被控侵权产品的过程与艾尔戴克斯公司发明专利权利要求3完全相同。综上,江苏知产局于2013年7月30日作出苏1号决定,认为:本案被控侵权产品"运输托盘"及其制造过程落入了第三人艾尔戴克斯公司第200310104295.9号"垫板平台"发明专利权的保护范围,赛尔德斯公司生产、销售被控侵权产品的行为已构成对艾尔戴克斯公司第200310104295.9号发明专利权的侵犯,并依据《中华人民共和国专利法》第十一条第一款、第六十条,《中华人民共和国专利法实施细则》第八十一条第一款,《专利行政执法办法》第十三条、第十七条、第四十一条的规定,责令赛尔德斯公司立即停止制造、销售被控侵权产品的行为和销毁制造被控侵权产品的专用模具。

三、各方当事人的比对意见

庭审中,各方当事人将被控侵权产品及其制造过程与艾尔戴克斯公司发明专利权利要求1、3、8、9进行了比对,各方当事人对以江苏知产局提交的被控侵权产品"运输托盘"实物以及录像3段作为与艾尔戴克斯公司发明专利进行比对的对象不持异议,并当庭观看了3段录像。

赛尔德斯公司认为,被控侵权产品与艾尔戴克斯公司发明专利1、8、9相比,存在如下区别:(1)被控侵权产品聚苯乙烯内芯顶侧所覆盖的高度耐冲击聚苯乙烯板延伸至边缘宽度近2/5,与艾尔戴克斯公司发明专利所述高度耐冲击聚苯乙烯板延伸至边缘宽度一半或至少一半的技术特征不同,也不构成等同;(2)被控侵权产品两个侧面的聚苯乙烯板化合在一起,与艾尔戴克斯公司发明专利权利要求8、9由于两个侧面的聚苯乙烯板覆盖边缘宽度的各一半而无法结合在一起不同,两个侧面的聚苯乙烯板只有化合在一起才能增加产品的承载力。被控侵权产品制造过程与艾尔戴克斯公司发明专利权利要求3相比,也存在如下区别:(1)被控侵权产品在制造过程中必需使用两个成型模子,而艾尔戴克斯公司发明专利使用的应该是一个成型模子;(2)被控侵权产品在对聚苯乙烯板化合时有先后顺序,而艾尔戴克斯公司发明专利没有先后顺序;(3)被控侵权产品的侧面与支脚侧面都有小孔,便于通过真空压力差吸附聚苯乙烯内芯。另外,赛尔德斯公司认为被控侵权产品与艾尔戴克斯公司发明专利的其他权利要求相比,还存在以下区别:(1)被控侵权产品制造过程中使用的压力与艾尔戴克斯公司发明专利不同;(2)被控侵权产品固定聚苯乙烯板的技术原理、技术功效与艾尔戴克斯公司发明专利不同。被控侵权产品的夹具框架有上、下两个组成,将聚苯乙烯板放入上下两个框架之间自然吻合固定即可,操作方便、效率高,而艾尔戴克斯公司发明专利权利要求7记载的固定聚苯乙烯板的操作繁琐、效率不高。

江苏知产局认为,被控侵权产品与艾尔戴克斯公司发明专利1、8、9虽然存在聚苯乙烯内芯顶侧所覆盖的高度耐冲击聚苯乙烯板延伸至边缘宽度不到一半的区别,但由于艾尔戴克斯公司的发明专利在泡沫聚苯乙烯内芯表面覆盖高度耐冲击聚苯乙烯板的目的在于增强垫板平台的强度,且专利产品高度耐冲击聚苯乙烯板覆盖聚苯乙烯内芯的边缘宽度为"一半"或"至少一半",当符合"至少一半"的技术特征时,高度耐冲击聚苯乙烯板在泡沫聚苯乙烯内芯表面就形成重合,故被控侵权产品与艾尔戴克斯公司发明专利权利要求1、8、9构成等同。被控侵权产品制造过程与艾尔戴克斯公司发明专利权利要求3相同。

艾尔戴克斯公司同意江苏知产局的比对意见,并补充陈述如下:艾尔戴克斯公司的发明专利通过泡沫聚苯乙烯内芯来减轻垫板平台的重量,通过覆盖高度耐冲击的聚苯乙烯板来增强垫板平台的强度,赛尔德斯公司所陈述的被控侵权产品与艾尔戴克斯公司发明专利的区别对于实现该专利的目的没有实质性影响,两者采用的手段和取得效果是相同的,也是本领域技术人员能够显而易见想到的,因此被控侵权产品与艾尔戴克斯公司发明专利权利要求1、8、9构成等同。此外,关于赛尔德斯公司所陈述的温度、压力、模具的数量等其他不同点均未在进行比对的权利要求中出现。

庭审中,赛尔德斯公司还主张应当对其提供的对比文件与被控侵权产品进行现有技术比对,即便赛尔德斯公司在行政程序中没有提出现有技术抗辩,江苏知产局也应当依《专利行政执法办法》第二、三条规定的法定职责进行全面调查;即便行政机关没有进行全面调查,法院也应就赛尔德斯公司在本案中主张的现有技术抗辩进行全面审理,方能体现司法机关对行政行为的审查权,并确认其比对意见以书面意见为准。但江苏知产局和艾尔戴克斯公司认为赛尔德斯公司提出的现有技术抗辩与本案无关,且均未发表现有技术比对意见。

另查明,2013 年 7 月 30 日,江苏知产局作出苏 1 号决定,其中记载的被请求人为“苏州塞尔德斯塑胶有限公司”,法定代表人为“伍善恒”。江苏知产局向一审法院提交的口审笔录、行政诉讼答辩状中记载的被请求人亦为“苏州塞尔德斯塑胶有限公司”,江苏知产局提交的调查笔录中记载的被调查人为“苏州赛尔德斯塑胶有限公司”法人代表“伍善恒”,调查地点为“苏州市苏州新区浒泾路 8 号”。庭审中,赛尔德斯公司陈述其在行政程序中收到江苏知产局送达的材料后,对其中记载的被请求人名称为“苏州塞尔德斯塑胶有限公司”没有提出异议,但赛尔德斯公司没有审查义务,这属于江苏知产局的职责。

一审争议焦点:(1)江苏知产局行政程序是否违法;(2)江苏知产局苏 1 号决定认定事实是否清楚、适用法律是否正确。

一审法院认为:

一、江苏知产局行政程序合法

一审法院认为,综合本案现有证据,江苏知产局认为苏 1 号决定中被请求人名称系笔误的陈述可以采信,理由如下:(1)苏 1 号决定中记载的被请求人名称“苏州塞尔德斯塑胶有限公司”与赛尔德斯公司企业名称相比,仅存在“塞”与“赛”一字之差,且两个字的读音、结构、字形相似度较高;(2)苏 1 号决定中记载的被请求人地址、法定代表人等信息与赛尔德斯公司完全相同,赛尔德斯公司亦确认“苏州塞尔德斯塑胶有限公司”并不存在;(3)江苏知产局提交的相关行政查处卷宗中存档的被请求人营业执照、工商登记查询资料中记载的信息指向赛尔德斯公司;(4)江苏知产局提交的调查笔录中记载的被调查人、调查地点也指向赛尔德斯公司;(5)赛尔德斯公司不仅实际参与了涉案专利侵权纠纷行政处理程序,而且就收到的苏 1 号决定向一审法院提起了本案行政诉讼,在行政程序中没有提出任何异议。因此,一审法院认为,苏 1 号决定以及江苏知产局口审笔录、行政诉讼答辩状中记载的被请求人名称“苏州塞尔德斯塑胶有限公司”中的“塞”字应属笔误。该笔误出现在行政机关的决定书和卷宗材料中虽然不够严谨,但对赛尔德斯公司的权利并未产生实质性的影响,以此认定江苏知产局行政处理程序违法依据不足。

二、江苏知产局苏1号决定认定事实清楚、适用法律正确

赛尔德斯公司之所以认为其不构成对艾尔戴克斯公司涉案发明专利侵权的主要理由包括以下三个方面:(1)被控侵权产品及其制造过程与艾尔戴克斯公司发明专利权利要求1、3、8、9相比,不构成相同或等同。(2)被控侵权产品及其制造过程与艾尔戴克斯公司发明专利记载的其他权利要求进行比对,存在明显的区别。(3)被控侵权产品及其制造过程使用的是现有技术。一审法院认为赛尔德斯公司的该三项理由均不能成立,具体阐述如下:

(一)被控侵权产品及其制造过程与艾尔戴克斯公司发明专利权利要求1、8、9和权利要求3分别构成等同和相同

1. 被控侵权产品与艾尔戴克斯公司发明专利权利要求1、8、9构成等同

本案中,各方当事人对于被控侵权产品与艾尔戴克斯公司发明专利权利要求1、8、9技术特征比对的意见并无分歧,都认为被控侵权产品聚苯乙烯内芯顶侧所覆盖的高度耐冲击聚苯乙烯板延伸至边缘宽度近2/5,与艾尔戴克斯公司发明专利第一、第二高度耐冲击聚苯乙烯板覆盖至边缘宽度的一半或至少一半不同,其分歧主要在于两者是否构成等同。一审法院认为,江苏知产局认定两者构成等同的意见可予采信,理由如下:第一,两者采用的手段相同。被控侵权产品和艾尔戴克斯公司发明专利均采用在泡沫聚苯乙烯内芯表面覆盖化合高度耐冲击聚苯乙烯板的手段,且聚苯乙烯板从上、下两个侧面分别覆盖并延伸至边缘达到一定的宽度。第二,两者实现的功能相同。被控侵权产品和艾尔戴克斯公司发明专利均通过覆盖化合高度耐冲击聚苯乙烯板实现增强运输托盘或垫板平台承载力的功能,且通过上、下两个侧面的聚苯乙烯板延伸至边缘达到一定宽度实现泡沫聚苯乙烯内芯不易损坏的目的。被控侵权产品的聚苯乙烯内芯顶侧所覆盖的耐冲击聚苯乙烯板虽然延伸至边缘宽度近2/5,不是一半或至少一半,但由于被控侵权产品的聚苯乙烯内芯底侧所覆盖的高度耐冲击聚苯乙烯板延伸至边缘宽度的近4/5,被控侵权产品上、下两侧覆盖的高度耐冲击的聚苯乙烯板同样可以较好地包裹聚苯乙烯内芯的边缘并使之不易损坏。第三,被控侵权产品与艾尔戴克斯公司发明专利存在区别技术特征是本领域普通技术人员无需通过创造性劳动就能够联想到的特征。被控侵权产品聚苯乙烯内芯顶侧所覆盖的高度耐冲击聚苯乙烯板延伸至边缘宽度近2/5,与艾尔戴克斯公司发明专利延伸至边缘宽度"一半"或"至少一半"的区别并不明显,只是改变了被控侵权产品上、下两侧覆盖的聚苯乙烯板延伸至边缘宽度的比例,是本领域普通技术人员无需通过创造性劳动就能够联想到的特征,对于实现艾尔戴克斯公司发明专利的目的没有实质性影响。

2. 被控侵权产品的制造过程与艾尔戴克斯公司发明专利权利要求3相同

本案中,各方当事人对于当庭播放的3段录像能够看到艾尔戴克斯公司

发明专利权利要求3记载的相关步骤并无争议，但赛尔德斯公司认为被控侵权产品的制造过程与艾尔戴克斯公司发明专利权利要求3在使用模具的数量、聚苯乙烯板的化合是否有先后顺序、是否加工小孔以及模具的结构、操作方法和效果等方面都存在显著区别。一审法院认为，赛尔德斯公司所陈述的区别即便全部存在，与艾尔戴克斯公司发明专利权利要求3相比，也属于增加的技术特征，并不影响被控侵权产品的制造过程与艾尔戴克斯公司发明专利权利要求3技术特征相同的判断，被控侵权产品的制造过程只要具备了艾尔戴克斯公司发明专利权利要求3记载的必要技术特征，即落入艾尔戴克斯公司发明专利权利要求3的保护范围。

（二）江苏知产局无需将被控侵权产品及其制造过程与艾尔戴克斯公司发明专利记载的其他权利要求进行比对

本案中，一方面，艾尔戴克斯公司在江苏知产局进行口审审理时明确其主张的涉案"垫板平台"发明专利的保护范围为权利要求1、3、8、9，江苏知产局就被控侵权产品及其制造过程与该四项权利要求进行比对并无不当。另一方面，该四项权利要求均属于独立权利要求，而独立权利要求所限定的涉案发明专利的保护范围最宽，进行技术比对时无需引用其他权利要求。故即便赛尔德斯公司认为被控侵权产品及其制造过程与艾尔戴克斯公司发明专利除1、3、8、9之外的其他权利要求比对存在差异，也不影响被控侵权产品及其制造过程落入艾尔戴克斯公司发明专利的保护范围。

（三）赛尔德斯公司主张的现有技术抗辩与本案无关

根据《中华人民共和国行政诉讼法》第五条的规定，"人民法院审理行政案件，对具体行政行为是否合法进行审查。"本案中，赛尔德斯公司在江苏知产局处理涉案专利侵权纠纷行政案件的过程中，并未提出现有技术抗辩，江苏知产局作出的苏1号决定也未涉及现有技术抗辩的内容，相应地一审法院在审查涉案具体行政行为的合法性时也就不涉及现有技术抗辩的内容，赛尔德斯公司在本案行政诉讼中主张的现有技术抗辩与江苏知产局作出的苏1号决定认定事实是否清楚、适用法律是否正确无关。而赛尔德斯公司主张其被控侵权产品依法获得埃罗帕尔技术私人有限公司第200680043133.0号"托盘"发明专利许可的抗辩理由，因该专利的申请日和优先权日均晚于艾尔戴克斯公司涉案发明专利的申请日，故而不能支持赛尔德斯公司认为被控侵权产品及其制造过程不侵权的主张。至于艾尔戴克斯公司是否宣告埃罗帕尔技术私人有限公司第200680043133.0号"托盘"发明专利无效及其以什么理由和证据提出无效宣告请求，与赛尔德斯公司被控侵权产品"运输托盘"及其制造过程是否侵害艾尔戴克斯公司涉案"垫板平台"发明专利权无关。据此，关于赛尔德斯公司认为江苏知产局在行政程序中应当依法定职责进行全面调查的主张,没有法律依据。赛尔德斯公司认为法院在行政诉讼中应就赛尔德斯公司主张的现有技术抗辩进行全面审理,同样没有法律依据,一审法院不予采信。根据《中华人民共和国专利法》第六十二条的规定,“在专利侵权纠纷中,被控侵权人有证据证明其实施的技术或者设计属于现有技术或者现有设计的,不构成侵犯专利权。”而我国专利法的规定不仅是江苏知产局处理专利纠纷案件的法律依据,也是法院处理专利诉讼案件的法律依据,可见被控侵权人在专利纠纷案件中不仅要提出现有技术抗辩,而且要进行相应地举证,现有技术比对的启动取决于被控侵权人的抗辩主张而非审理专利侵权纠纷案件的行政机关或人民法院的意志,故赛尔德斯公司在本案中主张的现有技术抗辩与一审法院对涉案具体行政行为合法性的审查无关。

综上,江苏知产局作出的苏1号决定认定事实清楚、适用法律正确、行政程序合法。赛尔德斯公司要求撤销苏1号决定的理由不能成立,不予支持。一审法院依照《中华人民共和国行政诉讼法》第五十四条第(一)项的规定,判决:维持江苏省知识产权局2013年7月30日作出的苏知法处字(2013)1号专利侵权纠纷处理决定。案件受理费人民币100元,由赛尔德斯公司负担。

宣判后,赛尔德斯公司不服,向本院提起上诉,请求撤销一审判决,发回重审。其上诉主要理由为:(1)江苏知产局行政程序违法。苏1号决定载明的“苏州塞尔德斯塑胶有限公司”与赛尔德斯公司无关,江苏知产局将被申请人主体搞错,程序违法。(2)尽管赛尔德斯公司在江苏知产局口审中未进行现有技术抗辩,但江苏知产局仍应对包括现有技术在内的案件事实进行全面审查。(3)赛尔德斯公司在一审中提出了现有技术问题,并作了比对,一审法院应对现有技术进行审理。设立行政诉讼的目的是为了监督行政机关依法行政,保护行政相对人的合法权益。行政处理决定对行政相对人的根本利益具有重大影响,即使行政相对人在行政程序中没有提起现有技术抗辩,人民法院在行政诉讼中也应对行政相对人提出的现有技术问题进行审理。

江苏知产局二审答辩称:(1)江苏知产局在行政程序的主体确认上并无不当,只是在苏1号决定中存在笔误。(2)赛尔德斯公司在行政程序中未提出现有技术抗辩,江苏知产局不需要对现有技术问题进行审查。(3)人民法院在行政诉讼中进行司法审查的对象是具体行政行为的合法性,由于赛尔德斯公司在行政程序中未提出现有技术抗辩,其在行政诉讼中提出现有技术抗辩人民法院不应予以审理。

艾尔戴克斯公司二审述称,赛尔德斯公司提供的国际专利申请的公开日迟于涉案专利的申请日,不属于现有技术。一审判决正确,请求二审法院维持。

本案二审争议焦点:(1)江苏知产局行政程序是否违法;(2)一审判决适用法律是否正确,即本案中是否需要对赛尔德斯公司在行政诉讼中提出的现有技术抗辩进行审理,以及如需审理,赛尔德斯公司的现有技术抗辩能否成立。

各方当事人在二审中均未提供新的证据。

一审查明的事实均有充分的证据支持,本院予以确认。

二审另查明:

二审中,赛尔德斯公司明确表示其在本案中主张的现有技术是 WO2004/041516A1 号 PCT 国际专利申请。根据赛尔德斯公司提供的专利文件显示,该 PCT 国际专利申请的公开日为 2004 年 5 月 21 日。

本院认为:

一、关于江苏知产局行政程序是否违法的问题

赛尔德斯公司上诉称,苏 1 号决定载明的"苏州塞尔德斯塑胶有限公司"与赛尔德斯公司无关,江苏知产局将被申请人主体搞错,程序违法。对此本院认为,根据本案查明的事实,被控侵权产品确系赛尔德斯公司生产,江苏知产局亦到赛尔德斯公司进行了现场调查取证,且赛尔德斯公司参与了行政处理程序的全部过程,故一审法院认定苏 1 号决定载明的"苏州塞尔德斯塑胶有限公司"中的"塞"系"赛"的笔误符合案件客观情况。据此,涉案行政处理决定虽有瑕疵,但尚未达到违反法定程序的程度,也未对行政处理决定的实体正确产生任何影响,故赛尔德斯公司此项上诉理由不能成立。

二、关于本案行政诉讼中是否应对赛尔德斯公司提出的现有技术抗辩进行审理的问题

赛尔德斯公司上诉称,其制造被控侵权产品所实施的技术属于现有技术,因而没有侵犯艾尔戴克斯公司专利权,虽然其在行政程序中没有提起现有技术抗辩,但人民法院在行政诉讼中也应对行政相对人提出的现有技术问题进行审理。江苏知产局、艾尔戴克斯公司认为,人民法院在行政诉讼中进行司法审查的对象是具体行政行为的合法性,本案中赛尔德斯公司直至行政诉讼中才提出现有技术抗辩,人民法院对此不应予以审理。对此本院认为,首先,以事实为根据,以法律为准绳,是人民法院审理行政诉讼案件的基本准则。行政诉讼的主要目的也在于依法监督具体行政行为的准确适当和实质公平,满足行政相对人的合法权利救济需要。因此,尽管行政相对人在行政程序中未提出相关抗辩,但若此项抗辩及证据可能对行政处理决定是否公正准确产生实质性影响的,人民法院在司法审查程序中也应予以审查,而不应以行政相对人未在行政程序中提出而一律拒绝审查,否则有违行政行为司法审查程序设立的根本目的。其次,《最高人民法院关于行政诉讼证据若干问题的规定》第二条规定:"原告或者第三人提出其在行政程序中没有提出的反驳理由或者证据的,经人民法院准许,被告可以在第一审程序中补充相应的证据。"由此可见,我国法律并未完全禁止行政相对人在行政诉讼中提出其在行政程序中没有提出的反驳理由或者证据。相反,我国法律还在特定情形下赋予行政机关对此补充证据的权利。因此,在本案中对赛尔德斯公司提出的现有技术抗辩进行实质审查具备法律基础。最后,就本案而言,赛尔德斯公司在本案诉讼中提供的支持其现有技术抗辩的相关证据可能会直接影响涉案行政处理决定和法院的实体判决,且赛尔德斯公司并不存在在行政程序中无正当理由拒不提供证据的情形。基于此,如果不对赛尔德斯公司的现有技术抗辩进行审理,有可能会对其合法权益造成严重损害,故对于赛尔德斯公司提出的现有技术抗辩,人民法院依法应当予以审理。一审法院对此不予审理应属不当,本院予以纠正。

三、关于本案中赛尔德斯公司提出的现有技术抗辩能否成立的问题

专利法上的现有技术,是指专利申请日之前在国内外为公众所知的技术。在专利侵权纠纷中,被控侵权人有证据证明其实施的技术属于现有技术的,不构成侵犯专利权。本案中,艾尔戴克斯公司涉案专利的申请日为 2003 年 11 月 6 日,而赛尔德斯公司所主张的现有技术 WO2004/041516A1 号 PCT 国际专利申请的公开日为 2004 年 5 月 21 日,迟于涉案专利的申请日,并不属于现有技术的范围,故赛尔德斯公司提出的现有技术抗辩不能成立。

综上,江苏知产局作出的苏 1 号决定认定事实清楚、适用法律正确、行政程序合法,赛尔德斯公司的上诉理由均不能成立。虽然一审法院对赛尔德斯公司提出的现有技术抗辩未予审理不当,但判决结果正确,应予维持。依照《中华人民共和国行政诉讼法》第六十一条第(一)项的规定,判决如下:

驳回上诉,维持原判。

二审案件受理费人民币 100 元,由赛尔德斯公司负担。

本判决为终审判决。

审判长　顾　韬
代理审判员　罗伟明
代理审判员　刘　莉
二〇一四年九月三日
书记员　李　馨

二、本案概要

请求人艾尔戴克斯国际公司以其名为"垫板平台"的发明专利受到被请求人苏州赛尔德斯塑胶有限公司的侵犯,向江苏省知识产权局请求处理。江苏省知识产权局受理后，进行了现场调查取证，进行口审，组织双方当事人进行了技术方案比对，后作出构成侵权的处理决定。被请求人不服该处理决定，以江苏省知识产权局没有全面、完整的技术方案比对，行政处理程序违法，被控技术属于现有技术为由起诉到南京市中级法院，南京市中级法院经审理认为江苏省知识产权局处理程序合法，事实清楚、证据确实充分、适用法律正确，法院无需对未在行政处理程序中提出的现有技术抗辩进行审查，判决维持了行政处理决定。被请求人仍不服，向江苏省高级法院提起上诉。江苏省高级法院经审理后认为，按照行政诉讼法及其司法解释，在行政程序中未提出现有技术抗辩时，知识产权局未对被控技术是否属于现有技术进行审查是正确的，但在诉讼中提出现有技术抗辩的前提下，由于其对是否构成侵权具有重大影响，一审法院不对其进行审查错误。但经审查，被请求人所主张的现有技术公开日在涉案专利的申请日之后，现有技术抗辩不成立。其他方面一审判决正确，判决维持了一审判决和行政处理决定。

三、本案解析

（一）在专利侵权纠纷行政处理程序中，被请求人没有提出现有技术抗辩时，专利执法部门没有义务主动审查被控技术方案是否属于现有技术技术

《专利法》（自2009年10月1日起施行）第十一条第一款规定："发明和实用新型专利权被授予后，除本法另有规定的以外，任何单位或者个人未经专利权人许可，都不得实施其专利，即不得为生产经营目的制造、使用、许诺销售、销售、进口其专利产品，或者使用其专利方法以及使用、许诺销售、销售、进口依照该专利方法直接获得的产品"。第六十条规定："未经专利权人许可，实施其专利，即侵犯其专利权，引起纠纷的，由当事人协商解决；不愿协商或者协商不成的，专利权人或者利害关系人可以向人民法院起诉，也可以请求管理专利工作的部门处理。管理专利工作的部门处理时，认定侵权行为成立的，可以责令侵权人立即停止侵权行为，当事人不服的，可以自收到处理通知之日起十五日内依照《中华人民共和国行政诉讼法》向人民法院起诉；侵权人期满不起诉又不停止侵权行为的，管理专利工作的部门可以申请人民法院强制执行。进行处理的管理专利工作的部门应当事人的请求，可以就侵犯专利权的赔偿数额进行调解；调解不成的，当事人可以依照《中华人民共和国民事诉讼法》向人民法院起诉"。第六十二条规定："在专利侵权纠纷中，被控侵权人有证据证明其实施的技术或者设计属于现有技术或者现有设计的，不构成侵犯专利权。"

依据上述法律规定，只要专利授权后，他人未获得专利权人许可，擅自实

施其专利的,就构成专利侵权。在发生纠纷后,专利权人向专利行政执法机关提出处理请求的情况下 ,专利行政执法机关就应该立案查处。专利行政执法机关经审查,只要认定专利权合法有效,被控技术方案落入了专利权的保护范围,且实施行为未获得专利权人的许可,就应该认定侵权。但《专利法》第六十二条规定了例外情况,即虽然被控技术方案落入了专利权的保护范围,且实施行为未获得专利权人的许可,但被请求人主张其实施的技术相对于涉案专利技术属于现有技术,如果被请求人的该主张成立的,不构成侵权。据此,现有技术属于被请求人的抗辩理由。在被请求人没有提出现有技术抗辩并提交作为现有技术的证据的前提下,专利行政执法机关没有责任也不应该就被控技术是否属于现有技术进行审查。

另外,在行政处理程序中,虽然因未提出抗辩而没有进行现有技术审查的,在诉讼程序中,只要提出了现有技术抗辩,法院仍应该进行现有技术抗辩是否成立的审查。理由见本案二审判决"本院认为"部分。这样,对于被请求人来说,就算在行政处理程序中错失了现有技术抗辩的机会,在诉讼程序中仍有获得救济的途径。

(二)专利侵权纠纷处理中专利权的保护范围的确定

《专利法》(自2009年10月1日起施行)第五十九条规定:"发明或者实用新型专利权的保护范围以其权利要求的内容为准,说明书及附图可以用于解释权利要求的内容。"《最高人民法院关于审理侵犯专利权纠纷案件应用法律若干问题的解释》(法释〔2009〕21号)第一条:"人民法院应当根据权利人主张的权利要求,依据专利法第五十九条第一款的规定确定专利权的保护范围。权利人在一审法庭辩论终结前变更其主张的权利要求的,人民法院应当准许"。因此,不论在专利侵权纠纷权行政处理程序中,还是在专利侵权纠纷诉讼中,专利权保护范围都以权利人主张的权利要求为准。当涉案专利具有多项权利要求时,一定要明确专利权人主张的权利要求。特别是权利要求既有独立权利要求,又有其从属权利要求时。如果专利权人主张的是独立权利要求,此时就只需审查被控技术方案是否落入了该独立权利要求的保护范围,不需要审查是否落入了其从属专利全都保护范围。如果专利权人主张的保护范围是从属权利要求,而不是独立要求,作为法律知识,应该向专利权人进行释明。由于从属权利要求的保护范围一定落入其所从属的独立权利要求的保护范围,落入独立权利保护范围未必就落入从属权利的保护范围,没有落入从属权利要求的保护范围,完全可能落入独立权利要求的保护范围。如果专利权人仍然坚持的话,保护范围仍以专利权人主张的权利要求为准。本案中,由于专利权人主张的是独立权利要求。保护范围就应该以其主张的独立权利要求为准,只要落入其主张的独立权利要求保护范围,就构成侵权。至于被请求人坚持的其技术方案与从属技术方案不同,就算该主张成立,也不影响其侵权责任的成立。执法机关没有必要对其该主张是否成立进行审查。

(三)获得其他专利权人的授权但所获授权技术不构成请求人专利的现有技术不构成专利侵权的免责事由。

正如上述《专利法》第十一条、六十条、六十二条所规定的,只要被控技术方案落入了请求人有效专利权的保护范围,而被控技术方案又不属于“现有技术”的,就构成专利侵权。专利法第六十二条所规定的“现有技术”是指在涉案专利申请日之前为国内外公众所知的技术。如果被请求人以落入涉案专利权的保护范围的被控技术方案是从他人授权所得,而他人又就该技术方案也获得了专利权,主张免责的话。仍要看该他人的技术方案是否属于请求人专利的“现有技术”,如果属于“现有技术”则可以免责,如果不属于“现有技术”,照样承担侵权责任,与该他人的专利权是否有效,请求人是否对该他人专利权提出了无效宣告无关。

《专利法》第五十一条第一款规定:“一项取得专利权的发明或者实用新型比前已经取得专利权的发明或者实用新型具有显著经济意义的重大技术进步,其实施又有赖于前一发明或者实用新型的实施的,国务院专利行政部门根据后一专利权人的申请,可以给予实施前一发明或者实用新型的强制许可”。据此,就算在后取得的专利权比在前取得的专利权具有显著经济意义的重大技术进步,如果其技术方案落入了在先专利权的保护范围的,也只有获得在先专利权的许可或者通过法定程序获得强制许可,才能实施,擅自实施在先专利照样构成侵权。本案中,对于被请求人所主张的,其被控侵权技术方案依法获得其他发明专利权人许可的抗辩理由,江苏省知识产权局根据该他人专利的申请日和优先权日均晚于请求人涉案专利的申请日,不能构成现有技术,故而不支持被请求人的被控侵权产品及其制造过程不侵权的主张,是完全符合上诉法律规定的。

四、本案点评

本案对如何理解现有技术抗辩,及执法机关如何处理现有技术抗辩,具有很好的帮助作用。在行政处理中,由于被请求人没有提出现有技术抗辩,行政执法机关没有对其审查是正确的。在一审中,由于被请求人提出了现有技术抗辩,法院仍以其在行政处理中没有提出而不予审查是错误的。二审中,对现有技术抗辩进行了审查,但由于现有技术抗辩不能成立而不予支持是正确的。另外,本案对于如何理解专利权的保护范围,被控技术方案来源于其他专利权人的授权是否构成免责事由也有很好的帮助作用。

案例二十七　石河子市苍福工贸有限公司与新疆维吾尔自治区知识产权局专利侵权处理纠纷案

一、《新疆维吾尔自治区乌鲁木齐市中级人民法院行政判决书》(〔2010〕乌中民三行字第4号)

新疆维吾尔自治区乌鲁木齐市中级人民法院
行政判决书

〔2010〕乌中民三行字第4号

原告:石河子市苍福工贸有限公司
法定代表人:吕德景,该公司董事长
委托代理人:张新檀,新疆鼎信旭业律师事务所律师
被告:新疆维吾尔自治区知识产权局
法定代表人:马庆云,该局局长
委托代理人:杨靖
委托代理人:哈洪江
第三人:奎屯新大陆化学有限公司
法定代表人:徐旗开,该公司董事长
委托代理人:孙德生,天阳(北京)律师事务所律师
委托代理人:姚文东,新疆天阳律师事务所律师

原告石河子市苍福工贸有限公司(以下简称苍福公司)不服被告新疆维吾尔自治区知识产权局(以下简称自治区知识产权局)新知法字〔2010〕第4号专利侵权纠纷处理决定书,于2010年5月24日向本院提起行政诉讼。本院于2010年5月26日受理后,依法组成合议庭,于2010年7月8日公开开庭审理

了本案。原告苍福公司的委托代理人张新檀,被告自治区知识产权局委托代理人哈洪江、杨靖,第三人奎屯新大陆化学有限公司委托代理人姚文东到庭参加了诉讼。本案现已审理终结。

2010 年 4 月 19 日,被告自治区知识产权局作出新知法字〔2010〕第 4 号专利侵权纠纷处理决定,该决定认定:请求人奎屯新大陆化学有限公司是名称为"用硫酸化废棉绒制造微晶纤维素的生产方法(专利号:ZL98120373.6)"发明专利的独占实施许可人,其专利权至今合法有效;根据该专利权利要求书的记载,该专利是一种用硫酸化废棉绒制造微晶纤维素的生产方法,其特征在于以下工艺步骤:(一)陈化、(二)水洗、(三)除杂、(四)漂白、(五)脱氯、(六)脱水烘干、(七)粉碎过筛、(八)检验包装。被请求人将收购的硫酸化废棉绒在其生产场地堆放,生产原料虽然不是存放在库房内,而是堆放在露天,但是大部分原料由于长时间堆放,除表面原料受到阳光照射外,里面的原料实际已起到了陈化作用,则同请求权人专利技术特征之一陈化作用是等同的。根据专家意见及我局调取的关于被请求人购买大量尿素的证据,被请求人生产中存在脱氯过程。被请求人使用的用硫酸化废棉绒制造微晶纤维素的生产方法发明专利所保护技术方案相等同,落入了此项专利权的保护范围。

自治区知识产权局认为,被请求人的行为构成侵权行为。根据《中华人民共和国专利法》第十一条、第五十九条、第六十条的规定,作出如下决定:责令被请求人立即停止使用与请求人名称为"用硫酸化废棉绒制造微晶纤维素的生产方法(发明专利 ZL98120373.6)方法相同或等同的方法制造、销售微晶纤维素的行为。

原告苍福公司诉称,被告自治区知识产权局作出的新知法字〔2010〕第 4 号处理决定认定事实错误,程序违法。(1)被告在作出原告侵犯第三人专利权的处理过程中,存在调查程序违法的行为。被告组织专家赴原告生产场地调查取证仅凭口头询问。被告在没有取得原告生产过程中的实物证据和现场实时勘验证据的情况下,就认定原告的生产方法与第三人的专利技术方案相同,剥夺了原告在专利侵权调查中享有的陈述和申辩权。故被告的专利侵权调查程序违法。(2)被告认定事实有误。首先,被告在查明原告提交的证明该厂原料堆放的照片事实过程中就认为原告生产的微晶纤维素生产方法中有陈化的生产工艺显属被告的主观臆断。其次,2009 年 11 月 25 日,被告组织专家组赴原告生产场地进行专利侵权调查取证时,及对原告工作人员的询问,由于原告工作人员紧张,口误说曾使用过氧化氢作试验用,在后来的调查中原告的工作人员曾向被告提出因过氧化氢成本过高,原告在生产中并没有采用。被告在没有实物和现场实时勘验证据情况下,就认定原告的生产方法、漂白工艺中也存在脱氯工艺，缺乏充分有说服力的证据。被告仅凭原告曾购买过脱氯工艺中所需尿素的事实，就证明原告将尿素使用在了其生产过程中属于被告认定事实不清、主观臆断。而实际上我公司生产工艺使用的是已公开的苏志刚 ZL92105523.4 专利技术。第三人奎屯新大陆化学有限公司在其发明专利权利要求书和所附说明书中称："本发明的生产方法改进了现有技术中用碱中和硫酸化废棉绒中残酸的工序，采用自然条件下环节降解的陈化处理方法，降低了原料成本和热能损耗，简化了生产工艺……"显然第三人专利发明权利要求保护范围与已失效的"用硫酸化废棉绒制造微晶纤维素工艺（ZL92105523.4）专利发明权利要求保护的范围相比较窄，因为第三人的发明简化了中和工艺，故我公司生产工艺不属第三人专利发明权利要求保护的范围。综上，被告认定原告侵犯第三人专利权的处理决定，属于认定事实不清，主要证据不足，同时存在处理程序违法的情形发生。综上请求人民法院撤销被告自治区知识产权局作出的新知法字〔2010〕第 4 号处理决定。

被告自治区知识产权局答辩称：（1）我局在处理该侵权纠纷时程序合法。我局受理此案后，前后三次赴苍福公司进行调查取证，并询问当事人，进行现场勘查和拍照。还专门组织原告对调取的相关证据进行质证，并对其工艺进行了反复询问，原告也对其意见进行了大量的阐述，不存在剥夺原告在专利侵权调查中享有的陈述和申辩权的事实。我局履行了应有的调查程序，完全符合专利行政执法程序。（2）我局在处理此专利侵权案件时，认定事实清楚，证据充分，适用法律正确。原告认为其生产方法不同于第三人专利权利要求的主要有两点：一是无"陈化"；二是无"脱氯"。原告收购的硫酸化废绒虽然不是存放在库房内，而是堆放在露天，但是原料全部为袋装，且多为篷布覆盖，事实上已起到避免阳光直接照射的效果，与在库房存放效果相同。这同第三人专利技术特征之一陈化作用是相等同的。我局应第三人的请求，赴玛纳斯县新玛农资有限公司调取了原告在该公司六户地直销中心购买大量尿素，原告在二十天内连续三次大量购买 1.6 吨，不可能仅用于试验，且购买季节正好为微晶纤维素生产季节，而且原告 2009 年 4 月一开始大量生产。8 月不可能再做试验。我局认定原告存在脱氯工艺是以客观事实为依据，属于合理推断，不存在主观臆断。另原告引用了"用硫酸化废棉绒制造微晶经纤维素工艺"专利，认为其使用的是该生产方法，而我局经过对比，认为原告生产方法与该专利方法不同，原告现场生产设备无该生产方法所需设备中和工序中加热搅拌，降解漂白。且该专利方法已失效，其理论可行，显示操作困难，生产加工成本极高，不适合应用生产。经过大量的调查取证及分析对比，我局认为原告使用的"用硫酸化废棉绒制造微晶纤维素”的生产方法与第三人的“用硫酸化废棉绒制造微晶纤维素”的生产方法发明专利保护范围等同,其行为构成侵权行为。综上,我局做出的专利侵权处理决定程序合法,认定事实准确,请求人民法院维持我局的决定。

第三人奎屯新大陆化学有限公司称,原告未经我许可使用我的专利技术方案生产制造微晶纤维素,侵犯了我的专利权。原告起诉的理由不能成立,自治区专利局作出的专利纠纷处理决定正确,请求人民法院予以维持。

经审理查明:新疆维吾尔自治区知识产权局新知法字〔2010〕第4号处理决定认定的事实属实。

本院认为,根据法律规定,在专利案件行政执法程序中,被告自治区知识产权局在处理该起纠纷时,对案件当事人进行调查,也充分听取了原告的陈述及抗辩意见,并进行了口审,其程序并不违法。且该证人证言最终并未被作为案件处理的主要证据。故原告称被告程序违法的主张不能成立,本院不予支持。

被告的处理决定书关于对原告采用的生产工艺中使用“陈化”工艺的问题。被告自治区知识产权局是依据原告生产现场堆放的硫酸化废棉绒覆盖有篷布、黑色遮阳布或由麻袋包装的事实。该原料收购时间为每年的10月份到第二年的3月份。放置到第二年的4、5月份生产,时间间隔数月。该原料虽然没有通过放置库房陈化,但通过这种方式同样起到了降解作用。故被告自治区知识产权局作出了原告生产工艺中有“陈化”工艺并无不当。故原告起诉称被告在处理决定书中对原告生产工艺中使用了“陈化”工艺显属于主观臆断的主张无事实依据,本院不予支持。

关于对原告生产工艺中是否使用“脱氯”工艺的问题。根据被告自治区知识产权局的调查,2009年8月原告分三次共购买了1.6吨的尿素,而原告年产微晶纤维素1500吨。尿素与微晶纤维素的重量比也符合第三人专利中的重量配比数。原告辩称,其购买尿素仅做了少量试验不符合客观事实。如果仅仅为了作试验,不必购买如此大量尿素。原告辩称其使用的是苏志刚的ZL92105523.4专利,但该专利中的“中和”程序中有将硫酸废绒“加热搅拌”的工艺,该工艺中需将废棉绒加热搅拌温度达到80度且持续4小时,降解漂白需要保温50度,持续6小时。该工艺方法实际操作困难,且根据原告的生产设备及生产工序来看,原告生产设备中并无该工艺所需必要设备,故不可能使用该工艺,故对其诉称意见,本院亦不予支持。

根据我国法律规定,发明专利的保护范围以其权利要求书请求的保护范围为准。涉嫌侵权产品的技术特征与专利的技术特征是否相同是专利侵权判定的基本原则。本案中,原告专利技术的必要技术特征与被控侵权产品的技术特征相比,二者的技术方案相同,原告的技术方案落入了第三人专利权的保护范围,因此构成对第三人专利技术侵犯。被告据此决定确认原告侵犯第三人的专利侵权。原告称其生产工艺中缺少“陈化”及“脱氯”工艺的诉称理由,均无事实及法律依据,本院不予支持。

综上,本院认为,被告自治区知识产权局作出的专利侵权纠纷处理决定书认定事实清楚,证据确凿,程序合法,适用法律正确,应予以维持。依照《中华人民共和国行政诉讼法》第五十四条第一款第一项之规定,判决如下:

维持新疆维吾尔自治区知识产权局 2010 年 4 月 19 日作出新知法字〔2010〕第 4 号专利侵权纠纷处理决定。

案件受理费 100 元,由原告苍福公司负担。

如不服本判决,可在收到判决书之日起十五日内向本院递交上诉状,并按对方当事人人数提出副本,同时预交二审案件受理费,上诉于新疆维吾尔自治区高级人民法院。缴纳上诉费的期限为上诉期限届满后七日内,逾期将按自动撤回上诉处理。

审判长　程慧玲
审判员　马　卿
人民陪审员　郭春远
二〇一〇年八月三十日
书记员　吕雷雷

二、本案概要

请求人以被请求人擅自使用了其名称为“用硫酸化废棉绒制造微晶纤维素的生产方法(专利号:ZL98120373.6)”的专利方法,侵犯了其专利权,向新疆维吾尔自治区知识产权局提出处理请求。新疆维吾尔自治区知识产权局,经过调查、听取被请求人的陈述、辩解,口头审理后,认定被请求人采用的技术方案和涉案专利技术方案等同,构成侵权,做出处理决定。被请求人不服,起诉到乌鲁木齐市中级人民法院。乌鲁木齐市中级人民法院经过审理,判决维持了行政处理决定。

三、本案解析

(一)自治区知识产权局认定被请求人库房外堆放"硫酸化废棉绒"的生产步骤与涉案专利中的工序步骤"(一)陈化:将硫酸化废棉绒储存在库房内,避免阳光直接照射,在自然条件下进行缓慢的降解陈化处理,时间为30~700天,制成陈化酸绒"构成技术特征等同是正确的

本案作出行政处理的时间是2010年4月19日。《最高人民法院关于审理专利纠纷案件适用法律问题的若干规定》(2001年7月1日起施行)第十七条第一款规定:"专利法第五十六条第一款所称的'发明或者实用新型专利权的保护范围以其权利要求的内容为准,说明书及附图可以用于解释权利要求',是指专利权的保护范围应当以权利要求书中明确记载的必要技术特征所确定的范围为准,也包括与该必要技术特征相等同的特征所确定的范围。"第二款规定:"等同特征是指与所记载的技术特征以基本相同的手段,实现基本相同的功能,达到基本相同的效果,并且本领域的普通技术人员无需经过创造性劳动就能够联想到的特征。"该条规定在2013年2月25日和2015年1月19日修正时都予以保留。

涉案专利权利要求1工艺步骤即技术特征(一)为"(一)陈化:将硫酸化废棉绒储存在库房内,避免阳光直接照射,在自然条件下进行缓慢的降解陈化处理,时间为30~700天,制成陈化酸绒"。

被控技术方案对应的工艺步骤为:硫酸化废棉绒覆盖有篷布、黑色遮阳布或由麻袋包装,堆放生产现场数月时间。

两者具有的相同之处:(1)避免阳光直接照射;(2)堆放时间,被控方案的数月时间被包含于涉案专利的陈化时间30~700天内;(3)不加任何助剂,因而是利用废棉绒中残存的硫酸自然降解(根据涉案专利说明书所记载)。两者具有的不同之处:涉案专利,将硫酸化废棉绒储存在库房内;被控技术方案,硫酸化废棉绒由篷布、黑色遮阳布覆盖或由麻袋包装后露天堆放。

显然,上述看似不同的库房内堆放和由篷布、黑色遮阳布覆盖或由麻袋包装后露天堆放都实现了"避免阳光直接照射"的目的。而且这种实现"避免阳光直接照射"的技术手段的置换,不要说对本领域的技术人员,就是对稍有生活常识的人也是容易想到的。因此完全符合上述司法解释规定的等同技术特征的认定标准。

(二)自治区知识产权局根据调查取得的间接证据和被请求人的解释推断出被请求人使用了涉案专利工序步骤中的"(五)脱氯"是正确的

涉案专利权利要求1记载的工艺步骤(五)脱氯为"用0.1~2.5%重量的

脱氯剂对漂白后的微晶纤维素进行脱氯处理，除去其中残存的原子氯，用清水洗涤1～3次，每次用水量为陈化酸绒重量的10～25倍，用淀粉-碘化钾指示剂检验不变色为止”。其说明书记载：“该（五）脱氯处理中使用的脱氯剂包括大苏打（Na2S2O3）或尿素”自治区知识产权局应请求人请求调取了被请求人在大量生产的时间段内二十天内连续三次购买尿素1.6吨的证据。自治区知识产权局还调查到被请求人年产微晶纤维素1500吨。被请求人购买到的尿素与其年生产的微晶纤维素的重量比符合请求人涉诉专利中的脱氯剂和需要脱氯处理的漂白后的微晶纤维素重量配比数。

对此被请求人解释称，其使用的工艺为苏志刚的ZL92105523.4专利，但苏志刚专利的“中和”程序中有将硫酸废绒“加热搅拌”的工艺，该工艺中需将废棉绒加热搅拌温度达到80度且持续4小时，降解漂白需要保温50度，持续6小时。根据被请求人的生产设备及生产工序，被请求人生产设备中并无该工艺所需必要设备。因此，该解释不能成立，被请求人并没有使用其所称的苏志刚的ZL92105523.4专利。另外，被请求人对其购买大量尿素的用途的解释是为了实验。但从实验所需的数量和购买时间（已经在实验阶段之后大量生产的时期）判断，被请求人的解释也是不能成立的。

针对上述事实，如果仅凭乌鲁木齐自治区市知识产权局调查到的关于被请求人购买尿素的数量、时间及微晶纤维素年产量的证据就认定其采用了涉案专利权利要求技术方案中的脱氯工艺步骤的话，显然是证据不足的。但加上被请求人对其采用的尿素用途的解释显然不能成立，对其生产技术方案是苏志刚的ZL92105523.4专利的主张显然不能成立的证据，自治区知识产权局推断出其使用了涉案专利技术方案的“脱氯”工艺则是达到了行政诉讼证明标准的。专利行政执法机关的该在一定证据基础上的推断是否能够成立，其检验标准是在行政诉讼中能否经得起法院的司法审查。行政诉讼的证明标准是“明显优势标准”，即清楚的、明确的、令人信服的标准。此处的“人”实际是行政诉讼中的法官。《最高人民法院关于行政诉讼证据若干问题的规定》（自2002年10月1日起施行）第五十四条规定：“法庭应当对经过庭审质证的证据和无需质证的证据进行逐一审查和对全部证据综合审查，遵循法官职业道德，运用逻辑推理和生活经验，进行全面、客观和公正地分析判断，确定证据材料与案件事实之间的证明关系，排除不具有关联性的证据材料，准确认定案件事实。”据此，行政诉讼中法官认定案件事实也需要遵循法官职业道德，运用逻辑推理和生活经验，进行分析判断。也就是说，当缺乏直接证据证明案件事实时，也是需要在间接证据的基础上，运用逻辑推理和生活经验推断案件事实。而且行政执法的证明标准，即行政诉讼的证明标准不仅不要求万无一失，也是低于刑事诉讼的证明标准（证据确实、充分)的。

综上所述,笔者认为,自治区知识产权局的该根据调查取得的间接证据和被请求人的解释推断出被请求人使用了涉案专利工序步骤中的“(五)脱氯”工序步骤是正确的。不仅符合法律规定,而且在加强专利行政执法,切实保护专利权,促进创新创业中是应该大力发扬的。

四、本案点评

本案中,行政执法机关在缺乏直接证据的前提下,应请求人请求调查到了间接证据,将已经取得的证据和被请求人的相关解释结合起来,运用逻辑推理,认定侵权事实,维护专利权,是应该肯定和推广发扬的。

案例二十八　苏奕冲与潮州市知识产权局专利侵权行政处理纠纷案

一、《广东省广州市中级人民法院行政判决书》〔2010〕穗中法行初字第4号

广东省广州市中级人民法院
行政判决书

〔2010〕穗中法行初字第4号

原告：苏奕冲
委托代理人：许伟龙、刘泰祥，广东凤州律师事务所律师
被告：潮州市知识产权局
法定代表人：肖裕钦，该局局长
委托代理人：曾琦，广东三环汇华律师事务所律师
委托代理人：林焕贤，广东省潮州市知识产权局工作人员
第三人：蔡仕权
委托代理人：项子龙
委托代理人：徐锐群

原告苏奕冲不服被告潮州市知识产权局于2009年12月24日作出的潮专纠字〔2009〕第20号《专利侵权纠纷处理决定书》，向本院提起诉讼。本院受理后，依法组成合议庭，由审判员詹琼芳担任审判长，代理审判员林涛主审，代理审判员何山参加评议，于2010年3月24日公开开庭审理了本案。原告苏奕冲及其委托代理人许伟龙、刘泰祥，被告潮州市知识产权局的委托代理人曾琦、林焕贤，第三人蔡仕权的代理人项子龙、徐锐群到庭参加诉讼。本案现已审理完毕。

被告潮州市知识产权局于2009年12月24日作出的潮专纠字〔2009〕第20号《专利侵权纠纷处理决定书》。

被告潮州市知识产权局查明:请求人蔡仕权于2008年12月31日向国家知识产权局申请了名称为“储钱罐(圆形)”的外观设计专利,于2009年11月11日被授予外设计专利权,专利号为ZL200830224004.3。2009年11月24日,潮州市知识产权局依法派出执法人员到被请求人苏奕冲生产场所,进行现场勘验调查,执法人员在现场查获库存被控侵权产品共计5000个,现场所拍照片与实际情况相符。被请求人苏奕冲受第三方蔡培雄的委托,在其生产场所为蔡培雄提供的被控侵权产品进行罐体的表面图案加工。

被告潮州市知识产权局认为:本案系侵犯外观设计专利权纠纷,请求人蔡仕权所拥有的本案专利,处于有效的法律状态,应当受到法律保护。综合当事人的陈述意见和主张,本案争议的焦点是被请求人接受第三方蔡培雄的委托为其生产的被控侵权产品的罐体进行表面图案加工是否构成侵权。根据专利法第五十九条第二款,外观设计专利权的保护范围以表示在图片或者照片中的该产品的外观设计为准,简要说明可以用于解释图片或照片所表示的该产品的外观设计。本案专利权的保护客体是一种储钱罐,罐体大致呈梨形,上表面呈平面状,中央位置设计有一长方形投币缝,现场查获的被控侵权产品也是一种储钱罐,该罐体大致呈梨形,上表面呈平面状,中央位置设计有一长方形投币缝,整体形状与本案专利权所要保护的客体形状相近似,且用途类别相同。而对于被请求人有在被控侵权产品表面上再加工图案而造成视觉效果不一样,是一种对侵权产品的继续生产行为,该行为并没有改变储钱罐的形状,并不影响被请求人已生产这种与专利产品相近似的储钱罐产品即被控侵权产品行为本身的侵权认定。因此,潮州市知识产权局认为,被请求人蔡培雄未经专利权人许可,为生产经营目的生产了这种被控产品的行为已构成侵犯请求人蔡仕权的专利权。潮州市知识产权局认为,被请求人苏奕冲在专利的有效期内,未经专利权人许可,生产、销售与专利权人的外观设计专利相近似的产品,构成侵犯请求人的外观设计专利权,应承担相应的法律责任。请求人蔡仕权请求责令被请求人苏奕冲立即停止对ZL200830224004.3号外观设计专利的侵权行为,销毁被请求人苏奕冲的侵权产品、半成品和专用于制造侵权产品的模具和设备,符合法律规定,应当予以支持;请求人蔡仕权请求责令被请求人苏奕冲赔偿请求人的经济损失人民币5000000元,不属潮州市知识产权局的处理范围,请求人蔡仕权可依法向人民法院起诉。潮州市知识产权局根据《中华人民共和国专利法》第十一条第二款、第五十九条第一款、第六十条和《专利行政执法办法》第十三条的规定,作出处理决定如下:一、被请求人苏奕冲立即停止对ZL200830224004.3号外观设计专利权的侵权行为;二、销毁被请求人苏奕冲的侵权产品、半成品和专用于制造侵权产品的模具和设备。该处理决定于2009年12月25日送达给第三人蔡仕权。2009年12月30日，原告苏奕冲签收该处理决定。

被告提供专利行政执法处理决定书、请求书、专利证书复印件、受理通知书、答辩通知书、勘验检查通知书、抽样取证决定、现场勘验检查登记表、专利案件调查笔录、口头审理通知书、口头审理笔录、现场勘验照片、送达回执、现场查封的被控侵权产品样品等证据。

原告苏奕冲不服被告潮州市知识产权局作出的潮专纠字〔2009〕第20号专利侵权处理决定，向本院起诉称：一、原告苏奕冲没有生产蔡仕权持有的ZL200830224004.3号外观设计专利保护的外观设计产品，没有实施侵权行为。原告苏奕冲只是为蔡培雄生产汉的储钱罐加工贴花，并没有实际生产被控侵权的储钱罐，不存在侵权行为。二、本案专利在申请日前属于公知设计，原告苏奕冲在被控侵权产品上进行贴花加工不属侵权行为。本案专利权的申请日为2008年12月31日，而原告苏奕冲在2007年底就接受蔡培雄的委托为其生产的储钱罐贴花。在被控侵权产品上挂有2007的版权标记，同时蔡培雄提交的电子邮件和《义乌市时光进出口有限公司采购合同》可以相互印证，本案专利在申请日前是公知设计。此外，原告苏奕冲在本案专利申请日前已经在为被控侵权产品进行贴花生产，原告苏奕冲继续在被控产品上进行贴花生产不属于侵权行为。综上，被告潮州市知识产权局作出的处理决定明显依据不足。据此，原告苏奕冲请求：(1)撤销被告潮州市知识产权局作出的潮专纠字〔2009〕第20号专利侵权处理决定；(2)由被告潮州市知识产权局承担本案诉讼费用。

原告提供公证书2份、采购合同1份、出货清单1份、报关单1份、场站收据1份、商业发票3份、提单1份、出口外汇核销单1份、被控产品设计图稿及公证认证文书、被控产品宣传画册及公证认证文书、被控产品挂件印刷证明书及印刷商营业执照、采购订单、被控产品花纸底片。另原告提供证人蔡奕龙、王小康的证人证言，并申请其出庭作证。

被告潮州市知识产权局答辩称：一、被告在《决定书》中认定原告侵犯ZL200830224004.3号专利权的事实清楚、证据确凿。被告作出的《决定书》是依据《专利法》第五十六条规定"外观设计专利权的保护范围以表示在图片或者照片中的该外观设计专利产品为准"，故专利侵权判定的基础是涉案专利的图片，然后再审查被控侵权产品是否与该专利相同或相近似，若相同或相近似则构成侵权，否则不构成侵权。因此，被告依据第三人的专利和原告的被控侵权产品所作出的《决定书》是正确的。二、被告所作出的《决定书》，是经过立案、现场检查、勘验、审理，并对原告的被控侵权产品与第三人的ZL200830224004.3号外观设计专利进行了全面地分析比较，按照专利侵权的判定原则，依据《专利法》有关规定作出的。因此，该《决定书》程序合法，适用法律正确。三、本案专利权的保护客体是一种储钱罐，罐体大致呈梨形，上表面呈平面状，中央位置设计有一长方形投币缝，现场查获的被控侵权产品也是一种储钱罐，该罐体大致呈梨形，上表面呈平面状，中央位置设计有一长方形投币缝，整体形状与本案专利权所要保护的客体形状相近似，且用途类别相同。而对于被请求人有在被控侵权产品表面上再加工图案而造成视觉效果不一样，是一种对侵权产品的继续生产行为，该行为并没有改变储钱罐的形状，并不影响被请求人已生产这种与专利产品相近似的储钱罐产品即被控侵权产品行为本身的侵权认定。因此，潮州市知识产权局认为，被请求人蔡培雄未经专利权人许可，为生产经营目的生产了这种被控产品的行为已构成侵犯请求人蔡仕权的专利权。四、原告称“本专利在申请日之前属于公知设计，原告生产被控产品不属于侵权”的观点，被告认为：关于原告所述挂牌著作权的观点，首先，原告诉称的著作权仅仅是凭其产品上所附挂标签牌上显示的“2007”字样，而没有提供相应的著作权证书等证据来加以证明。其次，没有证据证明标签牌与被控侵权产品间是一种必然的关系。再次，标签牌所挂的客体存在着不确定性。因此，标签牌的形成时间也就不能必然地证明其所挂附的客体的形成时间，其证据不充分，该主张不能成立。而至于原告苏奕冲提供的客户与其采购商之间的其他书证，是在处理决定作出后提交的，被告不予认可。综上被告潮州市知识产权局认为潮专纠字〔2009〕第20号专利侵权处理决定，查明事实清楚，适用法律正确，原告的起诉缺乏相应的事实和法律依据，请求驳回原告的诉讼请求。

第三人蔡仕权答辩称：一、原告提交的出货单、合同，由于这些单位与原告具有利益关系，因此很难判断这些证据的真实性。在被告进行口审时，这些证人并没有出庭作证。报关单的出口日期与申报日期是2009年1月9日，出货日期是2009年1月10日，我方申请专利的日期是2008年12月30日，因此原告不符合先用权的特征。二、公证邮件属于个人信件来往，具有保密性，我方也针对原告的网站进行了公证，原告网站的产品没有涉案专利的产品，这也可以证明原告对涉案专利产品没有在先生产权。潮州市知识产权局作出的处理决定，并无不当。第三人提交〔2010〕州证民字第212、213号公证书。

经庭审质证，本院对以下证据作如下确认。

被告提供的证据：

1.《专利侵权纠纷处理请求书》、ZL200830224004.3号《外观设计专利证书》；对其真实性、合法性、关联性予以确认。据此可证实第三人蔡仕权持有的外观设计专利权合法有效及其提起处理专利侵权纠纷的申请。

2.《专利执法案件现场勘验检查登记表》《专利案件调查笔录》《专利案件

口头审理笔录》及勘查现场照片；对其真实性、合法性、关联性予以确认。据此可证实被告潮州市知识产权局现场勘查和口头审理的事实。

3.《受理通知书》《答辩通知书》《专利执法勘验检查通知书》《专利案件抽样取证决定》及送达回证；对其真实性、合法性、关联性予以确认。据此可证实被告潮州市知识产权局作出处理决定的程序。

原告提供的证据：

1. 潮州市公证处出具的(2009)州证民字第959号《公证书》，该公证书附《电子邮件打印件》1页、《保全证据公证现场笔录》1页、公证现场照片3张；潮州市公证处出具的〔2009〕州证民字第960号《公证书》，该公证书附《电子邮件打印件》及其中文译文5页、《保全证据公证现场笔录》1页、公证现场照片4张、《授权委托书》1份；对上述两份公证书的真实性予以确认，但由于邮件内容并非处于公开状态，不属于专利法意义上的公开出版物，不足以证实本案专利在申请日前属于公知设计。

2. 出货清单、报关单、站场收据、商业发票、提单、出口收汇核销单；对有海关部门签章的报关单、出口收汇核销单等证据的真实性予以确认，对出货清单的真实性不予确认。上述证据不能直接证实进出口货物的具体内容，不能证实原告在专利申请日前已经生产或准备生产被控侵权产品。

3. 被控产品设计图稿及公证认证文书、被控产品宣传画册及公证认证文书、被控产品挂件印刷证明书及印刷商营业执照、采购订单、被控产品花纸底片；对证据的真实性予以确认，但上述证据未在行政处理过程中提交，故不能以此推翻被告潮州市知识产权局认定结论。

4. 证人蔡奕龙、王小康的证人证言；因蔡奕龙、王小康与原告有明显的利害关系，故该证言的真实性不予确认。

第三人提供的证据：

〔2010〕州证民字第212、213号公证书；拟证实义乌市时光进出口有限公司和蔡培雄并未公开销售过被控侵权产品。对其真实性、合法性、关联性本院予以确认。

经审理查明：第三人蔡仕权于2008年12月31日向国家知识产权局申请了名称为“储钱罐(圆形)”的外观设计专利，于2009年11月11日被授予外设计专利权，专利号为ZL200830224004.3。2009年11月23日，第三人蔡仕权以原告苏奕冲专利侵权为由，向被告潮州市知识产权局提出专利侵权纠纷处理请求。被告潮州市知识产权局受理该请求后，于2009年11月24日向原告苏奕冲发出《答辩通知书》，要求原告苏奕冲在收到请求书副本之日起15日内提交答辩书。2009年11月24日，被告潮州市知识产权局依法派出执法人员到原告苏奕冲的生产场所进行现场勘验调查，执法人员在现场查获库存被控侵权产品共计5000个,现场所拍照片与实际情况相符。2009年12月18日,被告潮州市知识产权局口头审理了该专利纠纷案件。苏奕冲在调查阶段和口审阶段均称其受蔡培雄的委托加工被控侵权产品。2009年12月24日,被告潮州市知识产权局作出潮专纠字〔2009〕第20号《专利侵权纠纷处理决定书》,决定:一、苏奕冲立即停止对ZL200830224004.3号外观设计专利权的侵权行为;二、销毁苏奕冲的侵权产品、半成品和专用于制造侵权产品的模具和设备。2009年12月30日原告苏奕冲收到该处理决定。原告苏奕冲不服该决定,于2010年1月8日向本院提起本案诉讼。

本院认为,国家知识产权局《实施修改后的专利法的过渡办法》第二条第一款规定:修改前的专利法的规定适用于申请日在2009年10月1日前(不含该日,下同)的专利申请以及根据该专利申请授予的专利权;修改后的专利法的规定适用于申请日在2009年10月1日以后(含该日,下同)的专利申请以及根据该专利申请授予的专利权;……。本案第三人蔡仕权于2008年12月31日向国家知识产权局申请涉案外观设计专利,故应当适用修改前的专利法。

《中华人民共和国专利法》(2001年7月1日起实施)第十一条第二款规定:外观设计专利权被授予后,任何单位或者个人未经专利权人许可,都不得实施其专利,即不得为生产经营目的制造、销售、进口其外观设计专利产品。第三人蔡仕权持有的ZL200830224004.3号外观设计专利权经国家知识产权局授予,现仍合法有效,其权利受法律保护。《中华人民共和国专利法》第五十六条第二款规定:外观设计专利权的保护范围以表示在图片或者照片中的该外观设计专利产品为准。本案专利权的保护客体是一种储钱罐,罐体大致呈梨形,上表面呈平面状,中央位置设计有一长方形投币缝,现场查获的被控侵权产品也是一种储钱罐,该罐体大致呈梨形,上表面呈平面状,中央位置设计有一长方形投币缝,整体形状与本案专利权所要保护的客体形状相近似,且用途类别相同。而对于原告苏奕冲有在被控侵权产品表面上再加工图案而造成视觉效果不一样,是一种对侵权产品的继续生产行为,该行为并没有改变储钱罐的形状,并不影响原告苏奕冲已生产这种与专利产品相近似的储钱罐产品即被控侵权产品行为本身的侵权认定。因此,被控侵权产品已经落入了ZL200830224004.3号外观设计专利权的保护范围。被告潮州市知识产权局认定原告苏奕冲制造的产品侵犯第三人蔡仕权的的外观设计专利权,有相应的事实和法律依据。

《专利行政执法办法》第三十三条第一项规定:侵权人制造专利产品的,责令其立即停止制造行为,销毁制造侵权产品的专用设备、模具,并且不得销售、使用尚未售出的侵权产品或者以任何其他形式将其投放市场;侵权产品难以保存的,责令侵权人销毁该产品。被告潮州市知识产权局据此做出涉案处理决定责令原告苏奕冲停止侵权行为，并销毁侵权产品、半成品和用于制造侵权产品的模具和设备，并无不当。

被告潮州市知识产权局在收到第三人的请求后，向原告发出了答辩通知书，进行了现场勘查和口头审理，听取了原告的意见，该行政处理程序符合法律规定。

《中华人民共和国专利法》第六十三条第一款第二项规定：在专利申请日前已经制造相同产品、使用相同方法或者已经作好制造、使用的必要准备，并且仅在原有范围内继续制造、使用的，不视为侵犯专利权。原告苏奕冲主张其在本案专利申请日前已经开始制造被控侵权产品，并在行政处理阶段提供了有"2007"字样的标签等证据。上述证据中的标签仅是书面材料，不能证明原告从事实际生产的事实和生产日期。因此，上述证据不足以证明原告有在专利申请日前已经制造相同产品、使用相同方法或者已经做好制造、使用的必要准备，并且仅在原有范围内继续制造、使用的情形。

《最高人民法院关于行政诉讼证据若干问题的规定》第五十九条规定：被告在行政程序中依照法定程序要求原告提供证据，原告依法应当提供而拒不提供，在诉讼程序中提供的证据，人民法院一般不予采纳。被告潮州市知识产权局在行政处理阶段已经告知原告苏奕冲应当在收到请求书副本之日起15日内提交答辩状。原告苏奕冲虽然在答辩中称本案外观设计的专利权人为英国UK GREETINGS LTD，但并未在答辩期内提供相应的证据材料。由于原告苏奕冲未能在行政处理阶段依法提供上述证据，且有关进出口货物的证据亦不能直接证明进出口的货物即为本案被控侵权产品。因此，原告在诉讼程序中所提供的证据，本院不予采信。

综上所述，本院认为原告苏奕冲请求撤销被告潮州市知识产权局作出的潮专纠字〔2009〕第20号《专利侵权纠纷处理决定书》依据不足，对其请求本院不予支持。依照《最高人民法院关于执行若干问题的解释》第五十六条第（四）项的规定，判决如下：

驳回原告苏奕冲的诉讼请求。

案件受理费100元由原告苏奕冲负担。

如不服本判决，可在判决书送达之日起十五日内，向本院递交上诉状，并按对方当事人的人数提出副本，上诉于广东省高级人民法院。

审判长　詹琼芳
代理审判员　林　涛
代理审判员　何　山
书记员　王嘉宁

二、本案概要

请求人蔡仕权以其专利号为 ZL200830224004.3 名称为“储钱罐(圆形)”的外观设计专利受到侵犯为由向潮州市知识产权局提出处理请求。潮州市知识产权局于 2009 年 11 月 24 日,依法派出执法人员到被请求人苏奕冲生产场所,进行现场勘验调查,执法人员在现场查获库存被控侵权产品共计 5000 个,现场所拍照片与实际情况相符。被请求人苏奕冲受第三方蔡培雄的委托,在其生产场所为蔡培雄提供的被控侵权产品进行罐体的表面图案加工。据此,潮州市知识产权局认为,被请求人苏奕冲在专利权的有效期内,未经专利权人许可,生产、销售与专利权人的外观设计专利相近似的产品,构成侵犯请求人的外观设计专利权,应承担相应的法律责任。2009 年 12 月 24 日作出处理决定责令被请求人苏奕冲立即停止对 ZL200830224004.3 号外观设计专利的侵权行为,销毁被请求人苏奕冲的侵权产品、半成品和专用于制造侵权产品的模具和设备。被请求人苏奕冲不服,起诉到广州市中级人民法院,起诉理由为:苏奕冲只是为蔡培雄生产的储钱罐加工贴花,并没有实际生产被控侵权的储钱罐,不存在侵权行为;涉案外观设计为公知设计。

广州市中级人民法院审理后认为,国家知识产权局实施修改后的《专利法的过渡办法》第二条第一款规定:修改前的专利法的规定适用于申请日在 2009 年 10 月 1 日前(不含该日,下同)的专利申请以及根据该专利申请授予的专利权;修改后的专利法的规定适用于申请日在 2009 年 10 月 1 日以后(含该日,下同)的专利申请以及根据该专利申请授予的专利权;……。本案第三人蔡仕权于 2008 年 12 月 31 日向国家知识产权局申请涉案外观设计专利,故应当适用修改前的专利法。《中华人民共和国专利法》(2001 年 7 月 1 日起实施)第十一条第二款规定:外观设计专利权被授予后,任何单位或者个人未经专利权人许可,都不得实施其专利,即不得为生产经营目的制造、销售、进口其外观设计专利产品。第三人蔡仕权持有的 ZL200830224004.3 号外观设计专利权经国家知识产权局授予,现仍合法有效,其权利受法律保护。《中华人民共和国专利法》第五十六条第二款规定:外观设计专利权的保护范围以表示在图片或者照片中的该外观设计专利产品为准。本案专利权的保护客体是一种储钱罐,罐体大致呈梨形,上表面呈平面状,中央位置设计有一长方形投币缝,现场查获的被控侵权产品也是一种储钱罐,该罐体大致呈梨形,上表面呈平面状,中央位置设计有一长方形投币缝,整体形状与本案专利权所要保护的客体形状相近似,且用途类别相同。而对于被请求人苏奕冲在被控侵权产品表面上再加工图案而造成视觉效果不一样,是一种对侵权产品的继续生产行为,该行为并没有改变储钱罐的形状,并不影响苏奕冲已生产这种与专利产品相近似的储钱罐产品即被控侵权产品行为本身的侵权认定。因此,被控侵权产品已经落入了涉案外观设计专利权的保护范围。潮州市知识产权局认定原告苏奕冲制造的产品侵犯第三人蔡仕权的外观设计专利权,有相应的事实和法律依据。

被请求人苏奕冲主张其在本案专利申请日前已经开始制造被控侵权产品,并在行政处理阶段提供了有"2007"字样的标签等证据,不足以证明被请求人有在专利申请日前已经制造相同产品、使用相同方法或者已经作好制造、使用的必要准备,并且仅在原有范围内继续制造、使用的情形。判决驳回了被请求人苏奕冲的诉讼请求并维持了潮州市知识产权局的该处理决定。

三、本案解析

(一)专利侵权纠纷行政处理所依据的《专利法》是按照侵权行为发生时的《专利法》为准

国家知识产权《施行修改后的专利法的过渡办法》(自2009年10月1日起施行)第二条第一款规定:"修改前的专利法的规定适用于申请日在2009年10月1日前(不含该日,下同)的专利申请以及根据该专利申请授予的专利权;修改后的专利法的规定适用于申请日在2009年10月1日以后(含该日,下同)的专利申请以及根据该专利申请授予的专利权;但本办法以下各条对申请日在2009年10月1日前的专利申请以及根据该申请授予的专利权的特殊规定除外。"其第四条规定:"管理专利工作的部门对发生在2009年10月1日以后的涉嫌侵犯专利权行为进行处理的,适用修改后的专利法第十一条、第六十二条、第六十九条、第七十条的规定。"《最高人民法院关于审理侵犯专利权纠纷案件应用法律若干问题的解释》(自2010年1月1日起施行)第十九条第一款规定:"被诉侵犯专利权行为发生在2009年10月1日以前的,人民法院适用修改前的专利法;发生在2009年10月1日以后的,人民法院适用修改后的专利法。"据此,专利侵权纠纷行政处理时所依据的《专利法》是按照侵权行为发生时的《专利法》为准。

本案中,潮州市知识产权局于2009年11月24日实施的现场调查、2009年12月24日作出的处理决定,因此应该适用修改后的《专利法》。涉案判决作出时间在2010年,此时上述司法解释也已生效,审理判决该案也应该适用修改后的《专利法》。

(二)受委托在侵犯外观设计专利权的产品上的后续加工行为不构成专利侵权

《最高人民法院关于审理侵犯专利权纠纷案件应用法律若干问题的解释》

((法释〔2009〕21号)自2010年1月1日起施行)第十二条第一款规定:“将侵犯发明或者实用新型专利权的产品作为零部件,制造另一产品的,人民法院应当认定属于专利法第十一条规定的使用行为;销售该另一产品的,人民法院应当认定属于专利法第十一条规定的销售行为。”第二款规定:“将侵犯外观设计专利权的产品作为零部件,制造另一产品并销售的,人民法院应当认定属于专利法第十一条规定的销售行为,但侵犯外观设计专利权的产品在该另一产品中仅具有技术功能的除外。”据此,对于外观设计专利权,只有将侵犯外观设计专利权的产品作为零部件,制造另一产品并销售,才可能构成专利侵权。如果仅是将侵犯外观设计专利权的产品作为零部件制造另一产品并没有销售的,就不构成专利侵权。

受委托在侵犯外观设计专利权的产品上的后续加工行为是否构成专利侵权,就取决于受委托加工的行为是否属于该司法解释所述的“销售”,属于就构成专利侵权,不属于就不构成。《中华人民共和国增值税暂行条例》(1993年12月13日中华人民共和国国务院令第134号发布,2008年11月5日国务院第34次常务会议修订通过)第一条规定:“在中华人民共和国境内销售货物或者提供加工、修理修配劳务以及进口货物的单位和个人,为增值税的纳税人,应当依照本条例缴纳增值税。”此规定对销售货物和提供加工劳务进行了明确区分,即受托加工的提供加工劳务是不属于法定的销售的。该《条例》其他相关各条对销售和提供加工劳务同样作了明确区分。《中华人民共和国增值税暂行条例实施细则》(2008年12月18日财政部、国家税务总局令第50号公布,自2009年1月1日起施行)第二条第二款规定:“条例第一条所称加工,是指受托加工货物,即委托方提供原料及主要材料,受托方按照委托方的要求,制造货物并收取加工费的业务。”该规定在后续的修订中都予以保留。该《细则》第四条规定的视同销售货物的行为中也没有包括受托加工的行为,而包括了处置委托加工所得货物的行为。据此,像本案中被请求人的受托加工行为不属于法定的销售行为。因此,按照法释〔2009〕21号的规定,像本案被请求人这样的,受委托在侵犯外观设计专利权的产品上的后续加工行为不构成专利侵权。

四、本案点评

本案中不论是行政执法的处理结论及理由还是一审判决的结论及理由,都是值得商榷的。此案警示,只有对相关法律规定全面学习,准确理解,综合运用,才能正确执法和司法。

第四部分

经诉讼撤销了行政处理决定的案例

案例二十九　上虞市华亚电气有限公司与绍兴市科学技术局专利侵权行政处理纠纷上诉案

一、《浙江省高级人民法院行政判决书》(〔2014〕浙行终字第26号)

浙江省高级人民法院
行政判决书

〔2014〕浙行终字第26号

上诉人(原审原告):上虞市华亚电气有限公司
法定代表人:张建光,经理
委托代理人:杨辉,浙江凯旺律师事务所律师
被上诉人(原审被告):绍兴市科学技术局
法定代表人:潘晓辉,局长
委托代理人:潘新良、贾良荣
被上诉人(原审第三人):浙江中亚电气有限公司
法定代表人:贺康林,经理
委托代理人:冉国政

上虞市华亚电气有限公司(以下简称"华亚公司")诉绍兴市科学技术局(以下简称"绍兴科技局")专利行政处理一案,绍兴市中级人民法院于2014年1月6日作出〔2013〕浙绍行初字第17号行政判决。华亚公司不服,向本院提出上诉。本院于同年2月7日立案受理后,依法组成合议庭,并于3月6日公开开庭审理了本案。上诉人华亚公司的委托代理人杨辉,被上诉人绍兴科技局的委托代理人潘新良、贾良荣,被上诉人浙江中亚电气有限公司(以下简称"中亚公司")的委托代理人冉国政到庭参加诉讼。本案现已审理终结。

原审法院认定:原告华亚公司系从事电气机械研发、制造安装等经营业务的有限公司。第三人中亚公司拥有专利号为ZL20092019××××.×实用新型专利,因其认为原告华亚公司侵犯其专利权,于2011年9月16日向被告绍兴科技局申请专利侵权纠纷处理。12月6日,被告组织原告、第三人进行了口审,原告于12月12日补充提交了代理词。被告于12月30日作出绍科知案〔2011〕第6号《专利侵权纠纷行政处理决定书》。原告不服被告行政处理决定,向本院提起行政诉讼。本院作出〔2012〕浙绍行初字第5号行政判决,以被告行政处理决定主要证据不足,程序不当为由判决撤销该行政处理决定,责令被告在判决生效之日起三个月内重新作出处理。2012年6月21日,被告作出绍科知案〔2012〕第2号专利侵权纠纷处理决定。原告不服该决定,向本院提起行政诉讼。本院作出〔2012〕浙绍行初字第9号行政判决书,以被告在未重新进行调查取证并听取当事人意见的情况下,作出与原具体行政行为相同的处理决定为由,判决撤销该行政处理决定,责令被告在判决生效之日起三个月内重新作出处理。被告不服,提起上诉。12月26日,被告撤回上诉。2013年1月11日,被告制发受理通知书和答辩通知书,分别通知原告和第三人,对第三人申请事项重新作出处理。1月13日,被告制发专利侵权纠纷案件合议组组成人员及书记员告知书,并于3月15日组织原告、第三人进行了口审。被告于4月3日作出绍科知案〔2013〕第1号《专利侵权纠纷行政处理决定书》,认定被控产品构成对涉案专利的侵权。责令原告立即停止制造、销售侵犯涉案专利权的产品的行为,对于第三人的其他处理请求不予支持。原告对此不服,向浙江省科学技术厅申请行政复议,浙江省科学技术厅作出浙科专复2013第1号行政复议决定书,维持绍科知案〔2013〕第1号行政处理决定。原告不服提起诉讼,请求撤销绍兴科技局绍科知案〔2013〕第1号专利侵权纠纷行政处理决定或确认该行政处理决定无效。

原审法院认为,根据《浙江省专利保护条例》第十七条的规定,被告绍兴科技局作为管理专利工作的部门,依法有权对涉案专利侵权纠纷进行处理。本案的争议焦点在于被告认定原告生产的被控产品构成对涉案专利的侵权有无事实依据。根据《中华人民共和国专利法》第五十九条第一款规定:“发明或者实用新型专利权的保护范围以其权利要求的内容为准,说明书及附图可以用于解释权利要求的内容。”涉案专利权利要求1共有三项特征:A. 包括截面为正方形或长方形的支柱体;B. 所述支柱体(1)包括玻璃纤维(2)和环氧树脂固化物(3);C. 所述玻璃纤维(2)为丝状分布在环氧树脂固化物(3)内、且与支柱体(1)截面垂直。对于特征A,原告认为被控产品的外观边角存在一定弧度,并非90度直角,故其截面并非涉案专利所述的“正方形或长方形”。原告所称的边角存在弧度,并非创造性劳动,对产品的功能也无其他影响,况且在实际工艺操作中制作90度直角的正方形或长方形也不具有实用性。参照《专利行政执法办法》第十六条的规定:“等同特征是指与记载的技术特征以基本相同的手段,实现基本相同的功能,达到基本相同的效果,并且所属领域的普通技术人员无需经过创造性劳动就能联想到的特征。”故被控侵权产品具有与涉案专利权利要求1中特征A,截面为正方形或长方形的同等特征。故对原告认为被控产品不符合涉案专利权利要求1特征A的辩称不予采纳。对于特征B,所述支柱体包括玻璃纤维和环氧树脂固化物。原告在行政程序及本案庭审中多次陈述,被控侵权产品含有玻璃纤维、环氧树脂、不饱和树脂等成分,结合被控侵权产品系固体的物理状态,且涉案专利并未对环氧树脂固化物具体成分比例有要求。故被告认定被控产品具备涉案专利权利要求1的特征B,有事实依据。对于特征C,所述玻璃纤维为丝状分布在环氧树脂固化物内、且与支柱体截面垂直。原告在2011年12月12日提交的代理词中陈述,被控侵权产品采用拉挤工艺,且“拉挤工艺指的就是丝状分布且与支柱体截面垂直”。主观上原告当时旨在说明涉案专利系公知技术,但客观上原告对该事实已经形成自认。原告虽然在2013年3月15日第二次口审中对此提出否认的观点,但没有说明合理的理由。据此,被告结合自身专业知识,采信原告2011年12月12日的代理词内容,并无不当。此外,鉴于被告在〔2012〕浙行终字第192号行政裁定书生效后,重新组成合议组,再次组织口审活动。新的合议组依据查明的事实,作出绍科知案〔2013〕第1号专利侵权纠纷处理决定。故对原告认为被告以同一事实和理由作出与原具体行政行为基本相同的具体行政行为,系程序违法的理由,不予采纳。综上,原告的诉讼请求缺乏事实和法律依据,不予支持。依照《最高人民法院关于执行〈中华人民共和国行政诉讼法〉若干问题的解释》第五十六条第(四)项之规定,判决驳回原告华亚公司要求撤销被告绍兴科技局作出的绍科知案〔2013〕第1号行政处理决定书或确认该处理决定无效的诉讼请求。

华亚公司上诉称:(1)原审判决事实认定错误。原审法院认定上诉人的被控侵权产品构成对涉案专利的侵权是错误的。原审法院认为上诉人的被控侵权产品的外形与涉案专利的外形是等同技术是错误的。“等同特征,是指与记载的技术特征以基本相同的手段,实现基本相同的功能,达到基本相同的效果,并且所属领域的普通技术人员无需经过创造性劳动就能联想到的特征。”而被控侵权产品的截面是圆弧形,涉案专利只能用于中频电炉,而被控侵权产品可用于绝缘方面的产品,被控侵权产品比涉案专利更具有耐高温性。显然,被控侵权产品与涉案专利的用途、功能、效果均不同,不是等同技术。且原审法院认为在实际工艺中制作90度直角的正方形不具有实用性,明显理解专利法错误。如果原审法院认为涉案专利的截面为正方形或长方形不具有实用性，而认为正方形或长方形不是90度直角，那么如何理解正方形或长方形到底是什么形状。况且绍兴科技局绍科知案〔2011〕第6号、〔2012〕第2号及〔2013〕第1号专利侵权纠纷处理决定书都认为被控侵权产品的截面通过观察与涉案专利相同，显然原审法院认定“等同”超出了审理范围。原审法院认定所述支柱体包括玻璃纤维和环氧树脂固化物，认为被控侵权产品也具备这一技术特性是错误的。虽然被控侵权产品里面含有玻璃纤维和环氧树脂固化物，首先这是一种成分，是所有绝缘支柱产品中的公知常识，关键涉案专利是环氧树脂固化物，而被控侵权产品是混合树脂固化物（有不饱和树脂、环氧树脂等组成）。不能说不锈钢含铝的成分就认为是铝，而不是不锈钢，环氧树脂固化物与环氧树脂显然不同，被控侵权产品不是环氧树脂固化物而是混合树脂固化物。原审法院认定所述玻璃纤维为丝状分布在环氧树脂固化物内，且与支柱体截面垂直的涉案专利的技术特征与被控侵权产品相同亦是错误的。绍兴科技局的认定依据是上诉人2011年12月12日的代理词。但在绍兴科技局作出的〔2011〕第6号专利侵权纠纷处理决定中就已对该代理词作出认定，认为拉挤工艺不能得出与支柱体截面垂直的结论，第二次口审中，中亚公司提交的专利复审委员会的决定书也写明拉挤工艺不能得出与支柱体截面垂直的结论，而且在第二次口审及〔2012〕浙绍行初字第9号案中上诉人已提交生产工艺流程的光盘，显然上诉人的工艺是挤压工艺。被上诉人绍兴科技局没有任何新的证据证明上诉人构成侵权，而老的证据也由绍兴科技局自己推翻过。

综上所述，(1)上诉人不构成侵权。(2)绍兴科技局未提交全部证据，包括第二次口审中上诉人提交的光盘、中亚公司提交的专利复审委员会的决定书等，程序违法。(3)原审法院认为绍兴科技局的程序不违法是错误的。虽然绍兴科技局组织了第二次口审，但被上诉人所依据的证据还是第一次已经有绍兴科技局认定过的证据，而且在本案中，绍兴科技局未提交全部证据，显然被上诉人还是以同一事实和理由作出与原具体行政行为基本相同的具体行政行为，系程序违法。综上，无论在事实上、证据上以及程序上，上诉人都未构成专利侵权，绍兴科技局严重违反程序，原审判决严重损害了上诉人的合法权益。请求二审法院撤销原审判决并依法改判。

绍兴科技局在法定期限内未提交书面答辩意见，庭审中辩称：(1)通过对被控侵权产品的外部形状直接观察判断，认定被控侵权产品的截面为矩形符合事实。上诉人以其产品截面的四个角边存在圆弧倒角辩称其产品截面为弧形是不成立的。在产品实际加工工艺中，在产品的外部边角进行倒角处理（包括倒圆角处理）是公知常识，这种处理通常情况不会影响对产品截面形状的判断。原审法院认为被控侵权产品具有与涉案专利权利要求1中的特征A（即截面为正方形或长方形）的同等特征，符合事实，是正确的。且原审法院认定的是“同等特征”，而非上诉人所称的“等同”特征。（2）上诉人在行政程序及一审审理过程中多次陈述，被控侵权产品含有玻璃纤维、环氧树脂、不饱和树脂等成分，结合被控侵权产品系固体的物理状态，且涉案专利并未对环氧树脂固化物具体成分比例有明确要求，原审法院认定被控侵权产品符合涉案专利权要求1中的“所述支柱体包括玻璃纤维和环氧树脂固化物”的特征，符合事实。上诉人认为被控侵权产品是混合树脂固化物而不是环氧树脂固化物，是属于对产品属性的理解，而原审法院认定被控侵权产品中包含有环氧树脂固化物，是属于对产品成分的理解，两者并不矛盾。（3）上诉人在2011年12月12日提交的代理词中陈述，被控侵权产品采用拉挤工艺，且“拉挤工艺就是丝状分布且与支柱体的截面垂直”，这在客观上已形成对被控侵权产品具备“所述玻璃纤维为丝状分布在环氧树脂固化物内、且与支柱体截面垂直”的特征的自认。虽然上诉人在第二次口审及一审过程中提出否认观点，认为“拉挤”一词系笔误，应为“挤压”，认为被控侵权产品采用的是挤压工艺，但当时均没有提供合理的理由和证据。上诉人的“笔误”之辩是属于对自己提交的答辩意见的反悔，是违背“禁止反悔”原则的。事实上，上诉人辩称其工艺为挤压工艺是荒谬的，在实际加工中难以实现。（4）上诉人认为被上诉人以同一事实和理由作出与原具体行政行为基本相同的具体行政行为，系程序违法的理由不成立。被上诉人在〔2012〕浙行终字第192号行政裁定书生效后，重新组成合议组，再次组织口审活动。新的合议组依据所查明的事实，作出绍科知案〔2013〕第1号专利侵权纠纷行政处理决定。因此，被上诉人作出的处理决定程序合法，且与原行政处理决定不是基于同一事实和理由，原审法院的认定并无不当。综上，绍科知案〔2013〕第1号专利侵权纠纷处理决定认定事实清楚，证据确凿，适用依据正确，程序合法，原审判决认定事实清楚。请求二审法院驳回上诉，维持原判。

中亚公司在法定期限内未提交书面答辩意见，其在庭审中辩称：同意被上诉人绍兴科技局的答辩意见。涉案专利权利要求1记载描述为包括环氧树脂固化物，这是一个开放式的要求，不是一个限定式的要求，还可以包括其他的成分，所以上诉人提出其成分里还包括环氧树脂正好在涉案专利的保护范围内。请求二审法院驳回上诉，维持原判。

庭审中，各方当事人围绕被上诉人绍兴科技局作出的绍科知案〔2013〕第1号专利侵权纠纷行政处理决定是否具备事实和法律依据的审理重点进行了质证、辩论。

经审理，对原审判决认定的事实，本院予以确认。

本院认为，《中华人民共和国专利法》第五十九条第一款规定：“发明或者实用新型专利权的保护范围以其权利要求的内容为准，说明书及附图可以用于解释权利要求的内容。”被上诉人中亚公司在涉案专利侵权行政处理中，明确以《专利权利要求书》1 主张其保护范围。涉案《专利权利要求书》1 记载的特征包括：A. 截面为正方形或长方形的支柱体；B. 所述支柱体包括玻璃纤维和环氧树脂固化物；C. 所述玻璃纤维为丝状分布在环氧树脂固化物内、且与支柱体的截面垂直。经审查，被控侵权产品支柱体截面的四个角虽带有一定弧度，但整体视觉效果上整个截面仍呈长方形。故被诉处理决定认定被控侵权产品具备涉案专利权利要求 1 的特征 A，并无不当。上诉人在行政处理程序及一、二审中多次陈述，被控侵权产品含有玻璃纤维、环氧树脂、不饱和树脂等成分。涉案专利权利要求 1 并未标明环氧树脂固化物的具体成分比例的情况，结合被控侵权产品系固体状态，被诉行政处理决定认定被控侵权产品具备涉案专利权利要求 1 的特征 B，并无不妥。上诉人在 2011 年 12 月 12 日向绍兴科技局提交的代理词中承认被控侵权产品“采用拉挤工艺”，并说明“拉挤工艺指的就是丝状分布且与支柱体截面垂直”。虽然上诉人在之后的行政处理过程中称被控侵权产品“玻璃纤维为绞绳状分布，且与支柱体的截面呈不规则分布”，代理词中的“拉挤工艺”系笔误，实为“挤压工艺”，并提供了光盘。但该光盘系在第二次口审中提供，且光盘反映的时间、地点等均不清楚，是否与被控侵权产品的生产过程相同亦无法证明，从光盘反映的情况也不能看出采用了挤压工艺，故绍兴科技局对该证据不予采信并无不当。何况不论玻璃纤维是束状还是绞绳状进入固化物内，均不能改变玻璃纤维在固化物内呈丝状分布，并与截面垂直的特征。此处的垂直与上述特征 A 中的正方形或长方形一样，其角度并非必须达到 90 度，而只是一种角度趋向。故被诉处理决定认定被控侵权产品具备涉案专利权利要求 1 的特征 C，并无不当。因被控侵权产品具备涉案专利权利要求 1 的全部特征，已落入涉案专利的权利保护范围。故被上诉人绍兴科技局认定上诉人被控产品构成对涉案专利的侵权，并据此作出被诉处理决定，符合《中华人民共和国专利法》第五十九条第一款、第六十条的规定。《中华人民共和国行政诉讼法》第五十五条规定：“人民法院判决被告重新作出具体行政行为的，被告不得以同一的事实和理由作出与原具体行政行为基本相同的具体行政行为。”《最高人民法院关于执行〈中华人民共和国行政诉讼法〉若干问题的解释》第五十四条第二款规定：“人民法院以违反法定程序为由，判决撤销被诉具体行政行为的，行政机关重新作出具体行政行为不受行政诉讼法第五十五条规定的限制。”被上诉人绍兴科技局就涉案专利侵权纠纷曾作出了绍科知案〔2011〕第 6 号专利侵权纠纷处理决定，绍兴市中级人民法院〔2012〕浙绍行初字第 5 号行政判决以“主要证据不足，程序不当”为由，撤销了上述处理决定。随后，绍兴科技局在未重新进行调查取证并听取当事人意见的情况下，作出绍科知案〔2012〕第 2 号专利侵权纠纷处理决定，后又被绍兴市中级人民法院〔2012〕浙绍行初字第9号行政判决予以撤销，并责令重作。绍兴科技局向本院提出上诉，后又撤回上诉。本院〔2012〕浙行终字第192号裁定生效后，绍兴科技局在重新组织华亚公司和中亚公司进行口审，听取双方当事人的意见后，作出了绍科知案〔2013〕第1号处理决定，并不违反上述法律规定。综上，原审认定事实清楚，适用法律正确。上诉人的上诉理由缺乏事实和法律依据，本院不予采纳。依照《中华人民共和国行政诉讼法》第六十一条第（一）项之规定，判决如下：

驳回上诉，维持原判。

二审案件受理费100元，由上诉人上虞市华亚电气有限公司负担。

本判决为终审判决。

审　判　长　马惟菁
代理审判员　车勇进
代理审判员　管　征
二〇一四年三月十四日
书　记　员　韦若莎

二、本案概要

请求人中亚公司拥有专利号为ZL20092019××××.×实用新型专利，因其认为被请求人华亚公司侵犯其专利权，于2011年9月16日向绍兴科技局申请专利侵权纠纷处理。12月6日，绍兴科技局组织进行了口审，被请求人于12月12日补充提交了代理词。绍兴科技局于12月30日作出绍科知案〔2011〕第6号《专利侵权纠纷行政处理决定书》。被请求人不服该行政处理决定，向绍兴中级人民法院提起行政诉讼。绍兴中级人民法院作出〔2012〕浙绍行初字第5号行政判决，以绍兴科技局行政处理决定主要证据不足，程序不当为由判决撤销该行政处理决定，责令绍兴科技局在判决生效之日起三个月内重新作出处理。2012年6月21日，绍兴科技局作出绍科知案〔2012〕第2号专利侵权纠纷处理决定。被请求人不服该决定，向绍兴中级人民法院提起行政诉讼。绍兴中级人民法院作出〔2012〕浙绍行初字第9号行政判决书，以绍兴科技局在未重新进行调查取证并听取当事人意见的情况下，作出与原具体行政行为相同的处理决定为由，判决撤销该行政处理决定，责令绍兴科技局在判决生效之日起三个月内重新作出处理。绍兴科技局不服，提起上诉。12月26日，绍兴科技局撤回上诉。2013年1月11日，绍兴科技局制发受理通知书和答辩通知书，分别通知被请求人和请求人，对请求人申请事项重新作出处理。1月13日，绍兴科技局制发专利侵权纠纷案件合议组组成人员及书记员告知书，并于3月15日组织被请求人、请求人进行了口审。绍兴科技局于4月3日作出绍科知案〔2013〕第1号《专利侵权纠纷行政处理决定书》，认定被控产品构成对涉案专利的侵权。责令被请求人立即停止制造、销售侵犯涉案专利权的产品的行为，对于请求人的其他处理请求不予支持。被请求人对此不服，向浙江省科学技术厅申请行政复议，浙江省科学技术厅作出浙科专复2013第1号行政复议决定书，维持绍科知案〔2013〕第1号行政处理决定。被请求人不服提起诉讼，请求撤销绍兴科技局绍科知案〔2013〕第1号专利侵权纠纷行政处理决定或确认该行政处理决定无效。绍兴中级人民法院判决维持了绍兴科技局第三次做出的处理决定。被请求人仍不服，上诉到浙江高级人民法院，浙江高级人民法院判决维持了该第三次作出的处理决定和一审判决。

三、本案解析

（一）浙江省处理专利侵权纠纷的行政机关是哪个

《浙江省专利保护条例》（2005年11月1日起施行）第十七条：“专利侵权纠纷的当事人不愿意协商或者协商不成的，可以向人民法院起诉，也可以请求侵权行为地或者被请求人所在地的设区的市人民政府管理专利工作的部门处理”。《浙江省专利条例》（自2016年1月1日起施行）第二十二条第一款：“省、设区的市专利行政部门负责调解专利纠纷，处理专利侵权纠纷，依职权查处假冒专利、重复侵权、有重大影响的专利侵权案件。”但对“管理专利工作的部门”或“专利行政部门”具体是哪个部门？这两个条例都没有具体规定，到底是本案中的“科技局”或者其他省份的“知识产权局”也没有明确。对于这一问题，笔者花了较长时间也没有查到确切的规范性文件的规定。只好到绍兴市科技局网站去查询。查到的结果是绍兴市科技局“工作职责”内容栏目中有“协调和指导全市知识产权保护工作；负责专利执法监督，依法处理专利纠纷；组织推动知识产权法律、法规的宣传普及工作”。据此判断，浙江省处理专利侵权纠纷的职权职责仍在科技局。遇到类似浙江省这样的没有明确规定，不知道该由哪个机关管辖时，建议到科技局、知识产权局、专利局等官网上工作职责栏目查询或者打电话咨询。为了稳妥，最好先上网查询再打电话核实。

（二）被请求人先在代理词中称其是“拉挤工艺”，后又称系笔误，实为“挤压工艺”，绍兴科技局认定其不是笔误并不予接受其反悔是正确的

到底被请求人在其代理词中所称的“拉挤工艺”是笔误还是“自认”要根

据其上下文来判断,而不能以其事后的陈述为根据。如果上下文是关于“拉挤工艺”的陈述,那肯定就不是笔误。如果上下文是关于“挤压工艺”的陈述,最起码是与“拉挤工艺”无关的内容,则与上下文无逻辑关联的“拉挤工艺”很可能就是笔误。根据该案判决书记载的事实,被请求人是旨在说明涉案专利系公知技术时使用“拉挤工艺”的。由于“拉挤工艺”就是被控技术方案的技术特征,因此绍兴科技局不认可其是笔误是正确的。

由于被请求人对其自认反悔后,始终没有提供其生产工艺是“挤压工艺”而不是“拉挤工艺”的证据,因此绍兴市科技局对其反悔行为不予接受是正确的。《最高人民法院关于行政诉讼证据若干问题的规定》(法释〔2002〕21号)第六十五条规定:“在庭审中一方当事人或者其代理人在代理权限范围内对另一方当事人陈述的案件事实明确表示认可的,人民法院可以对该事实予以认定。但有相反证据足以推翻的除外。”对行政诉讼中关于自认和反悔的规定,在专利侵权纠纷行政处理中也应该遵循。因为,诸如本案中的绍兴市科技局的处理决定最终能否成立,在当事人不服提起行政诉讼的情况下,是以法院的生效判决为准的。

(三)对被请求人以其产品四棱存在弧度而非直角,主张其产品技术方案的形状特征与涉案专利技术方案所述的“正方形或长方形”既不相同与不构成等同,不予认可是正确的

涉案专利的权利要求1中包括技术特征“包括截面为正方形或长方形的支柱体”,被请求人称被控产品横截面形状不是正方形或长方形,而在其四角存在一定的圆角。被请求人以此主张这两个技术特征既不相同也不等同。由于涉案专利的主题是一种绝缘支柱,四角为圆角的正方体或长方体与四角为直角的上方体或正方体在作为支柱的作用方面是相同的。而且在工程实践中,在没有对诸如支柱类工件的横截面棱角有特殊要求的情况下,为了减少与其他器件发生触碰时对自身和其他器件的伤损,都要将直角处理成圆角。《最高人民法院关于审理专利纠纷案件适用法律问题的若干规定》(2001年6月19日通过)第十七条第二款规定(该内容在后来的两次修正中都以保留):“等同特征,是指与所记载的技术特征以基本相同的手段,实现基本相同的功能,达到基本相同的效果,并且本领域普通技术人员在被诉侵权行为发生时无需经过创造性劳动就能够联想到的特征。”因此,被请求人的该主张是不能成立的。绍兴市科技局对该主张不予认可,认定两者属于等同的技术特征是正确的。

(四)被请求人以被控侵权产品是混合树脂固化物(由不饱和树脂、环氧树脂等组成),涉案专利是环氧树脂固化物,因而未落入专利权的保护范围的主张是不成立的

《专利审查指南》(2010年)第二部分第十章4.2.1“开放式、封闭式及它

们的使用要求”部分规定：

组合物权利要求分开放式和封闭式两种表达方式。开放式表示组合物中并不排除权利要求中未指出的组分；封闭式则表示组合物中仅包括所指出的组分而排除所有其他的组分。开放式和封闭式常用的措词如下：(1)开放式，例如“含有”“包括”“包含”“基本含有”“本质上含有”“主要由……组成”“主要组成为”“基本上由……组成”“基本组成为”等，这些都表示该组合物中还可以含有权利要求中所未指出的某些组分，即使其在含量上占较大的比例。(2)封闭式，例如“由……组成”“组成为”“余量为”等，这些都表示要求保护的组合物由所指出的组分组成，没有别的组分，但可以带有杂质，该杂质只允许以通常的含量存在。

而涉案专利权利要求 1 的行文是：“……所述支柱(1)包括玻璃纤维(2)和环氧树脂固化物(3)……”。因此，涉案专利权利要求关于组合物组分的限定是开放式的，其并不排除未指出的组分。即除包含环氧树脂固化物外，还可以包含诸如不饱和树脂固化物等。就组分方面而论，只要被控技术方案包括了玻璃纤维和环氧树脂固化物，被控技术方案就落入了涉案专利权的保护范围。被请求人以被控技术方案中包括了涉案专利权利要求中未指出的不饱和树脂固化物来主张未落入涉案专利权的保护范围是不能成立的。

案例三十　王传英与菏泽市知识产权局外观设计专利侵权处理决定纠纷上诉案

一、《山东省高级人民法院行政判决书》(〔2013〕鲁行终字第12号)。

山东省高级人民法院
行政判决书

〔2013〕鲁行终字第12号

上诉人(原审原告):王传英,又名王瑞明
委托代理人:韩玉强,山东大正泰和律师事务所律师
委托代理人:王阳,山东大正泰和律师事务所律师
被上诉人(原审被告):菏泽市知识产权局
法定代表人:司品供,局长
委托代理人:吕建勇,菏泽市知识产权局副局长
委托代理人:刘勇,菏泽市知识产权局政策法规科科长
被上诉人(原审第三人):王立军
委托代理人:雷传郁,山东郓州律师事务所律师
委托代理人:彭海军,山东郓州律师事务所律师

山东省菏泽市中级人民法院就王传英诉菏泽市知识产权局2011年8月3日作出的〔2011〕菏知法行字第08号行政处理决定一案,于2012年12月5日作出〔2011〕菏行初字第19号行政判决,王传英不服,向本院提起上诉。本院受理后,依法组成合议庭,于2013年3月18日公开开庭审理了本案。上诉人王传英及其委托代理人韩玉强、王阳,被上诉人菏泽市知识产权局的委托代理人吕建勇、刘勇,被上诉人王立军及其委托代理人雷传郁、彭海军到庭参加诉

讼。本案现已审理终结。

本案被诉的具体行政行为是:2011 年 8 月 3 日,被告菏泽市知识产权局就请求人王立军申请的王传英外观设计专利侵权请求处理一案,作出〔2011〕菏知法行字第 08 号行政处理决定,决定:(1)本案请求外观设计专利侵权案,侵权行为成立。(2)责令被请求人立即停止侵犯请求人王立军外观设计专利权的行为,并销毁生产侵权产品的模具和库存侵权产品。(3)请求人在请求书中提出赔付经济损失 10 万元,经本局调解无效,故不支持请求人提出的请求。

案经一审法院审理确认如下事实:原告王传英又名王瑞明,曾以瑞明球架厂为字号进行个体经营。2008 年 2 月 26 日,王传英作为经营者办理了个体工商户营业执照,无字号,其经营范围及方式为:钢球、球架加工销售、批零兼营。2011 年 3 月 23 日,国家知识产权局为王立军颁发了证书号第 1493117 号外观设计专利证书,外观设计名称为车用轴承(一),专利号为 ZL2010 × × × 911.6,专利权人为王立军,授权公告日为 2011 年 3 月 23 日。2011 年 5 月 5 日,第三人王立军以原告王传英为被请求人,向菏泽市知识产权局请求专利侵权纠纷处理,要求被请求人立即停止侵犯请求人王立军外观设计专利权的行为,并销毁生产侵权产品的模具和库存侵权产品并赔偿经济损失 10 万元。被告菏泽市知识产权局立案后,进行了口头审理,并制作了口头审理笔录,双方在审理过程中提交了证据。第三人王立军提交了证据用以证明原告生产了涉案产品。2011 年 8 月 3 日,被告菏泽市知识产权局作出〔2011〕菏知法行字第 08 号行政处理决定,并于 8 月 5 日向请求人与被请求人送达了处理决定书。原告王传英于 2011 年 8 月 19 日提起本案的行政诉讼。在本案诉讼期间,国家知识产权局专利复审委员会受理了对第三人王立军的专利号为 2010 × × × 911.6 的专利权无效宣告请求,并于 2012 年 6 月 28 日作出第 18845 号无效宣告请求审查决定书,决定维持 2010 × × ×911.6 号外观设计专利权有效。

一审法院审理认为,被告菏泽市知识产权局接到第三人王立军的专利侵权纠纷处理请求后,进行了审理。在被告菏泽市知识产权局审理时,原告明确表示第三人取证的出库单是其开具的,照片中产品是其生产的,包装箱也是原告的,并主张其已在生产和使用第三人所取证的产品。因此,被告认定原告生产、销售的涉案产品落入了本案外观设计专利的保护范围,并无不当。虽然原告对第三人取得该项专利持有异议,并主张在第三人取得专利前就已生产制造,不应视为侵犯专利权,但原告所提交的相应证据公证书,仅能证明玉环名日机械有限公司、台州航星机械有限公司为其出具了原告是其指定的配件生产单位,且原告以上述理由对第三人持有的专利权证书向国家知识产权局复审委员会申请了复审,经复审维持第三人所持的专利权证书有效,其不应视为侵犯专利权的主张不能成立。被告根据审理的情况,依据《中华人民共和国专利法》第十一条第二款、第五十九条第二款、第六十条、国家知识产权局《专利行政执法办法》第四十一条之规定，作出被诉的处理决定，认定原告的侵权行为成立，责令其停止侵权行为，销毁生产侵权产品的模具和库存侵权产品，证据充分，适用法律正确，处理程序合法，依法应予维持。关于第三人请求被告赔付经济损失10万元，在行政处理过程中，没有形成调解意见，当事人可以依照《中华人民共和国民事诉讼法》向人民法院起诉，被告在行政处理决定中没有支持其该请求亦无不当。综上所述，依照《中华人民共和国行政诉讼法》第五十四条第（一）项之规定，判决：维持被告菏泽市知识产权局作出的〔2011〕菏知法行字第08号行政处理决定书。一审案件受理费100元由原告王传英负担。

上诉人王传英上诉称，（一）被上诉人菏泽市知识产权局作出的侵权决定适用法律错误。被上诉人将产品实物与外观设计专利比对，以专利权人提供的实物作为外观设计专利侵权的比对对象，违反了专利法第五十九条第二款之规定；（二）被上诉人菏泽市知识产权局作出的处理决定证据不足、认定事实不清。查明的事实属推断，没依据专利权人的专利文件、产品说明书、专利权人的陈述认定事实。在进行口头审理时，上诉人并未对认定的侵权新产品的图片进行质证，但处理决定书却认定：经庭审质证双方当事人均无异议。被上诉人没有证据能够认定上诉人生产的产品是涉案的被控侵权产品；（三）上诉人生产的产品是采用了公知在先技术，并先于第三人专利申请日前就已经生产、销售。

被上诉人菏泽市知识产权局答辩称，根据《专利法》第五十九条第二款规定，本案所涉及的车用轴承（一），经过合议组人员对比，和庭审双方对证据质证结果看，双方都对生产、销售的产品与本案外观设计专利相同没有异议，上诉人在提交我局的答辩书中就认同生产了和专利产品相同的车用轴承（保持器），由此可见，被控侵权产品已落入该专利保护范围。一项专利的保护时间，从专利申请日起就受到法律保护了，而上诉人提出不侵权的主张不能作为不侵权的理由。答辩人根据《中华人民共和国专利法》第十一条第二款、第五十九条第二款、第六十条、国家知识产权局《专利行政执法办法》第四十一条之规定，作出〔2011〕菏知法行字第08号行政处理决定书，证据确凿，适用法律、法规正确，符合法定程序，请求依法判决维持。

被上诉人王立军答辩称，上诉人生产的侵权产品已经落入答辩人王立军的车用轴承（一）外观设计专利的保护范围，处理决定认定事实清楚，证据确凿充分，程序合法，适用法律正确。上诉人"先使用权"的抗辩理由不能成立。

被上诉人菏泽市知识产权局向一审法院提交了以下证据、依据：一、法律、法规：（1）《中华人民共和国专利法》第十一条第二款。（2）《中华人民共和国专利法》第二十三条。(3)《中华人民共和国专利法》第五十九条第二款。(4)《中华人民共和国专利法》第六十条。(5)《专利行政执法办法》第四十一条。二、事实证据:(1)王立军请求书一份。(2)请求人专利证书一份(ZL2010×××911.6)。(3)被请求人产品照片及出库单。(4)被请求人答辩书一份。(5)玉环名日机械有限公司出具证明1份附产品图片。(6)玉环名日机械有限公司出具应付账款明细表1份。(7)玉环名日机械有限公司宣传彩页1份。(8)台州航星机械有限公司出具证明1份附产品图片。(9)台州航星机械有限公司出具2006年产品委托加工入库单。(10)台州嘉昌轴承有限公司出具证明1份。(11)台州嘉昌轴承有限公司出具入库单1份。(12)台州嘉昌轴承有限公司出具宣传彩页。(13)审理笔录一份。三、程序证据:(1)专利侵权纠纷立案审批表。(2)专利侵权纠纷处理请求受理通知书(存档)。(3)专利侵权纠纷处理请求受理通知书送达回证(存档)。(4)答辩通知书(存档)。(5)答辩通知书送达回证(存档)。(6)口头审理通知书(存档)。(7)口头审理通知书送达回证(存档)。(8)处理决定书送达回证(存档)。

上诉人王传英向一审法院提交的证据:(1)申请人的身份证复印件。(2)〔2011〕菏知法字第08号行政处理决定书。(3)〔2011〕菏牡行初字第25号受理案件通知书。(4)〔2011〕菏牡初字第25号行政裁定书。(5)〔2011〕浙玉证字第1740号、1741号二份公证书。(6)购货合同。(7)玉环县坎门得力机械厂持有的实用新型专利说明书。

被上诉人王立军向一审法院提交的证据:(1)外观设计专利权证书复印件一份、缴费清单复印件一份。(2)原告王瑞明出具的销货清单复印件一份。(3)原告王瑞明生产的侵权产品实物及照片9张。

一审法院组织三方当事人在庭审中对证据进行了质证。

一审法院对证据作出了如下认定:

关于被上诉人菏泽市知识产权局所提交的证据。被上诉人所提交的程序方面的证据及法律依据,上诉人王传英及被上诉人王立军无异议,认定为有效证据。被上诉人菏泽市知识产权局所提交的事实方面的证据中,上诉人虽然在庭审中对由被上诉王立军人取证的产品照片提出异议,但并没有提交相应证据支持,且上诉人在行政处理审理笔录中质证时已明确表示清单是其开具的,照片中产品可能是其生产的,包装箱也是上诉人的。上诉人对被上诉人所提交的其他事实证据没有提出异议。因此,被上诉人所提交的事实方面的证据亦应认定为有效证据。

关于上诉人王传英所提交的证据。其1—4号证据,被上诉人菏泽市知识产权局及被上诉人王立军没有提出异议,应认定为有效证据。5号证据是两份公证书、6号证据购货合同，其内容与本案有关联性，认定为有效证据。7号证据实用新型专利说明书，不能显示与本案外观设计的关联性，不予认定为有效证据。

关于被上诉人王立军所提交的证据。对1号证据上诉人没有异议，认定为有效证据。2、3号证据和上诉人所提交的公证书内容相互印证，虽然产品实物没有在交换证据时提交，但王立军在证据清单中已列举，并在庭审前提交法庭，在庭审中进行了质证，应予认定有效证据。

经一审法院准许，上诉人在举证期限届满后向一审法院提交了专利复审委员会无效宣告请求受理通知书。后王立军又提交了专利复审委员会审查决定书。对上述两份证据经庭审质证，三方当事人对其真实性均无异议，认定为有效证据。

以上证据均随卷宗呈送本院。根据一审、二审庭审举证、质证及辩论情况，一审法院对证据的认定意见正确，二审予以确认。

根据三方当事人提供的有效证据及其当庭陈述，本院对一审法院查明的事实予以确认。

本院认为，本案诉争的主要焦点问题有三个：一是被诉的行政处理决定认定上诉人生产的产品构成对专利权人的专利侵权，事实是否清楚，主要证据是否充分；二是被诉的行政处理决定适用专利法等相关法律作为依据，适用法律是否正确；三是上诉人生产的涉案产品所用设计是否属于在先使用，即在申请日以前一直使用，是否属于《专利法》第六十九条第二款规定的不视为侵犯专利权的情况。

上述三个焦点问题，最为关键的是第三个问题，即上诉人是否使用了公知设计，是否享有在先使用权。《专利法》第六十九条规定："有下列情形之一的，不视为侵犯专利权：……（二）在专利申请日前已经制造相同产品、使用相同方法或者已经作好制造、使用的必要准备，并且仅在原有范围内继续制造、使用的；……"从一审法院认定的证据和事实以及本案二审开庭时各方当事人陈述、答辩情况来看，上诉人王传英在申请日前就一直从事钢球、球架生产和销售，所使用的外观设计由来已久。对此，菏泽市知识产权局代理人及王立军均未表示异议。被上诉人菏泽市知识产权局根据专利权人王立军提供的相关证据，进行了口头审理后，认定王传英的产品落入了王立军的车用轴承（一）外观设计专利的保护范围，并据此作出〔2011〕菏知法行字第08号行政处理决定，但对于王传英关于一直主张的其只是使用了公知设计，王传英是否享有专利法上的在先使用权，是否属于《专利法》第六十九条第（二）项规定的不视为侵犯专利的情形，没有依法进行调查、核实，因此，被上诉人所作决定认定上诉人王传英构成专利侵权，属于认定事实不清、主要证据不足，依据《专利法》和

《专利行政执法办法》相关条文作出处理决定，属于适用法律、法规错误，依法应当撤销。原审法院判决维持被诉行政处理决定，认定事实清楚，但适用法律、法规错误，依法应当改判。依照《专利法》第六十九条、《中华人民共和国行政诉讼法》第五十四条第（二）项第1目、3目以及该法第六十一条第（二）项之规定，判决如下：

（一）撤销（2011）菏行初字第19号行政判决；

（二）撤销被上诉人菏泽市知识产权局作出的（2011）菏知法行字第08号行政处理决定。

一、二审案件受理费各100元，由被上诉人菏泽市知识产权局和被上诉人王立军各负担100元。

本判决为终审判决。

审 判 长 李 杰
审 判 员 赵 军
代理审判员 刘加鹏
二〇一三年四月十八日
书 记 员 杜钰越

二、本案概要

请求人王立军认为被请求人王传英侵犯了其名称为车用轴承（一），专利号为ZL2010×××911.6的外观设计专利权，向菏泽市知识产权局提出行政处理请求。菏泽市知识产权局经过包括口审在内的专利侵权纠纷行政处理程序后，认定侵权行为成立，作出相应的行政处理决定。被请求人不服，起诉到菏泽市中级人民法院。菏泽市中级人民法院经过开庭审理，判决维持了菏泽市知识产权局的行政处理决定。被请求人仍不服，上诉到山东省高级人民法院。山东省高级人民法院经过开庭审理认为：虽然王传英一直主张其只是使用了公知设计，但菏泽市知识产权局和一审法院都对王传英是否享有专利法上的在先使用权，是否属于《专利法》第六十九条第（二）项规定的不视为侵犯专利的情形，没有依法进行调查、核实；因此，菏泽市知识产权局所作决定认定被请求人王传英构成专利侵权，属于认定事实不清、主要证据不足，依据《专利法》和《专利行政执法办法》相关条文作出处理决定，属于适用法律、法规错误，依法应当撤销；一审判决维持被诉行政处理决定，认定事实清楚，但适用法律、法规错误，依法应当改判。判决撤销了行政处理决定和一审判决。

三、本案解析

（一）一项专利权开始保护的时间，不是如菏泽市产权局在该案中所称的，从专利申请日起算，而是从授权公告日开始的起算

《专利法》（2008年修正）第三十九条规定：“发明专利申请经实质审查没有发现驳回理由的，由国务院专利行政部门作出授予发明专利权的决定，发给发明专利证书，同时予以登记和公告。发明专利权自公告之日起生效。”第四十条规定：“实用新型和外观设计专利申请经初步审查没有发现驳回理由的，由国务院专利行政部门作出授予实用新型专利权或者外观设计专利权的决定，发给相应的专利证书，同时予以登记和公告。实用新型专利权和外观设计专利权自公告之日起生效。”第十一条第一款规定：“发明和实用新型专利权被授予后，除本法另有规定的以外，任何单位或者个人未经专利权人许可，都不得实施其专利，即不得为生产经营目的制造、使用、许诺销售、销售、进口其专利产品，或者使用其专利方法以及使用、许诺销售、销售、进口依照该专利方法直接获得的产品。”第二款规定：“外观设计专利权被授予后，任何单位或者个人未经专利权人许可，都不得实施其专利，即不得为生产经营目的制造、许诺销售、销售、进口其外观设计专利产品。”据此，不论是发明专利、实用新型还是外观设计专利，其专利权都从授权公告日开始保护的。尽管其专利权的期限都是从申请日开始计算。法律之所以如此规定，是因为，一则就实用新型和外观设计而言，通常情况，在申请日到授权公告日这段时间，要求专利保护的技术或者设计内容处于保密状态，他人通过合法手段违背申请人的意愿是无法得知专利保护的内容的。如果在这段时间他人还得知了要求专利保护的内容并加以实施，如果是以合法手段得知的，则该内容要么是在申请日前已经存在的，要么是申请人自己告知的。但无论哪种情况，都不属于违法行为，不能当侵权对待。如果是以违法手段得知并实施的，则实施人侵犯了申请人的商业秘密，按照侵犯商业秘密追究法律责任。在授权公告之前将要求专利保护的内容公开后，还能获得专利权的只有《专利法》第十三条和第二十四条规定的两种情况。第十三条规定：“发明专利申请公布后，申请人可以要求实施其发明的单位或者个人支付适当的费用。”据此，对于发明专利来说，在被授予专利权之前，必须要公开其发明内容的。在这段时间，他人实施了发明内容的，申请人可以要求支付适当的费用。而不能根据《专利法》十一条的规定，主张专利侵权。《专利法》第二十四条规定：“申请专利的发明创造在申请日以前六个月内，有下列情形之一的，不丧失新颖性：（一）在中国政府主办或者承认的国际展览会上首次展出的；（二）在规定的学术会议或者技术会议上首次发表的;(三)他人未经申请人同意而泄露其内容的。”该规定的六个月期限被称为不丧失新颖性的宽展期。也就是说在申请日前公开了发明创造的内容,但符合该条规定的话,仍然不丧失新颖性,还可能获得专利权。但在该阶段他人实施该发明创造的话,只要符合《专利法》第六十九条第二项(在专利申请日前已经制造相同产品、使用相同方法或者已经作好制造、使用的必要准备,并且仅在原有范围内继续制造、使用的)的规定,就不视为侵犯专利权。当然按照《最高人民法院关于审理侵犯专利权纠纷案件应用法律若干问题的解释》(法释〔2009〕21 号)第十五条(被诉侵权人以非法获得的技术或者设计主张先用权抗辩的,人民法院不予支持)的规定,所实施的技术或者设计只能以合法手段获得。至于专利权的期限是从申请日起开始计算,是为了促使申请人加快申请进程,尽快将要求专利保护的技术或者设计公开,促使技术进步。如果以授权公告日作为专利期限的起算日,则不利于申请人积极进行相关申请事务,会导致相关技术或者设计的迟延公开,不利于技术进步,违背专利制度的宗旨。但无论如何,专利权的保护期限始于授权公告日而不是申请日。

(二)《专利法》第六十九条第(二)项规定的先用抗辩权的适用条件

《专利法》(2008 年修正)第六十九条规定:“有下列情形之一的,不视为侵犯专利权……(二)在专利申请日前已经制造相同产品、使用相同方法或者已经作好制造、使用的必要准备,并且仅在原有范围内继续制造、使用的……”《最高人民法院关于审理侵犯专利权纠纷案件应用法律若干问题的解释》(法释〔2009〕21 号)第十五条第一款规定:“被诉侵权人以非法获得的技术或者设计主张先用权抗辩的,人民法院不予支持。”第二款规定:“有下列情形之一的,人民法院应当认定属于专利法第六十九条第(二)项规定的已经作好制造、使用的必要准备:(一)已经完成实施发明创造所必需的主要技术图纸或者工艺文件;(二)已经制造或者购买实施发明创造所必需的主要设备或者原材料。”第三款规定:“专利法第六十九条第(二)项规定的原有范围,包括专利申请日前已有的生产规模以及利用已有的生产设备或者根据已有的生产准备可以达到的生产规模。”第四款规定:“先用权人在专利申请日后将其已经实施或作好实施必要准备的技术或设计转让或者许可他人实施,被诉侵权人主张该实施行为属于在原有范围内继续实施的,人民法院不予支持,但该技术或设计与原有企业一并转让或者承继的除外。”

根据以上规定,只要被请求人主张,并且被查证属实其是在申请日前已经制造相同产品、使用相同方法或者已经做好制造、使用的必要准备,并且仅在原有范围内继续制造、使用的,而且其技术来源是合法的,实施规模和方式是符合上述司法解释规定的,就不能被视为侵犯专利权。其符合上述规定的继续制造、使用行为就应得到法律保护。如果实施的是公知技术,应该适用的是现有技术抗辩权而不是先用抗辩权。在本案中,在被请求人就其在申请日前已经制造、销售相关外观设计产品提出主张的情况下,菏泽市知识产权局和一审法院对此没有进行查实就认定其构成侵犯专利权,正如山东省高级人民法院在二审判决中所指出的,属于事实不清、适用法律错误。

(三)《专利法》第六十九条第(二)项规定的先用抗辩权与《专利法》第六十二条规定的现有技术抗辩权的异同

《专利法》(2008 年修正) 第六十二条规定:“ 在专利侵权纠纷中,被控侵权人有证据证明其实施的技术或者设计属于现有技术或者现有设计的,不构成侵犯专利权。”《最高人民法院关于审理侵犯专利权纠纷案件应用法律若干问题的解释》(法释〔2009〕21 号)第十四条第一款规定:“被诉落入专利权保护范围的全部技术特征,与一项现有技术方案中的相应技术特征相同或者无实质性差异的,人民法院应当认定被诉侵权人实施的技术属于专利法第六十二条规定的现有技术。”第二款规定:“被诉侵权设计与一个现有设计相同或者无实质性差异的,人民法院应当认定被诉侵权人实施的设计属于专利法第六十二条规定的现有设计。”

根据上述规定,这两者都属于在专利侵权纠纷中,被控技术方案或者外观设计产品落入了专利权人专利权保护范围时,被请求人或者被告主张不构成侵犯专利权的法律依据。先用抗辩权和现有技术抗辩权的相同点是:两者都在被控技术方案或者外观设计产品落入了专利权人专利保护范围时使用。不同点是:(1)时间要求不同:先用抗辩权一定是在申请日前开始制造、使用或者做好了使用的必要准备,而现有技术抗辩没有时间要求,不论其开始使用、制造的时间在申请日前、申请日或者申请日后乃至于授权后都可以;(2)实施方式和规模要求不同:对于先用抗辩权其实施方式和规模一定要符合上述司法解释的规定,而现有技术抗辩对于实施方式和规模没有限制;(3)技术方案要求不同:对于先用抗辩权,只要其技术来源合法就行,不论是抗辩人自己研究、设计的、从现有技术中得到的、从涉案专利权申请人处得到的都可以,不论是从一个完整的技术方案或者设计得到的,还是几个技术方案或者设计组合转化后得到的都可以;而现有技术抗辩的技术或者设计,一定要求构成被控技术方案的所有技术特征与一项现有技术方案中的相应技术特征,相同或者无实质性差异;或者被控侵权设计与一个现有设计相同或者无实质性差异。

案例三十一　刘钢生与潮州市知识产权局专利侵权行政处理纠纷上诉案

一、《广东省高级人民法院行政判决书》(〔2013〕粤高法行终字第314号)

广东省高级人民法院
行政判决书

〔2013〕粤高法行终字第314号

上诉人(原审被告):潮州市知识产权局
法定代表人:肖裕钦,局长
委托代理人:郑锦明,该局工作人员
委托代理人:曾琦,广东祁增颢律师事务所律师
上诉人(原审第三人):李丹
委托代理人:李庆全,广东祁增颢律师事务所律师
被上诉人(原审原告):刘钢生
委托代理人:刘焕智、许伟龙,均系广东祥典律师事务所律师

上诉人潮州市知识产权局、李丹因与被上诉人刘钢生专利侵权纠纷处理决定纠纷一案,不服汕头市中级人民法院〔2012〕汕中法行初字第5号行政判决,向本院提出上诉。本院依法组成合议庭审理了本案,现已审理终结。

原审法院认定:2010年9月1日,刘钢生向潮州市知识产权局递交专利侵权纠纷处理请求书,请求处理李丹侵犯其实用新型专利权(专利号ZL200920053826.9)的行为,刘钢生同时提交了其本人身份证复印件、中华人民共和国国家知识产权局第1346927号实用新型专利证书复印件、专利缴费收据复印件、本专利实施实例图纸、涉嫌侵权产品的宣传册以及李丹的身份证

复印件等证据材料。潮州市知识产权局于2010年9月9日立案,并于同日向李丹送达《专利侵权纠纷处理请求受理通知书》。2010年9月10日,潮州市知识产权局向李丹送达《专利侵权纠纷处理请求书》及附件、《答辩通知书》《专利执法勘验检查通知书》以及《专利案件抽样取证决定》等,并对李丹的场所进行勘验检查,现场查获被控侵权产品5台,对被控侵权产品予以登记并抽样取证。2010年10月9日,潮州市知识产权局组成合议组对案件进行口头审理。2010年10月25日,李丹向国家知识产权局专利复审委员会申请宣告涉案专利权无效,并以此为由向潮州市知识产权局申请中止审理。2011年1月27日,潮州市知识产权局决定中止处理。2011年5月19日,专利复审委员会做出审查决定,维持涉案专利权有效。2011年9月13日,刘钢生向潮州市知识产权局申请恢复处理,该局决定自2011年9月26日起恢复本案的处理。2011年10月13日,潮州市知识产权局召集刘钢生和李丹对被控产品的结构特征进行现场指认,并制作现场调查笔录,笔录载明了指认方式、内容及请求方和被请求方的质证意见,但没有记载调查时间、地点及参加人员,笔录尾部“有关人员分别在笔录尾签名或盖章”部分签署了“刘钢生”“李丹”“陈草原”三人姓名及落款日期均为“2011. 10. 13”。2011年12月1日,潮州市知识产权局作出潮专纠字〔2010〕第28号《专利侵权纠纷处理决定书》,认为《注塑机维修实用教程》是一种早于申请日公开的书刊,其所公开的内容是专利法所称的现有技术,根据专利法第六十二条,被控侵权人有证据证明其实施的技术属于现有技术的,不构成侵犯专利权,依照《注塑机维修实用教程》第152至154页的图5—1《震雄注塑机射胶部分结构》、表5—1《震雄注塑机射胶部分零件名称》、表5—3《震雄JM12-MKⅡ注塑机轴承座零件名称》、图5—4《震雄机型JM12-MKⅡ轴承座组合》,并结合本领域的常识,能够启示还原出被控侵权产品的结构特征,李丹的被控侵权产品是一种现有技术,不构成侵权。该处理决定书于2011年12月2日送达刘钢生和李丹。刘钢生不服,提起本案诉讼,请求判决撤销上述处理决定,判令潮州市知识产权局重新作出专利侵权纠纷处理决定。

2012年10月17日,原审法院根据刘钢生和李丹申请,组织三方当事人在被控产品生产场所(即潮州市绿榕路浮陇山工业区潮州市乐为塑料机械厂),对被控产品进行现场指认质证。李丹提供进行质证的证据为已组装完毕的被控侵权注塑机械一台。被控侵权产品的注射部分的零部件,在《注塑机维修实用教程》第152页中的图5—1《震雄注塑机射胶部分结构》和表5—1《震雄注塑机射胶部分零件名称》中得到指认,但机械内部组装结构及各部件的联动关系无法直观体现。刘钢生提出被控产品的轴承座部分结构与上述教程不同,李丹认为被控产品的零部件和结构都与教程相同,并且在潮州市知识产权局处理涉案侵权纠纷时已经现场指认过,对此没有再举证证实。

原审法院认为:《中华人民共和国专利法》第六十条规定:“未经专利权人许可,实施其专利,即侵犯其专利权,引起纠纷的,由当事人协商解决;不愿协商或者协商不成的,专利权人或者利害关系人可以向人民法院起诉,也可以请求管理专利工作的部门处理。”潮州市知识产权局根据刘钢生的申请,对本案专利侵权纠纷进行调查处理,主体资格合法。

本案中,刘钢生请求潮州市知识产权局处理涉案专利侵权纠纷,并提交了主体资格证明和专利权有效证明。潮州市知识产权局立案后,依法对被控产品进行抽样取证,但对被控产品是否落入刘钢生专利权保护范围没有进行审查和认定。在处理专利侵权纠纷案件过程中,潮州市知识产权局组织刘钢生和李丹对被控产品的结构特征进行现场指认,因被控侵权产品是一种注塑机械,根据《专利行政执法办法》(2001 年施行)第二十八条“……涉嫌侵犯制造方法专利权的,管理专利工作的部门可以要求被调查人进行现场演示”“管理专利工作的部门调查收集证据应当制作笔录。笔录应当由案件承办人员、被调查单位或者个人签名或者盖章”的规定,要求被调查人现场质证,处理方式合法,但该局制作的现场调查笔录,没有记载现场调查的时间、地点、参加人员,亦没有案件承办人员签名,仅有刘钢生和李丹及案外人“陈草原”签名,不但形式上违反了《专利行政执法办法》的上述规定,内容上也未能体现第三人现场演示组装机械的过程。而且,刘钢生在现场调查时,对轴承座、导向套的结构与教程是否相同提出异议,并认为教程未能反映各部件的连接关系。对此,现场调查笔录也未能体现被控产品的轴承座与溶胶筒、射胶头板、射胶二板、射移导杆等各部件之间的连接与配合关系。因此,该证据原审法院不予采信。关于《注塑机维修实用教程》,经专利复审委员会依法审查,认为上述教程的内容“缺少足够的文字说明,从图中也不能直接地、毫无疑义地确定其公开了本专利的技术方案”,从而驳回了李丹的申请,维持刘钢生涉案专利权有效。而潮州市知识产权局仍然认为被控侵权产品的注射部分的结构特征在《注塑机维修实用教程》中有刊载,进而认定李丹生产的被控产品是一种现有技术,不构成侵权,在刘钢生专利权有效的情况下,对李丹被控侵权产品是否落入刘钢生专利权保护范围,该局没有审查和认定,属认定事实不清,证据不足,其作出的潮专纠字〔2010〕第 28 号《专利侵权纠纷处理决定书》依法应予撤销。刘钢生请求判决撤销被诉处理决定,责令潮州市知识产权局重新作出处理决定,理由成立。李丹述称根据《注塑机维修实用教程》生产被控产品,实施的是现有技术,没有侵犯刘钢生专利权,但未能提供足够证据证明,不予采纳。综上所述,被诉处理决定主要证据不足,违反法定程序,应予撤销。依照《中华人民共和国行政诉讼法》第五十四条第(二)项的规定,判决:一、撤销潮州市知识产权局作出的潮专纠字〔2010〕第28号专利侵权纠纷处理决定；二、责令潮州市知识产权局于原审判决生效之日起六十日内重新作出具体行政行为。

潮州市知识产权局不服，向本院提起上诉，请求撤销原判决，改判维持被诉处理决定，理由主要有：一、现场调查笔录并非被诉处理决定的主要证据，主要证据是《注塑机维修实用教程》和现场勘验取得的物证。而且，各方对现场检查笔录均无异议，该局承办人员未签名仅属瑕疵，〔2008〕粤高法行终字第37号判决就指出，此类瑕疵不影响处理决定的合法性。二、专利复审委维持涉案专利有效，与被控侵权产品是否落入该专利保护范围无关，不能因为专利有效，就想当然地认为必须比对被控侵权产品和专利，进而认定被诉处理决定违法。三、该局已审查过涉案专利的保护范围，但李丹提出的现有技术抗辩成立时，无须再比对涉案专利与被控侵权产品，以节约行政资源，只有现有技术抗辩不成立时，才需要比对，这也符合专利法第六十二条的规定。四、被控侵权产品属于现有技术。首先，被控侵权产品的零部件，称谓与《注塑机维修实用教程》虽不完全一致，但一一对应，位置相同，数量相同。《注塑机维修实用教程》第152页的图5—1《震雄注塑机射胶部分结构》和表5—1《震雄注塑机射胶部分零件名称》清楚全面地显示出各部位的构件及其相互位置关系。刘钢生主张教程没有公开传动轴、轴承座、导向套，其实，传动轴及轴承座在表5—3《震雄JM12-MKⅡ注塑机轴承座零件名称》披露，从图5—4《震雄机型JM12-MKⅡ轴承座组合》也可看出带有传动轴的轴承座，从图5—1可以看出射移导杆上连接的导向套，只是没有专门标出而已。第二，“轴承座与熔胶筒、射胶头板、射胶二板、射移导杆等各部件之间的连接与配合关系”图5—4《震雄机型JM12-MKⅡ轴承座组合》、图5—5《机筒（熔胶筒）装配》、图5—6《震雄机型拆装射胶螺杆步骤》已经披露。第三，“射移导杆用于轴承座带动螺杆料筒水平运动”也在图5—1、图5—4、图5—6中披露，卧式注塑机的挤塑机构相对底座必然是水平运动的，这是本领域公知常识。李丹完全可以按教程所示制造。五、涉案专利是实用新型专利，保护的是产品的形状、构造及其结合，不是所谓的各部件之间的联动关系之类的工作原理和工作过程。而且，原审法院现场勘验时，可以要求当事人启停、拆装被控侵权产品，不能因为自己看不明白，就认为“机械内部组装结构及各部件的联动关系无法直观体现”。六、被控侵权产品与涉案专利不同。李丹仅承认部分落入专利保护范围，而只有覆盖涉案专利权利要求书记载的全部必要技术特征，才构成专利侵权。

上诉人李丹也请求撤销原判决，改判维持被诉处理决定，理由主要有：一、2001年起施行的《专利行政执法办法》在潮州市知识产权局现场调查时已经废止，原审判决适用法律错误。原审判决即使改用现行《专利行政执法办法》第三十六条来评价调查笔录，也是错误的，因为涉案专利技术不属于“制造方法”专利。二、专利侵权纠纷行政裁决主要取决于被控侵权产品与现有技术之间的比对，现场调查笔录并非必需。三、被控侵权产品属于现有技术。四、被控侵权产品与涉案专利不同。专利权人在无效程序中确认的专利保护范围，不能延及现有技术，否则违反禁反言原则。涉案专利技术与被控侵权产品有两点差异：一是前者的导向柱随着注射座移动而移动，后者的射移导杆相对于座台是固定不动的；二是前者的座架在机械运动过程中要移动，而后者的射移支架是固定不动的。

被上诉人刘钢生辩称：一、专利复审委确定被控侵权产品与专利相同，落入涉案专利保护范围，李丹也多次承认此一事实。潮州市知识产权局不比对被控产品与涉案专利，目的是袒护侵权人。二、被控侵权产品不属于现有技术。专利复审委认为，《注塑机维修实用教程》未披露涉案专利所保护的“轴承座与熔胶筒、射胶头板、射胶二板、射移导杆等各部件之间的连接与配合关系，以及射移导杆是用于轴承座带动螺杆料筒水平运动等”技术，也未披露轴承座、导向套，而这些技术被控侵权产品都使用了。三、现场调查笔录存在重大瑕疵，不能作为裁决的主要依据。请求驳回上诉，维持原判决。

经审查，本院对原审判决认定的事实予以确认，另认定以下事实：上诉人李丹向专利复审委员会提出无效宣告请求的证据，是《注塑机维修实用教程》封面、版权页、正文第 152—155 页的复印件共 6 页。李丹认为涉案专利权利要求 1、2 相对于上述 6 页证据，不具备创造性，请求宣告涉案专利权利要求 1、2 全部无效。专利权人刘钢生没有出席该委的口头审理。该委比对了涉案专利和上述 6 页证据，但未比对涉案专利和被控侵权产品。被上诉人刘钢生也承认 2011 年 10 月 13 日的现场调查由潮州市知识产权局派员到场组织，只是对陈草原的专家身份有异议。

本院认为：各方均承认 2011 年 10 月 13 日的现场调查由潮州市知识产权局组织，因此该局承办人员未按《专利行政执法办法》第三十六条的规定在笔录上签名，虽属程序瑕疵，但不影响被诉处理决定的合法性。最高人民法院《关于审理侵犯专利权纠纷案件应用法律若干问题的解释》第十四条第一款规定：“被诉落入专利权保护范围的全部技术特征，与一项现有技术方案中的相应技术特征相同或者无实质性差异的，人民法院应当认定被诉侵权人实施的技术属于专利法第六十二条规定的现有技术。”《中华人民共和国专利法》第六十二条规定：“在专利侵权纠纷中，被控侵权人有证据证明其实施的技术或者设计属于现有技术或者现有设计的，不构成侵犯专利权。”可见，现有技术抗辩能否成立，与被控侵权产品是否落入专利保护范围无关，即使被控侵权产品全面覆盖专利权利要求书记载的全部技术特征，落入涉案专利保护范围，仍不妨碍被控侵权人援用现有技术抗辩，主张不侵犯专利权。因此，现有技术抗辩如果成立，比对被控侵权产品与涉案专利，就无必要。原审判决认为刘钢生涉案专利既然有效，潮州市知识产权局就应进行上述比对，缺乏法律依据，本院予以纠正。

但是，本案专利侵权纠纷行政处理程序中的证据，不足以支持现有技术抗辩。李丹用于主张现有技术抗辩的证据，是《注塑机维修实用教程》封面、版权页、正文第152—155页、封底的复印件共7页。被控侵权产品与涉案专利相同的部件，上述7页证据固然已经披露，但射胶部分与轴承座的连接与配合关系、射移导杆用于轴承座带动螺杆料筒运动等技术，则未见披露，其中图5—4《震雄机型JM12—MKⅡ轴承座组合》仅披露轴承座而未披露射胶部分，图5—5《机筒（熔胶筒）装配》、图5—6《震雄机型拆装射胶螺杆步骤》仅披露射胶部分而未披露轴承座，潮州市知识产权局主张李丹可以依据上述7页证据所示生产被控侵权产品，也即被控侵权产品是一种现有技术，证据不足，本院不予采纳。

综上，被诉处理决定证据不足，原审判决结果正确，依法应予以维持，潮州市知识产权局、李丹上诉的理据不足，依法应予以驳回。依照《中华人民共和国行政诉讼法》第六十一条第（一）项的规定，判决如下：

驳回上诉，维持原判。

二审案件受理费100元，由上诉人潮州市知识产权局、李丹各负担50元。

本判决为终审判决。

审　判　长　彭　静
代理审判员　戴剑飞
代理审判员　董嫦青
二〇一三年九月十七日
书　记　员　邓丽华

二、本案概要

请求人刘钢生向潮州市知识产权局递交专利侵权纠纷处理请求书，请求处理李丹侵犯其实用新型专利权（专利号ZL200920053826.9）的行为，潮州市知识知识产权局经过调查、口审等程序后，认为被请求人实施的技术属于现有技术，驳回了请求人的处理请求。请求人不服，起诉到潮州市中级人民法院，潮州市中级人民法院经过审理，以潮州市知识产权局调查笔录不仅形式存在重大瑕疵，内容也有重大欠缺，潮州市知识产权局认定为现有技术的《注塑机维修实用教程》没有完全公开涉案专利技术方案的全部技术特征,潮州市知识产权局未对被控技术方案是否落入了涉案专利权的保护范围进行审查认定,属于事实不清、证据不足,撤销了潮州市知识产权局的处理决定,责令潮州市知识产权局于原审判决生效之日起六十日内重新作出具体行政行为。潮州市知识产权局和被请求人均不服,上诉到广东省高级人民法院。广东省高级人民法院经审理认为,潮州市知识产权局的调查笔录虽然存在没有调查人员的签名等瑕疵,但由于各方对潮州市知识产权局进行了调查及调查内容均予以承认,可以作为证据使用;现有技术抗辩如果成立,比对被控侵权产品与涉案专利,就无必要,一审判决认为刘钢生涉案专利既然有效,潮州市知识产权局就应进行上述比对,缺乏法律依据;潮州市知识产权局认定的现有技术文件《注塑机维修实用教程》没有完全披露涉案专利的技术特定,因此其认定被控产品是一种现有技术的证据不足,一审判决结果正确,依法应予以维持,潮州市知识产权局、李丹上诉的理据不足,依法应予以驳回。判决维持了一审判决。

三、本案解析

(一)不能将某一技术方案和其他现有技术结合起来作为现有技术抗辩中的现有技术

《专利法》(2008 年修正)第六十二条规定:"在专利侵权纠纷中,被控侵权人有证据证明其实施的技术或者设计属于现有技术或者现有设计的,不构成侵犯专利权。"《最高人民法院关于审理侵犯专利权纠纷案件应用法律若干问题的解释》(法释〔2009〕21 号)第十四条规定第一款规定:"被诉落入专利权保护范围的全部技术特征,与一项现有技术方案中的相应技术特征相同或者无实质性差异的,人民法院应当认定被诉侵权人实施的技术属于专利法第六十二条规定的现有技术。"第二款规定:"被诉侵权设计与一个现有设计相同或者无实质性差异的,人民法院应当认定被诉侵权人实施的设计属于专利法第六十二条规定的现有设计。"

根据上述规定,在发明或者实用新型专利侵权纠纷中,被控技术方案的全部技术特征,与一项现有技术方案中的相应技术特征相同或者无实质性差异的,被控侵权设计与一个现有设计相同或者无实质性差异的,现有技术抗辩才能成立,才不构成专利侵权。因此,将一项技术方案与其他现有技术结合起来或者将两项或者两项以上技术方案结合起来作为不构成专利侵权抗辩的现有技术都是不对的。本案中,潮州市知识产权局的观点,"一份技术文献《注塑机维修实用教程》记载的内容)并结合本领域的常识,能够启示还原出被控侵权产品的结构特征,李丹的被控侵权产品是一种现有技术,不构成侵权”是不符合上述司法解释规定的,因而是错误的。

（二）针对现有技术抗辩需要对被控技术方案是否落入涉案专利保护范围进行认定的情况

在专利侵权纠纷处理中,按照《专利法》(2008 年修正)第六十二条、《最高人民法院关于审理侵犯专利权纠纷案件应用法律若干问题的解释》(法释〔2009〕21 号)第十四条的规定,就算被控技术方案落入了专利权的保护范围,只要被控技术方案的全部技术特征与一项现有技术方案中的相应技术特征相同或者无实质性差异的,不构成专利侵权。因此,当被请求人提出现有技术抗辩时,只有两个条件同时满足,才能构成专利侵权,即(1)被控技术方案落入了专利权的保护范围,(2)被控技术方案的全部技术特征与一项现有技术方案中的相应技术特征有实质性差异(包括不相同)。相反当这两个条件差一个就不构成专利侵权,即被控技术方案没有落入专利权的保护范围或者被控技术方案的全部技术特征与一项现有技术方案中的相应技术特征相同或者无实质性差异。据此,在专利侵权纠纷行政处理中(专利诉讼中也相同),如果被请求人提出了现有技术抗辩,执法机关可以根据案件情况,如果判断被控技术方案是否落入专利权的保护范围的证据确实充分,而且难度相对较少,就可以先对被控技术方案是否落入了专利权的保护范围进行判断。如果判断的结果是没有落入,就不必要再对被控技术方案的全部技术特征是否与一项现有技术方案中的相应技术特征相同或者无实质性差异进行判断,直接作出不构成专利侵权的认定;如果判断的结果是落入了专利权的保护范围,再进行被控技术方案的全部技术特征是否与一项现有技术方案中的相应技术特征相同或者无实质性差异进行判断。如果判断的结果是相同或者无实质性差异,则作出不构成专利侵权的认定;如果判断的结果是有实质性差异(包括不相同),则作出构成专利侵权的认定。

如果判断被控技术方案的全部技术特征与一项现有技术方案中的技术特征是否构成相同或者无实质性差异,证据确实充分且难度相对较小,就可先对被控技术方案的全部技术特征是否与一项现有技术方案中的相应技术特征相同或者无实质性差异进行判断。如果判断的结果是被控技术方案的全部技术特征与一项现有技术方案中的相应技术特征相同或者无实质性差异,则直接作出不构成专利侵权的认定;如果判断的结果是被控技术方案的全部技术特征与一项现有技术方案中的相应技术特征有实质性差异(包括不相同),则还要对被控技术方案是否落入了专利技术的保护范围进行判断。如果判断的结果是落入了则作出构成专利侵权的认定;如果没有落入,则作出不构成专利侵权的认定。

对于外观设计专利侵权纠纷中现有设计抗辩，处理步骤与上述现有技术抗辩相同。

（三）对于实用新型专利，用来现有技术抗辩的现有技术方案是否必须包括产品构成部件之间的连接、配合关系的技术特征，要以涉案专利技术方案或者被控技术方案的特征来定

根据《专利法》（2008 年修正）第六十二条和《最高人民法院关于审理侵犯专利权纠纷案件应用法律若干问题的解释》（法释〔2009〕21 号）第十四条规定的现有技术抗辩制度，就算被控技术方案落入了专利权的保护范围，只要被控技术方案的全部技术特征与一项现有技术方案中的相应技术特征相同或者无实质性差异的，也不构成专利侵权。据此，如果被控技术方案没有落入专利权的保护范围，就不构成权利侵权，用不着现有技术抗辩。如果被控技术方案落入了专利权的保护范围，则被控侵权技术方案必然包括与专利权利要求记载的全部技术特征相同或者等同的技术特征。此时，如果专利权利要求技术方案记载的技术特征中包括了实用新型产品部件或者构件的连接、配合关系的技术特征，被控技术方案中则必然包括实用新型产品部件或者构件的连接、配合关系的技术特征。在此前提下，要想达到现有技术抗辩的目的，满足被控技术方案的全部技术特征与一项现有技术方案中的相应技术特征相同或者无实质性差异的条件，该项现有技术方案中必然要包括产品部件或者构件的连接、配合关系的技术特征。否则，现有现有技术抗辩必然失败。如果专利权利要求技术方案记载的技术特征中没有包括实用新型产品部件或者构件的连接、配合关系的技术特征，被控技术方案中则就可以不包括实用新型产品部件或者构件的连接、配合关系的技术特征，相应的，用来现有技术抗辩的现有技术方案可以不包括产品构成部件之间的连接、配合关系的技术特征。

按照上述对第二个问题即现有技术抗辩的解析，如果是先判断被控技术方案是否与一项现有技术方案中的相应技术特征相同或者无实质性差异，就要看被控技术方案的技术特征中是否包括了产品部件或者构件的连接、配合关系的技术特征。如果包括，则用于现有技术抗辩的现有技术方案必须包括产品构成部件之间的连接、配合关系的技术特征，否则必然不能满足现有技术抗辩的条件。如果没有包括，相应地，用来现有技术抗辩的现有技术方案可以不包括产品构成部件之间的连接、配合关系的技术特征。

案例三十二　新达器械厂与某市知识产权局专利侵权行政处理纠纷起诉案

一、《山东省济南市中级人民法院行政判决书》(〔2010〕济知行初字第1号)

山东省济南市中级人民法院
行政判决书

〔2010〕济知行初字第1号

原告:某高技术产业开发区新达器械厂
被告:某市知识产权局
第三人:王某

原告某高技术产业开发区新达器械厂(以下简称新达器械厂)不服被告某市知识产权局(以下简称某知产局)2010年6月9日作出的〔2010〕第1号专利纠纷处理决定,于2010年6月28日向本院提起行政诉讼。本院受理后,依法组成合议庭,并通知王某为本案的第三人参加诉讼,于2010年8月5日公开开庭审理了本案。

被告某知产局作出的〔2010〕第1号专利纠纷处理决定(以下简称处理决定)认定事实如下:

2005年12月3日,请求人王某就其"连续注射器注射量调节装置"向国家知识产权局申请实用新型专利,于2006年12月27日获得授权并公告,授权公告号CN2850557Y,目前该专利维持有效。该专利权利要求书载明其权利要求为:一种连续注射器注射量调节装置,其在调节芯杆外部设有带标尺的外套和调节锁紧帽,其特征是:调节芯杆上设有一标尺块,外套轴向设有导向槽,标尺块可随调节芯杆在导向槽内移动,实现注射量调节。

2010 年 3 月 5 日，某知产局进行了证据保全，在新达器械厂生产现场提取了“连续注射器注射量调节装置”产品一套，其结构为：调节芯杆外部设有带标尺的外套及调节锁紧帽，调节芯杆上安装有一标尺片，外套的轴向加工有导向槽，标尺片可随调节芯杆在导向槽内移动，实现注射量调节。王某与新达器械厂对专利技术和被控侵权技术的对比争议集中在，被控侵权产品中“标尺片”是否与涉案专利记载的“标尺块”专利技术特征相同或等同。被控侵权产品除了“标尺片”与权利要求 1 中的“标尺块”有差别外，其他技术特征与专利技术完全相同。被控侵权产品中的“标尺片”其要实现的目的也是通过“标尺片”的位置变化来确定连续注射器套筒中活塞的活动范围，以此来确定注射量的大小，其采用的技术手段也是通过调节芯杆的旋转实现标尺片在外套上的导向槽内移动来实现的。被控侵权物中的“标尺片”相对于专利权利要求书载明的“标尺块”技术，应纳入等同技术特征之中，被控侵权技术相对于专利技术的变化并不是实质性的，也不是创造性的，故新达器械厂生产被控侵权物的行为构成了专利侵权。

新达器械厂提供的姚国江的 ZL200420096854.6 号实用新型专利（以下简称姚国江专利），公开了一种兽医用连续注射器，其设有注射装置、药量调节装置和控制装置，药量调节装置的定位套上设有视窗，视窗边上设有计量刻度线，调节杆上设有剂量标线。新达器械厂提供的贺长军的 ZL02214671.7 号实用新型专利（以下简称贺长军专利）公开了一种连续注射器注射量调节装置，其在芯杆后端设有定位帽和调节丝，调节丝外部设有带标尺的外套和尾端调节帽，外套与定位帽连接固定，尾端调节帽和调节丝连接固定。姚国江专利、贺长军专利与被控侵权产品最大的差别特征是：调节芯杆上安装设有一标尺片，外套轴向设有导向槽，标尺片可随调节芯杆在导向槽内移动，注射量调节方便，标尺片和带标尺的外套不发生转动。因此，姚国江专利、贺长军专利不属于被控侵权产品在涉案专利申请日之前公知技术的再现。新达器械厂未经专利权人许可生产、销售的“连续注射器”产品，构成了对涉案实用新型专利的侵权。根据《中华人民共和国专利法》（以下简称《专利法》）第十一条、第五十六条、第五十七条第一款、《中华人民共和国专利法实施细则》（以下简称《专利法实施细则》）第二条第二款、第三款、《山东省专利保护条例》第十五条、二十条、二十三条、二十六条的规定，作出处理决定如下：一、责令新达器械厂立即停止制造与 ZL200520125563×“连续注射器注射量调节装置”专利相同的产品；二、责令新达器械厂立即封存用于制造 ZL200520125563×“连续注射器注射量调节装置”专利产品的专用模具；三、案件处理费 1000 元由新达器械厂承担。

原告新达器械厂不服某知产局作出的处理决定，向本院提起行政诉讼，诉称：(1)原告生产的产品并不构成专利侵权。在涉案专利申请日之前，已经存在了类似的姚国江专利。原告的产品上的“标尺片”技术是姚国江专利公开的技术,与涉案专利的“标尺块”技术有重大区别,这是涉案专利在后仍能授权的原因。原告的产品使用在先公知技术,不构成专利侵权。原告产品与涉案专利是两种结构不同的剂量调节装置,不同技术特征体现在:原告产品的定位帽与定位套是一体设计;刻度尺在同一平面上,并且在定位槽的两边;定位套上开有对称性U型定位槽;采用了对称性线性刻度定位片,并使用了辅助性的定位弹簧。涉案专利技术不具备上述技术特征,其设计存在严重缺陷,在具体操作中无法实施。(2)某知产局不宜对该纠纷作出处理。某知产局兼营专利代理业务,涉案专利是某知产局代理申请的产物,某知产局与第三人存在重大利害关系,应依法回避该案的裁决。综上,处理决定认定事实不清、适用法律有误,并存在应回避而未回避的情形,请求法院依法撤销。

被告某知产局答辩称:被控侵权技术相对于专利技术的变化并不是实质性的,应为等同技术特征,构成侵权。姚国江专利技术与原告涉案专利是不同的技术,原告在诉状中也承认姚国江专利与涉案专利有重大区别,原告主张涉案专利是公知技术再现的理由不能成立。在涉案专利仍为有效的前提下,原告主张涉案专利技术设计存在缺陷、无法实施的理由不能成立。我局的审理程序合法,没有代理过涉案专利,原告主张我局与第三人存在重大利害关系是主观臆断。请求法院依法驳回原告的诉讼请求,维持处理决定。

第三人王某述称:被告某知产局在行政执法中程序合法,认定事实正确,适用法律得当,其接受被告的行政处理结果,并同意被告的上述抗辩意见,请求法院维持处理决定。

被告某知产局为支持其主张,提交了其在行政执法中所收集和使用的下列两组证据:

第一组证据包括:王某的专利纠纷处理请求书、立案通知书、答辩通知书、立案文书送达回证、新达器械厂的答辩书、案件抽样取证笔录、审理笔录、处理决定书及送达回证。上述证据以证明被告的行政执法程序合法。

第二组证据包括:涉案专利证书及公告文本、专利年费交纳凭证、原告生产的注射器实物、姚国江和贺长军专利的公告文本以及《专利法》(2000年8月25日修正)《专利法实施细则》(2002年12月28日修订)《山东省专利法保护条例》(2002年5月16日公布)等法律规范性文件。上述证据以证明被告认定侵权事实证据充分、适用法律正确。

原告新达器械厂提供了与被告第二组证据相同的证据及第三人王某生产的注射器注射量调节装置,但就其提出的涉案专利系某知产局代理,某知产局与第三人存在重大利害关系的主张未提供证据佐证。

第三人王某未提供证据。

经过庭审质证,各方当事人对对方所提供证据的真实性均无异议,本院对此予以确认。

经审理查明,2010 年 3 月 5 日,被告某知产局对第三人王某提起的专利纠纷处理请求立案受理,并证据保全了原告新达器械厂生产的被控侵权产品,于2010 年 4 月 29 日进行了公开审理。

本院认为,人民法院审理行政案件,应当对具体行政行为是否合法进行审查。具体行政行为合法体现在程序、事实认定及法律适用等方面。《专利法》已于 2008 年 12 月 27 日修正,并于 2009 年 10 月 1 日起施行;《专利法实施细则》已于 2010 年 1 月 9 日修订并施行。被告某知产局立案受理专利纠纷、取证固定被控侵权行为、作出处理决定,系在修改后的《专利法》《专利法实施细则》施行之后,应当适用修改后的法律、法规。而被告某知产局所作的处理决定,适用修改前的法律、法规,违反了法律适用的基本原则,应为适用法律、法规错误。依照《中华人民共和国行政诉讼法》第五十四条第(二)项第 3 目之规定,判决如下:

一、撤销被告某市知识产权局于 2010 年 6 月 9 日作出的〔2010〕第 1 号专利纠纷处理决定。

二、限被告某市知识产权局于本判决生效之日起 60 日内重新作出具体行政行为。

案件受理费 100 元,由被告某市知识产权局负担。

如不服本判决,可在判决书送达之日起十五日内提起上诉,向本院递交上诉状,并按对方当事人的人数提出上诉状副本,上诉于山东省高级人民法院。

审判长　毕惠岩

代理审判员　王俊河

代理审判员　刘军生

二〇一〇年九月十六日

书记员　孙　娜

二、本案概要

请求人王某认为其名称为“连续注射器注射量调节装置”的专利权受到被请求人新达器械厂侵犯,向某知识产权局提出处理请求。该某知识产权局按照程序立案、通知答辩、证据保全、口审后,认定被请求人构成侵权,作出处理决定。被请求人不服起诉到济南市中级法院,济南市中级法院审理后,认为被诉处理决定作出时,《专利法》已经作出了修改,而本案决定仍然依据修改前的旧法作出处理决定,属于适用法律错误。判决撤销处理决定,并于60日重新作出处理决定。

三、本案解析

(一)遇到法律修改时,新、旧法律的适用原则

通常情况下,当出现法律修改时,该法律自身或者相应的司法解释会就新、旧法律的适用衔接问题作出规定。如果未做规定,则适用新法的规定。

自2010年1月1日起施行的《最高人民法院关于审理侵犯专利权纠纷案件应用法律若干问题的解释》(法释〔2009〕21号)第十九条第一款规定:"被诉侵犯专利权行为发生在2009年10月1日以前的,人民法院适用修改前的专利法;发生在2009年10月1日以后的,人民法院适用修改后的专利法。"第二款规定:"被诉侵犯专利权行为发生在2009年10月1日以前且持续到2009年10月1日以后,依据修改前和修改后的专利法的规定侵权人均应承担赔偿责任的,人民法院适用修改后的专利法确定赔偿数额。"该司法解释虽然是对法院法律适用的规定,但专利行政执法机关作出的专利侵权纠纷行政处理决定,在当事人不服提起诉讼时,其合法与否,最终是由法院行政判决来认定。因此,在《专利法》已于2008年12月27日修正,并于2009年10月1日起施行;《专利法实施细则》已于2010年1月9日修订并施行的前提下,本案中某知产局立案受理专利侵权纠纷、取证固定被控侵权行为、作出处理决定,都在修改后的《专利法》《专利法实施细则》施行之后,由于此时被请求人并没有停止被控侵权行为,因此被处理的侵权行为也发生在《专利法》及《专利法实施细则》修订之后,所以该某知识产权局还适用修改前的法律、法规,是错误的。

《中华人民共和国立法法》(2015年修正)第九十二条规定:"同一机关制定的法律、行政法规、地方性法规、自治条例和单行条例、规章,特别规定与一般规定不一致的,适用特别规定;新的规定与旧的规定不一致的,适用新的规定。"这是对新、旧法律适用没有具体规定时,适用新法的法律规定。

(二)在判定被请求人是否构成侵权时,被请求人提出作为证据的其他人的相关专利的对待原则

本案中涉及三方面的法律关系及它们相互关系问题:其一,被控技术方案是否落入涉案专利的保护范围的问题;其二,被控技术方案是否属于《专利法》第六十二条规定的现有技术的问题;其三,他人的相关有效专利与涉案专利权的效力问题。对于第一个问题,需要对被控技术方案的技术特征与涉案专利的技术特征进行比对,按照《最高人民法院关于审理侵犯专利权纠纷案件应用

法律若干问题的解释》(法释〔2009〕21号)第七条的规定进行判断。对于第二个问题,按照《专利法》第六十二条及(法释〔2009〕21号)第十四条进行判断。对于第三个问题,对于涉案专利权的效力,在专利复审委员会宣告该专利无效之前,其效力不受其他相关专利的影响,不管被控技术方案与其他专利的关系如何,只要其构成侵犯涉案专利权,就应依法承担侵权责任。

在他们的相互关系方面,如果第一项、第二项同时成立,即被控技术方案落入涉案专利的保护范围,同时被控技术方案又属于《专利法》第六十二条、法释〔2009〕21号)第十四条规定的现有技术,则不构成专利侵权。此即现有技术抗辩的问题,具体适用请参考本书前文关于现有技术抗辩适用的解析。除此之外,只要被控技术方案落入了涉案专利权的保护范围,被请求人就构成专利侵权(2008年修正的《专利法》第六十九条规定的不视为侵犯专利权的情况除外),不受其他专利是否有效及其他专利与涉案专利的关系、其他专利与被控技术方案的关系的影响。

案例三十三　福州海王福药制药有限公司与辽宁省知识产权局专利侵权行政处理纠纷上诉案

一、《辽宁省高级人民法院行政判决书》(〔2011〕辽行终字第16号)

辽宁省高级人民法院
行政判决书

〔2011〕辽行终字第16号

上诉人(原审原告):福州海王福药制药有限公司
法定代表人:张思民,该公司董事长
委托代理人:廖祖宣
被上诉人(原审被告):辽宁省知识产权局
法定代表人:胡权林,该局局长
委托代理人:谢滨,该局副调研员
被上诉人(原审第三人):江苏省微生物研究所有限责任公司
法定代表人:金肖甬,该公司董事长
委托代理人:王为,北京华科联合专利事务所主任
委托代理人:于沛涛
被上诉人(原审第三人):常州方圆制药有限公司
法定代表人:葛啸虎,该公司董事长
委托代理人:王为,北京华科联合专利事务所主任
委托代理人:于沛涛
原审第三人:辽宁民生中一药业有限公司(原辽宁民生医药发展有限公司)
法定代表人:吴玉平,该公司董事长

上诉人福州海王福药制药有限公司(以下简称福药公司)诉辽宁省知识产权局专利侵权纠纷处理决定一案,不服沈阳市中级人民法院〔2010〕沈中行初字第28号行政判决,向本院提起上诉。本院依法组成合议庭,于2011年3月14日公开开庭审理了本案。上诉人福药公司的委托代理人廖祖宣,被上诉人辽宁省知识产权局的委托代理人谢滨,被上诉人江苏省微生物研究所有限责任公司(以下简称微生物公司)及常州方圆制药有限公司(以下简称方圆公司)的共同委托代理人王为、于沛涛到庭参加诉讼。原审第三人辽宁民生中一药业有限公司(以下简称民生公司)未到庭参加诉讼。本案现已审理终结。

原审法院经审理查明,江苏省微生物研究所于1998年10月14日取得了"一种含1—N—乙基庆大霉素C1a或其盐的药用制剂及其制备方法"(专利号:ZL93112412.3)发明专利权。2004年5月24日,专利权人变更为微生物公司。2008年7月18日,专利权人变更为微生物公司和方圆公司。2008年5月,民生公司销售了福药公司生产的"硫酸依替米星氯化纳注射液"。该药所附产品说明书上载明的药物有效成分硫酸依替米星的化学结构式与专利权人要求保护的1—N—乙基庆大霉素C1a硫酸盐化学结构式相同。福药公司生产的"硫酸依替米星氯化纳注射液"属于ZL93112412.3发明专利权权利要求1的保护范围,并且未取得专利权人的书面授权许可。2008年11月14日,专利权人微生物公司和方圆公司向辽宁省知识产权局提出申请,要求对福药公司的专利侵权行为作出处理。辽宁省知识产权局于2009年4月10日作出辽知执字〔2009〕1号《专利侵权纠纷处理决定书》,责令福药公司自收到处理决定书之日,停止生产和销售上述专利产品。

原审法院认为,在被诉的专利侵权纠纷处理决定中,民生公司为被请求人一,故根据《中华人民共和国专利法》(以下简称《专利法》)第三条第二款及第五十七条第一款的规定,辽宁省知识产权局具有作出被诉专利侵权纠纷处理决定的法定职权。辽宁省知识产权局提供的证据能够证明福药公司未经专利权人授权许可,生产、销售的"硫酸依替米星氯化纳注射液"属于"一种含1—N—乙基庆大霉素C1a或其盐的药用制剂及其制备方法"(专利号:ZL93112412.3)发明专利权权利要求1的保护范围。辽宁省知识产权局根据《专利法》第五十七条第一款的规定,对福药公司的专利侵权行为作出被诉专利侵权纠纷处理决定,责令其停止生产、销售该专利产品,认定事实清楚,适用法律正确。福药公司主张其生产"硫酸依替米星氯化纳注射液"是由专利权人方圆公司和专利独占许可人无锡济民可信山禾股份有限公司(以下简称山禾公司)提供原料药并帮助取得药品注册批件,是得到专利权人许可的,所以不构成专利侵权。但因福药公司提供的证据不能证明其已取得专利权人之一方圆公司的书面授权许可生产该专利产品,且方圆公司只是在2008年之前向其提供过该专利产品的原料药，当时方圆公司并不是涉案专利的专利权人，其无权同意或许可福药公司实施该专利权。根据《专利法》第十二条的规定“任何单位或者个人实施他人专利的，应当与专利权人订立书面实施许可合同，向专利权人支付专利使用费。被许可人无权允许合同规定以外的任何单位或者个人实施该专利”，涉案专利独占许可人山禾公司给福药公司提供原料药及帮助取得药品注册批件的行为也不能证明福药公司已取得实施涉案专利的许可。故福药公司的上述主张缺乏事实根据和法律依据，不予支持。福药公司主张其在 2004 年 5 月就公开生产销售涉案专利产品，微生物公司和方圆公司对此情况早已知道，但并未提出异议。根据《辽宁省专利保护条例》第二十条的规定，“请求专利管理部门处理专利侵权纠纷的时效为 2 年，自专利权人或者利害关系人得知或者应当得知其权益被侵害之日起计算”，微生物公司和方圆公司于 2008 年 11 月才向辽宁省知识产权局提出处理专利侵权纠纷的申请，已超过了请求时效。由于福药公司从 2004 年 5 月生产销售涉案专利产品，直到 2008 年 11 月 14 日专利权人提出处理专利侵权纠纷申请时，福药公司的专利侵权行为一直处于继续状态，故福药公司的上述观点不予支持。综上，判决驳回原告的诉讼请求。

上诉人福药公司上诉称：(1)被上诉人辽宁省知识产权局受理本案时，专利权人微生物公司与专利使用人海南爱科制药有限公司(以下简称爱科公司)就上诉人生产“硫酸依替米星注射液”一事，已经向海口市中级法院起诉专利侵权，当时海口市中级法院正在审理之中，尚未作出判决。上诉人恳请辽宁省知识产权局驳回申请人的请求或者暂缓审理本案，等待海口市中级法院作出判决后再审理，但辽宁省知识产权局置之不理，并在法院作出判决前作出了专利侵权纠纷处理决定，违反了国家知识产权局《专利行政执法办法》第五条第(五)项“当事人没有就该专利侵权纠纷向人民法院起诉”的规定。(2)原审法院漏列当事人。国家知识产权局对涉案专利的专利权人在 2010 年 2 月 10 日进行变更公告，增加杭州爱大制药有限公司(以下简称爱大公司)为专利权人，登记生效日为 2010 年 1 月 8 日。本案的处理与其有利害关系，其应当作为第三人参加本案诉讼。(3)原审法院对涉案产品未作鉴定即认定上诉人生产的“硫酸依替米星氯化纳注射液”属于 ZL93112412.3 发明专利权权利要求 1 的保护范围，并且未取得专利权人的书面授权许可属于认定事实不清。(4)方圆公司是上诉人的原料供应商，原来一直为上诉人提供原料，不可能不知道上诉人在生产“硫酸依替米星注射液”，其对于上诉人的行为是默许的。综上，请求本院撤销原审判决，撤销被诉的专利侵权纠纷处理决定。

被上诉人辽宁省知识产权局答辩称：(1)上诉人在原审法院两次审理中均认可辽宁省知识产权局有作出被诉专利侵权纠纷处理决定的法定职权，海南法院审理的案件与本案无关；(2)爱大公司是在我局立案受理后才获得专利权,也和本案无关;(3)上诉人在原审时已经承认涉案药品中含有硫酸依替米星且使用了制备方法,因此不需要进行鉴定;(4)专利实施许可必须采用书面方式,法律并无默示许可的规定。综上,原审判决正确,请求本院予以维持。

被上诉人微生物公司答辩称:(1)爱大公司虽未参加案件审理,但其已向原审法院提交了情况说明,表明爱大公司对本案的陈述意见与微生物公司及方圆公司完全一致,原审不存在漏列第三人的问题。(2)上诉人的制药方式和配比与专利保护范围完全一致,辽宁省知识产权局认定其为专利侵权是正确的。请求本院驳回上诉,维持原判。

被上诉人方圆公司答辩称:(1)海南法院审理的案件中,原告是爱科公司,当时专利权人没有提起诉讼,而是被法院追加为第三人,该案与本案的情况不同。(2)爱大公司原是被许可人,在2010年辽宁省知识产权局作出被诉的专利侵权纠纷处理决定后才获得专利权,因此,爱大公司与本案没有关系。(3)方圆公司从未支持或者配合上诉人获得药品批件,根据申请药品批件的流程,专利权人的支持并非必要要件,如果获得药品文号后出现专利纠纷,可以再行处理。综上,请求本院驳回上诉,维持原判。

本院经审理认定以下事实:1993年4月23日,被上诉人微生物公司的前身微生物研究所作为申请人向国家知识产权局申请名称为"一种含1—N—乙基庆大霉素C1a或其盐的药用制剂及制备方法"的发明专利。1994年4月8日,微生物研究所与方圆公司的前身江阴方园制药公司签订《合作经营江阴方园制药有限公司协议书》,双方约定微生物研究所以该所将完成的国家级一类新药硫酸爱大霉素的技术成果(即涉案的发明专利)折资入股占方园公司全部股份的30%。1996年6月19日,微生物研究所与山禾公司的前身无锡市第一制药厂、无锡市第四制药厂,以及无锡市医药公司签订《关于新药依替米星(爱大霉素,89—07)原料药、水针剂国内独家生产补充合同书》,许可其生产、销售硫酸依替米星原料药、水针剂;转让费为技术入门费加产品销售额分成;鉴于微生物研究所与江阴方园制药公司的合作经营协议书签订在本合同书之前,故无锡市第一制药厂、无锡市第四制药厂对前述合作经营协议书予以认可。1997年4月18日,因无锡市第四制药厂撤销,各方又签订《关于履行依替米星技术转让合同的补充协议书》,约定无锡市第一制药厂继承无锡市第四制药厂就前述所有合同中享有的一切权利、义务和责任,并明确原料药总销售额按全部原料药销售额和水针剂生产额中原料药实际投料数合并计算。1998年8月22日,国家知识产权局授予微生物研究所专利权并颁发发明专利证书,专利授权公告日为10月14日,专利号为:ZL93112412.3。2003年1月,福药公司的前身福州利康药业有限公司(以下简称利康公司)等三家单位共同向国家药品监督管理局提交药品注册申请表,该表中第17项记载"制剂中化学原料药来源为境内生产,生产企业名称常州方圆制药有限公司”。2004 年 5 月 21 日,利康公司获得国家药品监督管理局颁发的《新药证书》,药品名称为硫酸依替米星氯化钠注射液。2004 年 5 月 24 日,专利权人变更为微生物公司。2008 年 7 月 18 日,专利权人变更为微生物公司和方圆公司。方圆公司自 2004 年开始一直向福药公司提供硫酸依替米星原料药,2008 年 7 月方圆公司成为专利权人后即停止向福药公司提供硫酸依替米星原料药,后专利实施许可人山禾公司开始向福药公司提供硫酸依替米星原料药。2008 年 5 月,民生公司销售了福药公司生产的“硫酸依替米星氯化钠注射液”。2008 年 11 月 14 日,专利权人微生物公司向辽宁省知识产权局提出申请,要求对福药公司的专利侵权行为作出处理。辽宁省知识产权局受理后,追加专利权人方圆公司为共同请求人,并于 2009 年 4 月 10 日作出辽知执字〔2009〕1 号《专利侵权纠纷处理决定书》,该处理决定的主要内容为:“经查,微生物公司和方圆公司的专利权合法有效,应当受到法律的保护。根据《专利法》第五十六条的规定,发明专利权的保护范围以其权利要求的内容为准,说明书及其附图可以用于解释权利要求。被请求人福药公司生产的产品的主要原料虽然来源于请求人独家许可生产单位生产,但并非是专利产品,专利产品是在被请求人福药公司处形成的,因而专利产品中的技术特征完全覆盖了请求人的权利要求保护范围,因而属于专利侵权产品。被请求人福药公司称原料是从请求人独家许可的单位买来的,因而不构成侵权的理由不能成立。因为原料只是本发明的一个中间产物,侵权产品是在被请求人福药公司处生产和销售的,因此合议组对被请求人福药公司的理由不予支持。请求人的赔偿请求在口审中明确放弃,请求人可以向人民法院另行提起民事赔偿之诉。双方当事人经调解未能达成一致,依照《专利法》第五十七条第一款之规定,决定:(1)责令民生公司自收到本处理决定书之日,停止销售上述专利产品;(2)责令福药公司自收到本处理决定书之日,停止生产和销售上述专利产品。”福药公司不服,向法院提起行政诉讼。

另查明,被上诉人微生物公司将其所获得的“一种含 1—N—乙基庆大霉素 C1a 或其盐的药用制剂及制备方法”的发明专利分别以不同的形式许可给不同的厂家实施,包括许可山禾公司生产销售硫酸依替米星原料药及注射液;许可方圆公司生产销售硫酸依替米星原料药及注射液(100mg/2ml,50mg/ml),注射用硫酸依替米星(100mg/瓶,50mg/瓶);许可爱科公司生产销售硫酸依替米星大输液。2004 年 8 月 31 日,海南省海口市中级法院受理了原告爱科公司诉被告福药公司、海南豪迈医药公司(以下简称豪迈公司),第三人微生物公司、山禾公司侵犯发明专利权纠纷的诉讼,2009 年 4 月 29 日,海口市中级人民法院作出(2009)海中法民三重字第 2 号民事判决,以爱科公司在未实际取得涉案专利独占实施许可或排他实施许可权利的情况下,直接请求专利权的保护缺乏事实和法律依据为由,判决驳回原告爱科公司的诉讼请求。该判决已经发生法律效力。

本院认为,本案的争议焦点有三个:(1)微生物公司、方圆公司请求被上诉人辽宁省知识产权局处理专利侵权纠纷是否超过请求时效;(2)辽宁省知识产权局对本案专利侵权纠纷是否具有管辖权,其受理本案专利侵权纠纷是否符合受理条件;(3)被诉的专利侵权纠纷处理决定认定福药公司生产、销售"硫酸依替米星氯化纳注射液"的行为构成专利侵权的主要证据是否充分。

关于第一个争议焦点,福药公司主张其在2004年5月就公开生产销售涉案专利产品,微生物公司和方圆公司对此情况早已知道,但并未提出异议。根据《辽宁省专利保护条例》第二十条的规定,请求专利管理部门处理专利侵权纠纷的时效为2年,自专利权人或者利害关系人得知或者应当得知其权益被侵害之日起计算。微生物公司和方圆公司于2008年11月才向辽宁省知识产权局提出请求处理专利侵权纠纷的申请,已经超过了请求时效。2008年修订的《专利法》第六十条第一款规定,侵犯专利权的诉讼时效为2年,自专利权人或者利害关系人得知或者应当得知侵权行为之日起计算;但是该诉讼时效并非绝对为2年的期限,而是要看侵权行为是否处于继续状态,如果处于继续状态,则不受2年的期限限制。由于《专利法》对于请求专利管理部门处理专利侵权纠纷的请求时效未作规定,对于请求专利管理部门处理侵权纠纷的请求时效的计算,应当参照民事诉讼的诉讼时效来计算,即侵权行为处于继续状态的,请求时效亦不受2年的期限限制。本案中,福药公司自2004年5月开始生产销售"硫酸依替米星氯化纳注射液"至今,在微生物公司和方圆公司申请辽宁省知识产权局处理专利侵权纠纷时,福药公司生产销售"硫酸依替米星氯化纳注射液"的行为一直处于继续状态,因此,微生物公司和方圆公司申请辽宁省知识产权局处理专利侵权纠纷不存在超过请求时效的问题。福药公司的该项上诉理由不能成立,原审法院对此认定正确。

关于第二个争议焦点,根据2002年修订的《中华人民共和国专利法实施细则》第八十一条第一款、第二款的规定,当事人请求处理或者调解专利纠纷的,由被请求人所在地或者侵权行为地的管理专利工作的部门管辖。两个以上管理专利工作的部门都有管辖权的专利纠纷,当事人可以向其中一个管理专利工作的部门提出请求,当事人向两个以上有管辖权的管理专利工作的部门提出请求的,由最先受理的管理专利工作的部门管辖。本案中,被请求人分别为福药公司和民生公司,福药公司的所在地为福州,民生公司的所在地为沈阳,根据上述规定,福建省知识产权局和辽宁省知识产权局对涉案专利侵权纠纷均有管辖权,请求人可以选择向其中一个管理专利工作的部门提出请求,因此,辽宁省知识产权局对本案专利侵权纠纷具有管辖权。关于辽宁省知识产权局受理本案专利侵权纠纷是否符合受理条件的问题,福药公司主张根据国家知识产权局《专利行政执法办法》第五条第一款的规定，请求管理专利工作的部门处理专利侵权纠纷的，应当符合下列条件：（一）请求人是专利权人或者利害关系人；（二）有明确的被请求人；（三）有明确的请求事项和具体事实、理由；（四）属于受理管理专利工作的部门的受案范围和管辖；（五）当事人没有就该专利侵权纠纷向人民法院起诉。辽宁省知识产权局受理本案专利侵权纠纷违反上述第（五）项的规定。《专利法》对专利侵权纠纷赋予当事人两种救济途径，一是向人民法院提起民事诉讼，二是向专利管理部门请求行政处理。《专利行政执法办法》之所以规定专利管理部门受理专利侵权纠纷的条件之一是"当事人没有就该专利侵权纠纷向人民法院起诉"，就是为了防止当事人针对同一专利侵权纠纷既向人民法院提起民事诉讼，又向专利管理部门请求行政处理，避免造成民事判决与行政处理决定不一致的后果。第（五）项规定中的"当事人"的范围即为第（一）项规定中"请求人"的范围，既包括专利权人，也包括专利实施许可合同的被许可人以及专利权的合法继承人。爱科公司作为专利实施许可合同的被许可人已经就与本案相同的专利侵权纠纷向人民法院提起专利侵权诉讼，要求法院判定福药公司和豪迈公司侵犯涉案专利权，海口市中级法院已于2004年8月31日受理了该专利侵权诉讼，后又追加专利权人微生物公司为第三人。在此情况下，关于福药公司生产销售"硫酸依替米星氯化钠注射液"的行为是否侵犯涉案专利权正在民事审判程序之中，在法院尚未作出判决之前，辽宁省知识产权局又受理专利权人微生物公司和方圆公司针对同一侵犯专利权纠纷的请求，不符合上述规定。福药公司关于辽宁省知识产权局受理本案专利侵权纠纷不符合受理条件的上诉理由成立。原审法院关于被上诉人辽宁省知识产权局对本案具有管辖权的认定正确，但对其受理本案是否符合受理条件未予审查不当。

关于第三个争议焦点，辽宁省知识产权局认为福药公司生产的"硫酸依替米星氯化钠注射液"所附产品说明书上载明的药物有效成分硫酸依替米星的化学结构式与专利权人要求保护的1—N—乙基庆大霉素C1a硫酸盐化学结构式相同，落到了ZL93112412.3发明专利权权利要求书的保护范围中，并且未取得专利权人的书面授权许可。因此被诉的专利侵权纠纷处理决定认定上诉人的行为构成侵权的事实清楚，证据充分。认定专利侵权必须同时满足以下两个构成要件：一是实施了专利技术或者生产了专利产品，二是未得到专利权人的许可。本案中，上诉人生产的"硫酸依替米星氯化钠注射液"确实属于涉案发明专利权权利要求1的保护范围，关键问题是是否得到了专利权人的许可。《专利法》第十二条关于订立书面实施许可合同的规定应理解为倡导性的规定，而非强制性的规定。实践中，支付专利使用费的方式并不唯一，存在着采用销售分成等形式支付专利使用费的情形。因此，并不能仅以未订立书面实施许可合同为由即认定未得到专利权人的许可。福药公司在行政程序中向辽宁省知识产权局提供的书面代理词提出了五项抗辩理由:(1)专利权人已将生产硫酸依替米星原料药、水针剂的专利使用权以独占的方式许可给了山禾公司;(2)福药公司是经过专利许可使用权人的同意生产药品的,不构成侵权;(3)专利权人不准福药公司使用从专利使用权人处合法购买的原料生产注射液,违反了专利权用尽原则;(4)福药公司生产的硫酸依替米星注射液是用常规方法生产的,不构成侵权;(5)专利权人已授权爱科公司起诉福药公司侵犯发明专利权,案件正在海口市中级法院审理之中,为了防止法院判决与专利侵权处理决定相冲突,恳请知识产权局驳回专利权人的请求。辽宁省知识产权局在作出被诉专利侵权纠纷处理决定的过程中没有全面充分地考虑福药公司提出的抗辩事由,也没有对福药公司是否构成专利侵权进行综合分析判断,而仅以侵权产品是在福药公司处生产和销售、福药公司未与专利权人签订书面授权许可合同为由,认定福药公司实施了侵犯专利权的行为属于认定事实不清、主要证据不足。原审法院判决驳回福药公司的诉讼请求不当。

关于上诉人福药公司主张的原审法院漏列当事人的问题,国家知识产权局对涉案专利的专利权人在2010年2月10日进行变更公告,增加爱大公司为专利权人,登记生效日为2010年1月8日。由于爱大公司是在被诉专利侵权纠纷处理决定作出之后才成为专利权人,且其虽未参加案件审理,但已向原审法院提交了情况说明,表明其对本案的陈述意见与微生物公司及方圆公司完全一致。因此,原审法院不存在漏列第三人的问题,上诉人的该项上诉理由不能成立。

综上所述,被诉的专利侵权纠纷处理决定认定事实不清、主要证据不足,违反法定程序,依法应予撤销;原审判决认定事实不清,判决结果不当,依法亦应予撤销。依照《中华人民共和国行政诉讼法》第六十一条第(三)项、第五十四条第(二)项第1目、第3目的规定,判决如下:

一、撤销沈阳市中级人民法院(2010)沈中行初字第28号行政判决;

二、撤销被上诉人辽宁省知识产权局作出的辽知执字(2009)1号专利侵权纠纷处理决定。

一、二审案件受理费共计100元由被上诉人辽宁省知识产权局负担。

本判决为终审判决。

审 判 长 李 蕊
代理审判员 关鹿凝
代理审判员 王永宏
二〇一一年八月一日
书 记 员 陈 默

二、本案概要

2008 年 11 月 14 日，专利权人微生物公司和其他公司一起向辽宁省知识产权局提出申请，要求对福药公司的专利侵权行为作出处理。辽宁省知识产权局受理后，追加专利权人方圆公司为共同请求人，并于 2009 年 4 月 10 日作出辽知执字〔2009〕1 号《专利侵权纠纷处理决定书》，该处理决定的主要内容为："经查，微生物公司和方圆公司的专利权合法有效，应当受到法律的保护。根据《专利法》第五十六条的规定，发明专利权的保护范围以其权利要求的内容为准，说明书及其附图可以用于解释权利要求。被请求人福药公司生产的产品的主要原料虽然来源于请求人独家许可生产单位生产，但并非是专利产品，专利产品是在被请求人福药公司处形成的，因而专利产品中的技术特征完全覆盖了请求人的权利要求保护范围，因而属于专利侵权产品。被请求人福药公司称原料是从请求人独家许可的单位买来的，因而不构成侵权的理由不能成立。因为原料只是本发明的一个中间产物，侵权产品是在被请求人福药公司处生产和销售的，因此合议组对被请求人福药公司的理由不予支持。请求人的赔偿请求在口审中明确放弃，请求人可以向人民法院另行提起民事赔偿之诉。双方当事人经调解未能达成一致，依照《专利法》第五十七条第一款之规定，决定：(1)责令民生公司自收到本处理决定书之日，停止销售上述专利产品；(2)责令福药公司自收到本处理决定书之日，停止生产和销售上述专利产品"。被请求人福药公司不服，向沈阳中级法院提起行政诉讼。沈阳中院经审理判决维持了辽宁省知识产权局做出的该处理决定。被请求人福药公司仍不服，上诉到辽宁省高级人民法院。辽宁省高级人民法院经审理认为：辽宁省知识产权局受理处理请求违反了国家知识产权局《专利行政执法办法》第五条第一款第五项(当事人没有就该专利侵权纠纷向人民法院起诉)，辽宁省知识产权局在作出被诉专利侵权纠纷处理决定的过程中没有全面充分地考虑福药公司提出的抗辩事由，也没有对福药公司是否构成专利侵权进行综合分析判断，而仅以侵权产品是在福药公司处生产和销售、福药公司未与专利权人签订书面授权许可合同为由，认定福药公司实施了侵犯专利权的行为，被诉专利侵权纠纷处理决定认定事实不清、主要证据不足，违反法定程序；原审判决认定事实不清，判决结果不当。依照《中华人民共和国行政诉讼法》第六十一条第(三)项、第五十四条第(二)项第 1 目、第 3 目的规定，判决撤销了沈阳市中级人民法院的行政判决；撤销辽宁省知识产权局作出专利侵权纠纷处理决定。

三、本案解析

(一)《专利行政执法办法》第十条第一款第五项(当事人没有就该专利侵权纠纷向人民法院起诉)规定的当事人的范围

本案二审判决认为《专利行政执法办法》第十条第一款第五项(当事人没有就该专利侵权纠纷向人民法院起诉)所述的“当事人”的范围即为该条第(一)项规定中“请求人”的范围。其理由论述如下:“国家知识产权局《专利行政执法办法》第五条第一款的规定,请求管理专利工作的部门处理专利侵权纠纷的,应当符合下列条件:(一)请求人是专利权人或者利害关系人;(二)有明确的被请求人;(三)有明确的请求事项和具体事实、理由;(四)属于受理管理专利工作的部门的受案范围和管辖;(五)当事人没有就该专利侵权纠纷向人民法院起诉。辽宁省知识产权局受理本案专利侵权纠纷违反上述第(五)项的规定。《专利法》对专利侵权纠纷赋予当事人两种救济途径,一是向人民法院提起民事诉讼,二是向专利管理部门请求行政处理。《专利行政执法办法》之所以规定专利管理部门受理专利侵权纠纷的条件之一是‘当事人没有就该专利侵权纠纷向人民法院起诉’,就是为了防止当事人针对同一专利侵权纠纷既向人民法院提起民事诉讼,又向专利管理部门请求行政处理,避免造成民事判决与行政处理决定不一致的后果。第(五)项规定中的‘当事人’的范围即为第(一)项规定中‘请求人’的范围,既包括专利权人,也包括专利实施许可合同的被许可人以及专利权的合法继承人”。

笔者认为该案二审判决对“当事人”范围的界定是有遗漏的。首先,如果该条中“当事人”和“请求人”的范围一致的话,就没有必要用两个词,而应当用一个词。更为重要的是,《最高人民法院关于审理侵犯专利权纠纷案件应用法律若干问题的解释》(法释〔2009〕21 号、自 2010 年 1 月 1 日起施行)第十八条规定:“权利人向他人发出侵犯专利权的警告,被警告人或者利害关系人经书面催告权利人行使诉权,自权利人收到该书面催告之日起一个月内或者自书面催告发出之日起二个月内,权利人不撤回警告也不提起诉讼,被警告人或者利害关系人向人民法院提起请求确认其行为不侵犯专利权的诉讼的,人民法院应当受理。”按照该条规定,被请求人也完全可能就专利侵权纠纷向法院起诉并被法院受理。因此,《专利行政执法办法》第十条第一款第五项(当事人没有就该专利侵权纠纷向人民法院起诉)规定的当事人的范围不仅包括该案二审判决所指出的专利权人、专利实施许可合同的被许可人、专利权的合法继承人,还应当包括被请求人。

（二）按照《专利法》第六十九条第一项（有下列情形之一的，不视为侵犯专利权：专利产品或者依照专利方法直接获得的产品，由专利权人或者经其许可的单位、个人售出后，使用、许诺销售、销售、进口该产品的）所述“使用”，使用专利产品制造另一产品可能会构成专利侵权

《最高人民法院关于审理侵犯专利权纠纷案件应用法律若干问题的解释》（法释〔2009〕21号　自2010年1月1日起施行）第十三条第一款规定：“对于使用专利方法获得的原始产品，人民法院应当认定为专利法第十一条规定的依照专利方法直接获得的产品。”该条第二款规定：“对于将上述原始产品进一步加工、处理而获得后续产品的行为，人民法院应当认定属于专利法第十一条规定的使用依照该专利方法直接获得的产品。”据此规定，将依照专利方法直接获得的产品进一步加工、处理而获得后续产品的行为也属于《专利法》第六十九条第一项规定的“使用”行为。如果将依照专利方法直接获得的产品进一步加工、处理而获得的后续产品也属于他人的另一项有效专利权保护的专利产品的话，《专利法》第六十九条第一项规定的“使用”行为虽然不会侵犯该前一项专利，该使用专利产品制造另一专利产品的行为，可能会侵犯该另一项专利权。

正如本案中，涉案专利权利要求3要求保护的是“一种如权利要求1所述的一种含1—N—乙基庆大霉素C1a或其盐的药用制剂的制备方法”。权利要求1要求保护的是“一种含1—N—乙基庆大霉素C1a或其盐的药用制剂”。如果专利权人将该药用制剂的有效活性成分“1—N—乙基庆大霉素C1a或其盐”（即生产“一种含1—N—乙基庆大霉素C1a或其盐的药用制剂”的主要原料）的生产技术授权给某公司生产销售，第三人将从该某公司购得的该主要原料用来生产“一种含1—N—乙基庆大霉素C1a或其盐的药用制剂”的话，因该药用制剂落入涉案专利权利要求1的保护范围，该药用制剂的制造过程很可能会落入权利要求3的保护范围。因此，在这种情况下，该生产、销售该药用制剂的行为很可能会构成侵犯涉案专利权。本案二审判决中的相关观点是值得商榷的。

案例三十四　惠州市知识产权局等与博罗园洲泛亚电子有限公司专利侵权处理决定纠纷上诉案

一、《广东省高级人民法院行政判决书》(〔2013〕粤高法行终字第522号)

广东省高级人民法院
行政判决书

〔2013〕粤高法行终字第522号

上诉人(原审被告):惠州市知识产权局
法定代表人:邹平生,局长
委托代理人:纪智敏,该局公务员
委托代理人:曾琦,广东祁增颢律师事务所律师
上诉人(原审第三人):新利达电池实业(德庆)有限公司
法定代表人:何永基,总经理
委托代理人:莫如超,该司职员
上诉人(原审第三人):肇庆新利达电池实业有限公司
法定代表人:何永基,总经理
委托代理人:莫如超,新利达电池实业(德庆)有限公司职员
被上诉人(原审原告):博罗园洲泛亚电子有限公司
法定代表人:郑宽英,董事长
委托代理人:黄洋,广州中瀚专利商标事务所专利代理人

上诉人惠州市知识产权局、新利达电池实业(德庆)有限公司、肇庆新利达电池实业有限公司因与被上诉人博罗园洲泛亚电子有限公司专利侵权处理决定行政纠纷一案,不服广东省广州市中级人民法院〔2007〕穗中法行初字第26

号行政判决，向本院提起上诉。本院依法组成合议庭对本案进行了审理，现已审理终结。

原审法院经审理查明：本案第三人新利达电池实业（德庆）有限公司和肇庆新利达电池实业有限公司的法定代表人何永基于2002年10月2日经国家知识产权局公告授予其无水银碱性钮形电池的实用新型专利证书，专利号为：ZL01234722.1。2006年4月7日，新利达电池实业有限公司将涉案专利转让给本案两第三人新利达电池实业（德庆）有限公司、肇庆新利达电池实业有限公司。

2006年11月6日，两位第三人向被告惠州市知识产权局申请对原告侵犯其专利权的行为予以查处，请求被告责令原告立即停止对ZL01234722.1号专利的侵权行为，停止使用和销售侵权的无汞钮形电池产品，查封原告关于无汞钮形电池的进货记录和海关转场记录，责令原告销毁所有库存的侵权产品。2007年2月12日，被告作出惠知局处字〔2006〕第4号案《专利侵权纠纷处理决定书》，认为原告未经专利权人许可使用侵权的无汞钮形电池产品属于侵权，应承担相应的法律责任，但因证据不足对第三人指控原告存在销售行为不予确认。依据《中华人民共和国专利法》第十一条、第五十六条、第五十七条的规定和《广东省专利保护条例》第三十一条的规定，决定：一、原告立即停止侵犯专利号为ZL01234722.1专利权的行为，停止使用侵权的无汞钮形电池产品；二、原告立即销毁所有库存的侵权产品；三、驳回两第三人的其他请求事项。原告不服被告作出的上述处理决定提起本案诉讼，请求撤销被告作出的惠知局处字〔2006〕第4号案《专利侵权纠纷处理决定书》。

原审法院另查明：2007年4月12日，东莞佳畅玩具有限公司针对两位第三人持有的专利号为ZL01234722.1的无水银碱性钮形电池实用新型专利向国家知识产权局专利复审委员会（下称专利复审委员会）提出无效宣告请求，专利复审委员会于2008年6月19日作出第13650号无效宣告请求审查决定，宣告上述专利全部无效。两第三人不服第13650号无效宣告请求审查决定向北京市第一中级人民法院提起诉讼，北京市第一中级人民法院于2010年12月21日作出〔2009〕一中知行初字第2300号行政判决书，判决撤销专利复审委员会作出的第13650号无效宣告请求审查决定，并责令该委重新作出无效宣告审查决定。专利复审委员会不服该行政判决向北京市高级人民法院提起上诉，北京市高级人民法院于2011年10月31日作出〔2011〕高行终字第676号行政判决，维持了一审判决。东莞佳畅玩具有限公司不服〔2011〕高行终字第676号行政判决向最高人民法院申请再审，最高人民法院于2012年12月20日作出〔2012〕行提字第29号行政判决，判决撤销〔2009〕一中知行初字第2300号、〔2011〕高行终字第676号行政判决，维持专利复审委员会作出的第

13650号无效宣告请求审查决定。2013年4月8日,最高人民检察院作出高检行受〔2003〕1号《受理通知书》,决定对第三人肇庆新利达电池实业有限公司不服(2012)行提字第29号行政判决的抗诉申请予以受理。

原审法院认为:《中华人民共和国专利法》(1985年4月1日施行)第五十七条第一款规定:"未经专利权人许可,实施其专利,即侵犯其专利权,引起纠纷的,由当事人协商解决;不愿协商或者协商不成的,专利权人或者利害关系人可以向人民法院起诉,也可以请求管理专利工作的部门处理……"被告作为专利管理机关,具有对两第三人与原告之间的专利权纠纷作出处理的职权。

《中华人民共和国专利法》(1985年4月1日施行)第四十七条第一款规定:"宣告无效的专利权视为自始即不存在。"第十一条第一款规定:"发明和实用新型专利权被授予后,除本法另有规定的以外,任何单位或者个人未经专利权人许可,都不得实施其专利,即不得为生产经营目的制造、使用、许诺销售、销售、进口其专利产品,或者使用其专利方法以及使用、许诺销售、销售、进口依照该专利方法直接获得的产品。"据此,当事人请求行政机关保护的专利权必须为受专利法保护的有效专利,被宣告为无效的专利自始无效。本案中两第三人持有的涉案ZL01234722.1号无水银碱性钮形电池实用新型专利已被专利复审委员会宣告无效,不再受专利法保护。被告基于两第三人持有的涉案专利真实有效且应受法律保护的事实作出了涉案专利侵权纠纷处理决定。专利复审委员会宣告两第三人持有的涉案专利被宣告无效后,被告认定原告使用无汞钮形电池属于侵权行为缺乏事实依据,其作出的涉案专利侵权纠纷处理决定主要证据不足,依法应予撤销。

综上所述,被告认定原告使用无汞钮形电池构成侵犯专利权缺乏事实依据,其作出涉案处理决定责令原告停止侵权并销毁库存产品主要证据不足,予以撤销。原告诉讼请求撤销涉案处理决定理由成立,予以支持。虽然第三人肇庆新利达电池实业有限公司向原审法院提交了最高人民检察院作出的高检行受〔2013〕1号《受理通知书》并据此申请中止本案的审理,但其提交的证据并不能否定最高人民法院〔2012〕行提字第29号行政判决书所认定的事实,故对第三人肇庆新利达电池实业有限公司提出的中止审理申请,不予准许。依照《中华人民共和国行政诉讼法》第五十四条第(二)项第一目的规定,判决:撤销被告惠州市知识产权局于2007年2月12日作出的惠知局处字〔2006〕第4号案《专利侵权纠纷处理决定书》。

惠州市知识产权局不服原审判决,向本院提起上诉称:一、上诉人作出惠知局处字〔2006〕第4号案《专利侵权纠纷处理决定书》认定事实清楚,证据充分,程序合法,适用法律正确,不应当被撤销。在行政处理过程中,被上诉人并未有向专利复审委员会请求宣告专利权无效的情形,也从未提出过中止处理的请求，上诉人也未发现有应当中止处理的情形，上诉人根据《专利法》《广东省专利保护条例》《专利行政执法办法》等法律法规的规定，在规定审限六个月内依据当时所核实掌握的证据证明的客观事实和法律事实作出处理决定并无不当。而且，专利复审委员会作出的第13650号无效宣告请求审查决定是因他人（案外人）在上诉人作出具体行政行为后的2007年4月12日提出无效宣告请求而作出，与上诉人的具体行政行为毫无关联。本案并非属于行政行为有误，而恰恰是认定事实清楚、适用法律正确、程序正当的合法有效的行政行为，具有公定力，不属于《中华人民共和国行政诉讼法》第五十四条规定的应当撤销的情形。因此，鉴于ZL01234722.1号专利权现阶段被宣告无效的法律状态，即使不适宜判决维持上诉人作出的具体行政行为，也应当确认上诉人的具体行政行为合法有效，并可以考虑在判决书中一并提出因专利权已被宣告无效，处理决定不宜再执行的司法建议。二、一审判决违反了“不溯及既往”的原则。不应当以此六年后的权利法律状态的结果当作上诉人六年前作出的具体行政行为的因由，加以否定上诉人当初作出的正确的具体行政行为的合法性。如果抗诉成立，具体行政行为的正确性也处于不稳定状态，这显然是不符合逻辑和法理的。在本案一审判决之下，具体行政行为的利害关系人的信赖利益将一直处于不稳定状态，违背了行政法的信赖保护原则，也将极大地动摇行政机关作出居间处理的公定力。三、一审判决有悖于保护“在先权利”原则。本案中，被上诉人从未向专利复审委员会请求撤销或者宣告涉案专利权无效，在本案一审过程中应当以涉案专利当时合法有效为前提，依据在先的专利权保护范围，审查被上诉人的侵权行为。综上，请求二审法院依法撤销原审判决，确认惠知局处字〔2006〕第4号案《专利侵权纠纷处理决定书》合法，驳回原审原告的诉讼请求。

新利达电池实业（德庆）有限公司、肇庆新利达电池实业有限公司不服原审判决，向本院提起上诉称：惠州市知识产权局作出惠知局处字〔2006〕第4号案《专利侵权纠纷处理决定书》的时间是在2007年2月12日，而当时上诉人的专利权有效，在此事实上，惠州市知识产权局以上诉人当时专利有效为前提，作出了惠知局处字〔2006〕第4号案《专利侵权纠纷处理决定书》，该行政行为应完全正确、合法。尽管2012年12月20日最高人民法院作出了〔2012〕行提字第29号行政判决，上诉人的涉案专利无效，但这是后来的结果，并没有法律规定行政机关原已作出的正确的行政行为随之不合法。一审期间，上诉人认为最高人民法院的判决有明显错误，已向最高人民检察院提起了抗诉，最高人民检察院决定予以受理。此情况上诉人在一审期间及时向一审法院进行了反映，提供了证据并要求一审法院中止审理本案，等待抗诉结果后再审理，但一审法院不接纳上诉人的申请，此举明显违法且对上诉人不公。因此，请求二审法院撤销原审判决，维持惠州市知识产权局作出的惠知局处字〔2006〕第4号案《专利侵权纠纷处理决定书》，中止本案的审理。

被上诉人博罗园洲泛亚电子有限公司二审期间未提交书面答辩意见，口头答辩认为原审判决正确，请求依法驳回上诉，维持原判。

二审庭审中，各方当事人对原审判决查明认定的事实均无异议，本院经审查，确认原审判决查明认定的事实。

本院另查明：2008年3月，原审法院作出〔2007〕穗中法行初字第26号行政裁定书，以本案的审理须以最高人民法院〔2012〕行提字第29号行政案件的审理结果为依据为由，裁定本案中止诉讼。2013年5月，原审法院恢复对本案的审理。

本院认为：《中华人民共和国专利法》第十一条第一款规定："发明和实用新型专利权被授予后，除本法另有规定的以外，任何单位或者个人未经专利权人许可，都不得实施其专利，即不得为生产经营目的制造、使用、许诺销售、销售、进口其专利产品，或者使用其专利方法以及使用、许诺销售、销售、进口依照该专利方法直接获得的产品。"第四十七条第一款规定："宣告无效的专利权视为自始即不存在。"本案中，虽然上诉人惠州市知识产权局在新利达电池实业（德庆）有限公司、肇庆新利达电池实业有限公司持有的涉案专利真实有效且受法律保护的情况下，于2007年2月12日作出惠知局处字〔2006〕第4号案《专利侵权纠纷处理决定书》认定被上诉人博罗园洲泛亚电子有限公司使用无汞钮形电池的行为属于侵权行为，并未违反法律规定，但是，在本案诉讼过程中，最高人民法院于2012年12月20日作出了〔2012〕行提字第29号行政判决，该判决已发生法律效力，维持了专利复审委员会作出的第13650号无效宣告请求审查决定。即上诉人新利达电池实业（德庆）有限公司、肇庆新利达电池实业有限公司持有的涉案ZL01234722.1号无水银碱性钮形电池实用新型专利已被专利复审委员会宣告无效，不再受专利法保护。依据《中华人民共和国专利法》第四十七条第一款关于"宣告无效的专利权视为自始即不存在"的规定，上诉人惠州市知识产权局作出的惠知局处字〔2006〕第4号案《专利侵权纠纷处理决定书》已失去了事实依据，为保护专利纠纷当事人的合法权益，该处理决定应予撤销。原审判决撤销惠州市知识产权局作出的涉案专利侵权纠纷处理决定认定事实清楚，适用法律正确，并无不当，本院依法应予以维持。惠州市知识产权局、新利达电池实业（德庆）有限公司、肇庆新利达电池实业有限公司上诉主张被诉处理决定合法，请求撤销原审判决、中止审理本案的上诉理由，缺乏事实与法律依据，本院不予支持，其上诉请求依法应予驳回。

综上，依照《中华人民共和国行政诉讼法》第六十一条第（一）项之规定，判决如下：

驳回上诉,维持原判。

本案一、二审案件受理费共计 100 元,均由上诉人新利达电池实业(德庆)有限公司、肇庆新利达电池实业有限公司共同负担。

本判决为终审判决。

审　判　长　刘德敏
代理审判员　李穗珍
代理审判员　罗　燕
二〇一三年十一月七日
书　记　员　李　捷

二、本案概要

2006 年 11 月 6 日,两名专利号为 ZL01234722.1 的无水银碱性钮形电池实用新型专利权受让人向惠州市知识产权局申请对侵犯其专利权的行为予以查处。2007 年 2 月 12 日,惠州市知识产权局作出惠知局处字〔2006〕第 4 号案《专利侵权纠纷处理决定书》,认为被请求人未经专利权人许可使用侵权的无汞钮形电池产品属于侵权,应承担相应的法律责任,但因证据不足对被请求人存在销售行为不予确认。依据《中华人民共和国专利法》第十一条、第五十六条、第五十七条的规定和《广东省专利保护条例》第三十一条的规定,决定:一、被请求人立即停止侵犯专利号为 ZL01234722.1 专利权的行为,停止使用侵权的无汞钮形电池产品;二、被请求人立即销毁所有库存的侵权产品;三、驳回两请求人的其他请求事项。被请求人不服该处理决定起诉到广州市中级法院,请求撤销惠知局处字〔2006〕第 4 号案《专利侵权纠纷处理决定书》。

广州市中级人民法院在审理期间查明:2007 年 4 月 12 日,东莞佳畅玩具有限公司针对两请求人持有的专利号为 ZL01234722.1 的无水银碱性钮形电池实用新型专利向专利复审委员会提出无效宣告请求,专利复审委员会于 2008 年 6 月 19 日作出第 13650 号无效宣告请求审查决定,宣告上述专利全部无效;两请求人不服第 13650 号无效宣告请求审查决定向北京市第一中级人民法院提起诉讼,北京市第一中级人民法院于 2010 年 12 月 21 日作出〔2009〕一中知行初字第 2300 号行政判决书,判决撤销专利复审委员会作出的第 13650 号无效宣告请求审查决定,并责令该委重新作出无效宣告审查决定。专利复审委员会不服该行政判决向北京市高级人民法院提起上诉,北京市高级人民法院于 2011 年 10 月 31 日作出〔2011〕高行终字第 676 号行政判决,维持了一审判决。东莞佳畅玩具有限公司不服〔2011〕高行终字第676号行政判决向最高人民法院申请再审，最高人民法院于2012年12月20日作出〔2012〕行提字第29号行政判决，判决撤销〔2009〕一中知行初字第2300号、〔2011〕高行终字第676号行政判决，维持专利复审委员会作出的第13650号无效宣告请求审查决定。2013年4月8日，最高人民检察院作出高检行受〔2003〕1号《受理通知书》，决定对请求人之一肇庆新利达电池实业有限公司不服〔2012〕行提字第29号行政判决的抗诉申请予以受理。

2008年3月，广州市中级人民法院作出〔2007〕穗中法行初字第26号行政裁定书，以本案的审理须以最高人民法院〔2012〕行提字第29号行政案件的审理结果为依据为由，裁定本案中止诉讼。2013年5月，原审法院恢复对本案的审理。

基于上述事实，广州市中级人民法院认为，当事人请求行政机关保护的专利权必须为受专利法保护的有效专利，被宣告为无效的专利自始无效。本案中两请求人持有的涉案ZL01234722.1号无水银碱性钮形电池实用新型专利已被专利复审委员会宣告无效，不再受专利法保护。虽然请求人之一肇庆新利达电池实业有限公司向原审法院提交了最高人民检察院作出的高检行受〔2003〕1号《受理通知书》，并据此申请中止本案的审理，但广州市中级人民法院认为，其提交的证据并不能否定最高人民法院〔2012〕行提字第29号行政判决书所认定的事实，专利复审委员会宣告两请求人持有的涉案专利被宣告无效后，惠州市知识产权局认定被请求人使用无汞钮形电池属于侵权行为缺乏事实依据，其作出的涉案专利侵权纠纷处理决定主要证据不足，依法应予撤销。判决撤销了惠州市知识产权局于2007年2月12日作出的惠知局处字〔2006〕第4号案《专利侵权纠纷处理决定书》。

惠州市知识产权局及两请求人不服，上诉到广东省高级人民法院。广东省高级人民法院认为：原审判决撤销惠州市知识产权局作出的涉案专利侵权纠纷处理决定，认定事实清楚，适用法律正确，并无不当；惠州市知识产权局、两被请求人，上诉主张被诉处理决定合法，请求撤销原审判决、中止审理本案的上诉理由，缺乏事实与法律依据。判决驳回上诉请求，维持原判。

三、本案解析

（一）在专利权被宣告无效后，原来基于专利权有效作出的专利侵权行政处理决定不应该被撤销

《专利法》（2008年修正）第四十七条第一款规定："宣告无效的专利权视为自始即不存在。"该条第二款规定："宣告专利权无效的决定，对在宣告专利权无效前人民法院作出并已执行的专利侵权的判决、调解书，已经履行或者强

制执行的专利侵权纠纷处理决定，以及已经履行的专利实施许可合同和专利权转让合同，不具有追溯力。但是因专利权人的恶意给他人造成的损失，应当给予赔偿。”该条第三款规定：“依照前款规定不返还专利侵权赔偿金、专利使用费、专利权转让费，明显违反公平原则的，应当全部或者部分返还。”该条明明白白地规定了宣告专利权无效的决定，对在宣告专利权无效前已经履行或者强制执行的专利侵权纠纷处理决定不具有追溯力。据此，该案两级法院基于专利权被宣告无效，就对在宣告无效前作出的专利侵权纠纷处理决定予以撤销是欠妥的。本案应当正如惠州市知识产权局上诉理由所称的，对已经作出的行政处理决定予以维持，但判决不再执行。

（二）本案行政处理决定责令被请求人销毁库存侵权产品的法律依据

《广东省专利保护条例》（1996 年 9 月 25 日广东省第八届人民代表大会常务委员会第二十四次会议通过）第二十二条规定：“专利管理机关对实施专利侵权行为的单位或者个人，有权责令其停止侵权行为，赔偿损失，封存侵权产品及主要用于制作侵权产品的材料、设备和工具，冻结其非法所得。”第三十一条规定：“停止侵权是指停止与侵权行为有关的制造、使用、销售、进出口活动，销毁侵权产品或者使用侵权方法直接获得的产品，销毁制造侵权产品或者使用侵权方法的专用模具、工具、专用设备、专用零部件等。”《广东省专利条例》（2010 年 9 月 29 日广东省第十一届人民代表大会常务委员会第二十一次会议通过）第三十七条：“专利行政部门处理专利侵权纠纷时，认定侵权行为成立的，责令侵权人立即停止制造、使用、销售、许诺销售、进口等侵权行为，责令销毁侵权产品或者使用侵权方法直接获得的产品，销毁制造侵权产品或者使用侵权方法的专用零部件、工具、模具、设备等物品。”

据上规定，在广东省内，不论是本案作出行政处理之时，还是现在，处理专利侵权纠纷的行政机关认为专利侵权成立时，有权责令销毁侵权产品。而《专利法》（2008 年修订）《中华人民共和国专利法实施细则》（2010 年修订）都没有此规定。现行有效的国家知识产权局《专利行政执法办法》第四十三条规定，“侵权产品难以保存的，责令侵权人销毁该产品”，而不是不论侵权产品是否难以保存都可以责令予以销毁。在广东省内，《广东省专利条例》的效力高于国家知识产权局《专利行政执法办法》，应该以《东省专利条例》规定为准。但在其他地方就要看有无类似于广东这样的效力更高的规定，如没有就要以现行有效的国家知识产权局《专利行政执法办法》第四十三条规定的为准，只有在侵权产品难以保存的，才可以责令侵权人销毁该产品。

（三）专利侵权纠纷行政处理的期限

现行有效的国家知识产权局《专利行政执法办法》第二十一条：规定“管理专利工作的部门处理专利侵权纠纷，应当自立案之日起 3 个月内结案。案件特别复杂需要延长期限的,应当由管理专利工作的部门负责人批准。经批准延长的期限,最多不超过1个月”。《广东省专利条例》(2010年9月29日广东省第十一届人民代表大会常务委员会第二十一次会议通过)第三十六条规定:“专利行政部门处理专利侵权纠纷案件,调解不成的,应当在受理案件之日起六个月内作出处理决定;情况复杂需要延长期限的,经本部门负责人批准,可以延长三个月。”

可见,两个规定是不同的,而且差异很大。在广东省内,《广东省专利条例》的效力高于国家知识产权局《专利行政执法办法》,应该以《广东省专利条例》规定为准。但在其他地方就要看有无类似于广东省这样的效力更高的规定,如没有就要以现行有效的国家知识产权局《专利行政执法办法》的规定为准。

案例三十五　邯郸市知识产权局与邯郸市鑫盛房地产开发有限公司专利侵权行政处理纠纷上诉案

一、《河北省高级人民法院行政判决书》(〔2013〕冀行终字第87号)

河北省高级人民法院
行政判决书

〔2013〕冀行终字第87号

上诉人(原审被告):邯郸市知识产权局
法定代表人:宋泽波,局长
委托代理人:张建民,邯郸市知识产权局副局长
上诉人(原审第三人):王显文
委托代理人:宋静华,河北方信律师事务所律师
委托代理人:王夏,河北方信律师事务所律师
被上诉人(原审原告):邯郸市鑫盛房地产开发有限公司
法定代表人:许新社,经理
委托代理人:曹红梅,河北浩博律师事务所律师

上诉人邯郸市知识产权局、上诉人王显文因专利侵权纠纷行政处理一案,不服石家庄市中级人民法院〔2013〕石行初字第00042号行政判决,向本院提起上诉。本院依法组成合议庭,于2014年1月8日公开开庭审理了本案。上诉人邯郸市知识产权局的法定代表人宋泽波及其委托代理人张建民、上诉人王显文的委托代理人宋静华、被上诉人邯郸市鑫盛房地产开发有限公司(以下简称“鑫盛公司”)的委托代理人曹红梅到庭参加诉讼。本案现已审理终结。

原审法院查明,2012 年 9 月 8 日王显文就其被授权维权的发明专利“一种空腹小密肋楼盖”专利(专利号:ZL20041008 × × × ×.9)向邯郸市知识产权局提出处理请求。请求判定鑫盛公司停止对专利号为 ZL20041008 × × × ×.9 发明专利的侵权行为并赔偿损失。邯郸市知识产权局 2012 年 9 月 17 日立案,经现场取证拍照,该局认定,鑫盛公司在上都名苑项目施工中侵犯了王显文被授权维权的名称为“一种空腹小密肋楼盖”的发明专利(专利号:ZL20041008 × × × ×.9),责令鑫盛公司立即停止侵权行为。邯郸市知识产权局于 2013 年 4 月 12 日根据《中华人民共和国专利法》第六十条、《中华人民共和国专利法实施细则》第八十一条第一款、《专利行政执法办法》第十七条之规定作出 2012(2)号专利侵权纠纷案件处理决定并送达鑫盛公司。鑫盛公司不服该处理决定,在法定期限内向石家庄市中级人民法院提起行政诉讼。

原审法院另查明,王显文请求维权的发明专利“一种空腹小密肋楼盖”权利要求的内容为:一种空腹小密肋楼盖,所说楼盖包括柱、实心带、带钢筋砼的实心密肋梁、带钢筋砼的面板和复合薄壁箱体,其特征在于:所述复合薄壁箱体下端设有与所述空腹密肋楼盖一次浇注成型的薄底板,所述薄底板为水泥砂浆与复合薄壁箱体底板复合而成的薄底板,所述复合薄壁箱体直接设置在现浇空腹密肋楼盖模板上距离柱外缘 200mm 外,复合薄壁箱体底板与现浇空腹密肋楼盖模板保持小于 15mm 空间。鑫盛公司上都名苑项目使用的现浇混凝土空心楼盖采用的技术方案是由河北省工程大学建筑设计研究院按照《现浇混凝土空心楼盖结构技术规程》以及同济大学的“通用建筑结构软件(STRAT),又称空心楼盖设计软件”计算设计而成。鑫盛公司采用的薄壁箱体是从拥有实用新型专利证书的薄壁箱体专利权人贾文忠处购买。

原审法院认为,根据《中华人民共和国专利法》《中华人民共和国专利法实施细则》《专利行政执法办法》的相关规定,邯郸市知识产权局具有受理和处理专利侵权纠纷的法定职责。本案中邯郸市知识产权局处理决定认定鑫盛公司在上都名苑项目施工中侵犯了王显文就其被授权维权的名称为“一种空腹小密肋楼盖”的发明专利(专利号:ZL20041008 × × × ×.9)的专利。该局认定侵权的事实依据是现场取证拍照。《专利行政执法办法》第三十六条第二款规定:“管理专利工作的部门调查收集证据应当制作笔录。笔录应当由案件承办人员、被调查的单位或者个人签名或者盖章。被调查的单位或者个人拒绝签名或者盖章的,由案件承办人员在笔录上注明。”邯郸市知识产权局提交的证据只有现场照片,并未提供现场笔录。因此,该局处理决定的主要证据取得方式违反法定程序。最高人民法院《关于审理侵犯专利权纠纷案件应用法律若干问题的解释》第七条规定:“人民法院判定被诉侵权技术方案是否落入专利权的保护范围,应当审查权利人主张的权利要求所记载的全部技术特征。

被诉侵权技术方案包含与权利要求记载的全部技术特征相同或者等同的技术特征的，人民法院应当认定其落入专利权的保护范围；被诉侵权技术方案的技术特征与权利要求记载的全部技术特征相比，缺少权利要求记载的一个以上的技术特征，或者有一个以上技术特征不相同也不等同的，人民法院应当认定其没有落入专利权的保护范围。"邯郸市知识产权局所作处理决定未对鑫盛公司的"现浇混凝土空心楼盖"技术方案是否落入王显文专利权利要求的保护范围，进行相同或者等同的对比。该局仅依靠现场照片就认定鑫盛公司使用的空心楼盖技术落入了王显文专利技术的保护范围，事实不清，主要证据不足。综上，邯郸市知识产权局作出的处理决定违反法定程序，主要证据不足，依法应予撤销。鑫盛公司的诉讼请求成立，予以支持。该院遂判决撤销邯郸市知识产权局2013年4月12日作出的〔2012〕2号专利侵权纠纷案件处理决定。

邯郸市知识产权局不服一审判决，向本院提起上诉，请求撤销一审判决，驳回鑫盛公司的诉讼请求，维持〔2012〕2号专利侵权纠纷案件处理决定，诉讼费用由鑫盛公司承担。主要理由：一、邯郸市知识产权局作出的〔2012〕2号专利侵权纠纷案件处理决定事实清楚、程序合法、证据充分，适用法律得当。(1)〔2012〕2号决定程序合法。邯郸市知识产权局受理该案后，两次邮寄送达《专利侵权纠纷处理请求立案通知书》《答辩通知书》(包括请求人的《请求书》及其附件的副本)均被退回，后由工作人员进行了留置送达，鑫盛公司未在规定期限内答辩，邯郸市知识产权局再次进行邮寄送达并由陈竹梅签收，鑫盛公司在规定期限内仍未进行答辩。(2)鑫盛公司所辩称的"未见过《专利侵权纠纷处理请求立案通知书》《答辩通知书》及未送达《请求书》"，与事实不符，是在推诿。首先，邯郸市知识产权局的两名工作人员到鑫盛公司项目部进行送达遭到蛮横阻拦，按规定进行了留置送达，符合送达程序；其次，邯郸市知识产权局通过留置送达和邮寄送达，已将立案通知、答辩通知、请求书及附件送达给鑫盛公司。二、邯郸市知识产权局认定鑫盛公司"生产、许诺销售空腹小密肋楼盖专利产品"的侵权行为事实清楚、证据确凿。(1)邯郸市知识产权局为查明事实，依据《河北省专利保护条例》第三十条第一款的规定，派执法人员到施工现场进行了现场取证拍照、案件调查。所拍照片可以证明鑫盛公司在许诺销售该产品，施工现场近景照片将"空腹小密肋楼盖"浇筑前的结构清楚地展示，与涉案专利说明书附图相对比完全吻合。即：照片中带钢筋砼的实心密肋梁与涉案专利说明书附图所标示的带钢筋砼的实心密肋梁相对位置和结构完全相同；照片中的复合薄壁箱体与涉案专利说明书附图所标示的复合薄壁箱体相对位置、摆放形式和结构完全相同；照片中的立柱和横梁(即涉案专利所称的柱、实心带)与涉案专利说明书附图所标示的立柱和横梁的结构形式、相对位置和布局完全相同。(2)〔2012〕2号案是名称为"一种空腹小密肋楼盖"，专利号为 ZL20041008 × × × ×.9 的专利侵权纠纷案，其权利要求书写明：“一种空腹小密肋楼盖，所说楼盖包括柱、实心带、带钢筋砼的实心密肋梁、带钢筋砼的面板和复合薄壁箱体，其特征在于：所述复合薄壁箱体下端设有与所述空腹密肋楼盖一次浇注成型的薄底板，所述薄底板为水泥砂浆与复合薄壁箱体底板复合而成的薄底板，所述复合薄壁箱体直接设置在现浇空腹密肋楼盖模板上距离柱外缘 200mm 外，复合薄壁箱体底板与现浇空腹密肋楼盖模板保持小于 15mm 空间。”鑫盛公司项目施工现场取证照片显示，该施工产品落入了涉案专利的权利要求保护范围。虽然鑫盛公司称其使用的是其他单位的设计和其他专利权人的产品，但依据《专利法》第十一条的规定，其所称免责情形不能成立。(3)鑫盛公司所称“对专利一事不知情”的理由不成立。该公司在涉案项目施工前多次与王显文接触，并考察了王显文的单位；涉案项目施工初期，王显文委托律师送达“停止侵权”的函，鑫盛公司拒收。(4)邯郸市知识产权局在王显文所提供证据图片的基础上到现场勘验，现场拍照的证据照片准确无误。现场拍照者当场制作了现场勘验笔录，鉴于鑫盛公司对执法人员的态度，该现场笔录未让鑫盛公司签名。

王显文亦不服一审判决，向本院提起上诉，请求撤销一审判决，改判驳回鑫盛公司一审全部诉讼请求，维持〔2012〕2 号专利侵权纠纷案件处理决定，诉讼费用由鑫盛公司承担。主要理由：一、邯郸市知识产权局作出的〔2012〕2 号专利侵权纠纷案件处理决定认定事实清楚、程序合法、证据充分，适用法律得当。一审判决认定事实不清，依法应当撤销。二、邯郸市知识产权局对鑫盛公司的侵权认定事实清楚、证据确凿、程序合法。一审法院认定邯郸市知识产权局未制作现场笔录，未对鑫盛公司的技术方案是否落入涉案专利权利要求的保护范围进行相同或者等同的对比，没有事实和法律依据。(1)邯郸市知识产权局已经依照法定程序进行了调查取证，认定鑫盛公司“生产、许诺销售空腹小密肋楼盖专利产品”的侵权行为事实清楚、程序合法；(2)邯郸市知识产权局已经对鑫盛公司的技术方案是否落入涉案专利权利要求的保护范围进行相同或者等同的对比。

被上诉人鑫盛公司答辩称：一、邯郸市知识产权局作出的〔2012〕2 号专利侵权纠纷案件处理决定违反法定程序，原判决认定事实正确。首先，原审判决认定邯郸市知识产权局作出的处理决定违反法定程序，是指该局在认定案件事实的主要证据取得方式上违法，而非指送达程序，而邯郸市知识产权局和王显文的上诉理由均是送达程序是否合法，显然与原审判决认定的事实风马牛不相及；其次，邯郸市知识产权局称现场拍照时制作了现场勘验笔录，但其在一审举证期间并未向法院提交，也未说过制作了现场笔录，其称害怕暴力抗法而未让鑫盛公司签字的说法不能成立。二、邯郸市知识产权局作出的处理决定主要证据不足。首先,现场照片取得方式不符合法律规定,不能作为认定事实的依据;其次,按照最高人民法院《关于审理侵犯专利权纠纷案件应用法律若干问题的解释》第七条规定,对于被诉侵权技术方案是否落入专利产品的保护范围,需要对全部技术特征进行一一比对,只有全部相同或者等同,方才可以认定落入专利权的保护范围。本案中,鑫盛公司的空心楼盖技术方案有其合法的来源,且技术方案的特征与王显文涉案专利产品的保护范围也有明显的不同,仅依据照片无法对比二者的具体技术参数,更不能确切证明鑫盛公司技术方案的特征与王显文的涉案专利产品的保护范围是否相同或者等同。因此,邯郸市知识产权局和王显文所称依靠现场照片就认定鑫盛公司的技术方案落入了王显文专利技术的保护范围,不能成立。综上,邯郸市知识产权局作出的处理决定违反法律程序,认定事实的主要证据不足,原审法院判决撤销该处理决定符合法律规定,请求驳回上诉,维持原判。

本案当事人向原审法院提交的证据材料均已随案移送至本院。二审庭审中,各方当事人仍坚持在原审中对有关证据的质证意见。

经审理查明,2012 年 9 月 8 日王显文就发明专利“一种空腹小密肋楼盖”(专利号:ZL20041008 × × × ×.9)向邯郸市知识产权局提出专利侵权纠纷处理请求,请求判定鑫盛公司停止对该发明专利的侵权行为并赔偿损失。邯郸市知识产权局 2012 年 9 月 17 日立案,经现场拍照取证,于 2013 年 4 月 12 日根据《中华人民共和国专利法》第六十条、《中华人民共和国专利法实施细则》第八十一条第一款、《专利行政执法办法》第十七条之规定作出〔2012〕2 号专利侵权纠纷案件处理决定。该处理决定查明:(1)鑫盛公司在上都名苑项目施工现场生产和许诺销售了与发明专利“一种空腹小密肋楼盖”(专利号:ZL20041008 × × × ×.9)相同的专利产品。该发明专利的权利要求内容为:“一种空腹小密肋楼盖,所述楼盖包括柱、实心带、带钢筋砼的实心密肋梁、带钢筋砼的面板和复合薄壁箱体,其特征在于:所述复合薄壁箱体下端设有与所述空腹密肋楼盖一次浇注成型的薄底板,所述薄底板为水泥砂浆与复合薄壁箱体底板复合而成的薄底板,所述复合薄壁箱体直接设置在现浇空腹密肋楼盖模板上距离柱外缘 200mm 外,复合薄壁箱体底板与现浇空腹密肋楼盖模板保持小于 15mm 空间。”根据现场取证及所拍取的照片,证明鑫盛公司上都名苑项目施工现场的空腹小密肋楼盖已落入了专利号为 ZL20041008 × × × ×.9 的发明专利的保护范围。(2)王显文所提供鑫盛公司在上都名苑项目施工现场涉嫌生产和许诺销售专利号为 ZL20041008 × × × ×.9 的专利产品的证据属实。该处理决定认为:在案件处理期间,经在上都名苑项目施工现场取证,发现鑫盛公司生产和许诺销售空腹小密肋楼盖专利产品,王显文所提供的证据应予支持。鑫盛公司在上都名苑项目施工中侵犯了王显文被授权维权的名称为“一种空腹小密肋楼盖”的发明专利(专利号:ZL20041008××××.9)的专利权,责令鑫盛公司立即停止侵权行为。鑫盛公司对该处理决定不服,诉至法院。

另查明,王显文请求维权的发明专利“一种空腹小密肋楼盖”(专利号:ZL20041008××××.9)的专利权人为王本森,2012年9月王本森授权王显文在河北省邯郸市区内开发、生产、经营该项目并维权。该发明专利独立权利要求的内容为:一种空腹小密肋楼盖,所说楼盖包括柱、实心带、带钢筋砼的实心密肋梁、带钢筋砼的面板和复合薄壁箱体,其特征在于:所述复合薄壁箱体下端设有与所述空腹密肋楼盖一次浇注成型的薄底板,所述薄底板为水泥砂浆与复合薄壁箱体底板复合而成的薄底板,所述复合薄壁箱体直接设置在现浇空腹密肋楼盖模板上距离柱外缘200mm外,复合薄壁箱体底板与现浇空腹密肋楼盖模板保持小于15mm空间。鑫盛公司在上都名苑项目中使用的空心楼盖技术方案是由河北工程大学建筑设计研究院按照《现浇混凝土空心楼盖结构技术规程》和同济大学的“通用建筑结构软件(STRAT),又称空心楼盖设计软件”计算设计而成。鑫盛公司采用的薄壁箱体购于贾文忠处,贾文忠拥有该薄壁箱体实用新型专利权。

本院认为,处理专利侵权纠纷案件,应当查清受保护专利的权利要求内容及涉嫌侵权的技术方案特征,并依涉嫌侵权技术方案是否包含与受保护专利权力要求记载的全部技术特征相同或者等同的技术特征,判定涉嫌侵权技术方案是否落入受保护专利权的保护范围,进而认定是否构成侵权。本案中,邯郸市知识产权局作为专利工作管理部门,具有处理专利侵权纠纷的法定职责。该局认定鑫盛公司在上都名苑项目施工中侵犯发明专利“一种空腹小密肋楼盖”(专利号:ZL20041008××××.9)的专利权的主要证据是现场取证所拍照片,但该局未按照《专利行政执法办法》第十六条第二款的规定制作现场笔录,在鑫盛公司对上述取证照片不予认可,而邯郸市知识产权局又不能提供其他证据予以佐证的情况下,仅以该组照片认定鑫盛公司侵权的事实,证据不足。且上述照片不能反映出鑫盛公司在上都名苑项目施工中所采用空心楼盖技术方案的全部技术特征,邯郸市知识产权局亦未通过其他方法对该技术方案的全部技术特征予以查明,更未就该技术方案所包含的技术特征与发明专利“一种空腹小密肋楼盖”(专利号:ZL20041008××××.9)权利要求记载的全部技术特征是否相同或者等同进行详细审查。因此,邯郸市知识产权局所作〔2012〕2号专利侵权纠纷案件处理决定认定鑫盛公司在上都名苑项目施工中采用的空心楼盖技术方案已落入发明专利“一种空腹小密肋楼盖”(专利号:ZL20041008××××.9)权利要求的保护范围并构成侵权,属事实不清,主要证据不足。一审判决撤销该处理决定符合法律规定。上诉人的上诉理由不能成立，本院不予支持。依照《中华人民共和国行政诉讼法》第六十一条第（一）项之规定，判决如下：

驳回上诉，维持原判。

二审案件受理费50元，由上诉人邯郸市知识产权局、上诉人王显文共同负担。

本判决为终审判决。

审判长　常站巍
代理审判员　韩锦霞
代理审判员　江　悦
二〇一四年一月二十一日
书记员　梁俊丽

二、本案概要

请求人王显文就其被授权维权的发明专利"一种空腹小密肋楼盖"专利（专利号：ZL20041008××××.9）向邯郸市知识产权局提出处理请求。请求判定被请求人鑫盛公司停止对专利号为ZL20041008××××.9发明专利的侵权行为并赔偿损失。邯郸市知识产权局2012年9月17日立案，经现场取证拍照，邯郸市知识产权局于2013年4月12日作出〔2012〕2号专利侵权纠纷案件处理决定认定，鑫盛公司在上都名苑项目施工中侵犯了王显文被授权维权的该发明专利，责令鑫盛公司立即停止侵权行为。被请求人鑫盛公司不服该处理决定，起诉到石家庄市中级人民法院。石家庄市中级人民法院经审理认为邯郸市知识产权局仅依靠现场照片就认定鑫盛公司使用的空心楼盖技术落入了王显文专利技术的保护范围，事实不清，主要证据不足，作出的处理决定违反法定程序，判决撤销邯郸市知识产权局2013年4月12日作出的〔2012〕2号专利侵权纠纷案件处理决定。邯郸市知识产权局不服，上诉到河北省高级人民法院。河北省高级人民法院判决维持了一审判决。

三、本案解析

首先，在没有其他证据佐证，没有调查笔录，被请求人又否认的情况下，知识产权局自己现场拍摄的照片能否作为认定案件事实的证据。

《最高人民法院关于行政诉讼证据若干问题的规定》（自2002年10月1

日起施行）第五十五条规定："法庭应当根据案件的具体情况，从以下方面审查证据的合法性：（一）证据是否符合法定形式；（二）证据的取得是否符合法律、法规、司法解释和规章的要求；（三）是否有影响证据效力的其他违法情形。"据此，如果证据的取得不符合包括规章、法规在内的要求的，在行政诉讼中法院应该不认定该证据的合法性。而作为地方法规的《河北省专利保护条例》（河北省人民代表大会常务委员会于2003年11月29日修订通过，自2004年1月1日起施行）第三十条第二款规定："管理专利工作的部门在调查收集证据时所抽取样品或者登记保存物品的数量应当以能够证明事实为限。管理专利工作的部门进行抽样取证或者登记保存时应当制作笔录，写明被抽取样品或者登记保存物品的名称、特征、数量。笔录由案件承办人员、被调查者签字或者盖章。"作为国务院部门规章的《专利行政执法办法》（自2011年2月1日起施行）第三十六条第二款规定："管理专利工作的部门调查收集证据应当制作笔录。笔录应当由案件承办人员、被调查的单位或者个人签名或者盖章。被调查的单位或者个人拒绝签名或者盖章的，由案件承办人员在笔录上注明。"因此，本案中一、二审法院对邯郸市知识产权局没有调查笔录佐证，而被请求人又否认的照片不作为认定案件的依据是正确的。

其次，在涉案专利具有参数表征的技术特征的情况下，仅凭现场照片是不能认定被控技术方案落入了专利权的保护范围的。

本案中涉案专利权利要求1是独立权利要求，其他都是权利要求1的从属权利要求。其独立权利要求1如下：

一种空腹小密肋楼盖，所说楼盖包括柱、实心带、带钢筋砼的实心密肋梁、带钢筋砼的面板和复合薄壁箱体，其特征在于：所述复合薄壁箱体下端设有与所述空腹密肋楼盖一次浇注成型的簿底板，所述薄底板为水泥砂浆与复合薄壁箱体底板复合而成的薄底板，所述复合薄壁箱体直接设置在现浇空腹密肋楼盖模板上距离柱外缘200mm外，复合薄壁箱体底板与现浇空腹密肋楼盖模板保持小于15mm空间。

因此，涉案专利所有权利要求都含有"所述复合薄壁箱体直接设置在现浇空腹密肋楼盖模板上距离柱外缘200mm外，复合薄壁箱体底板与现浇空腹密肋楼盖模板保持小于15mm空间"，这一用参数表征的技术特征。因此，要想判断被控技术方案是否落入了涉案专利的保护范围，必须要对被控技术方案技术特征与涉案专利技术特征进行比对。而涉案专利具有如上所述的参数表征的技术特征，如果被控技术方案中没有参数表征的技术特征就无法比对。要想获得被控技术方案的参数特征，必须要么对实物进行测量，要么从施工图中直接标注的数据获得。无论如何，仅从现场拍摄的照片是不能获得准确的被控技术方案的参数技术特征。因受拍摄角度等因素的影响，在照片上测量出的各组成部分的比例关系可能与对实物测出的比例关系完全不同。《专利审查指南2010》第二部分实质审查第三章新颖性2.3对比文件部分规定:“由附图中推测的内容,或者无文字说明、仅仅是从附图中测量得出的尺寸及其关系,不应当作为已公开的内容。”就附图而论,其绘制时,同一张附图必然是按照统一比例绘制的,从其中测量得出的数据尚且不能作为技术特征使用,从照片中测量出的就更不能作为技术特征对待。据此,本案由于仅有现场照片,就算该照片是真实的,也无法据其得出构成专利侵权的结论。一、二审判决认定邯郸市知识产权局的该处理决定证据不足、事实不清,是正确的。

再次,在没有其他证据佐证,没有调查笔录,被请求人又否认的情况下,知识产权局自己现场拍摄的照片不能作为认定案件事实的证据。

案例三十六　广州市金象电焊机厂等与长沙市知识产权局专利侵权行政处理纠纷上诉案

一、《湖南省高级人民法院行政判决书》(〔2012〕湘高法行终字第128号)

湖南省高级人民法院
行政判决书

〔2012〕湘高法行终字第128号

上诉人(原审原告):广州市金象电焊机厂
法定代表人:谢仲馀,总经理
委托代理人:张少君,广东华盈律师事务所律师
委托代理人:刘天明,湖南正旺律师事务所律师
被上诉人(原审被告):长沙市知识产权局。法定代表人彭民安,局长
委托代理人:楚峰飚,该局执法处处长
委托代理人:梁谭谈,该局执法处工作人员
原审第三人:胡五一
委托代理人:王黄金
原审第三人:长沙星雁机电贸易有限公司
法定代表人:邬义龙

上诉人广州市金象电焊机厂诉长沙市知识产权局专利行政处理一案,不服长沙市中级人民法院〔2012〕长中行知初字第0001号行政判决,向本院提出上诉。本院受理后,依法组成合议庭,对本案进行了审理。现已审理终结。

原审查明:胡五一因与长沙星雁机电贸易有限公司、广州金象电焊机厂侵

犯其专利号为 ZL91104618.6，名称为“一种电焊钳导电体”的发明专利纠纷，于 2011 年 3 月 28 日向长沙市知识产权局提出处理请求，请求事项为：(1)责令长沙星雁机电贸易有限公司、广州金象电焊机厂停止侵权，销毁制造侵权产品的专用设备、模具及侵权产品；(2)调解侵犯专利权的赔偿；(3)将侵权违法行为在广东和湖南的新闻媒体上予以公告，公开侵权事实，消除影响，所需费用由长沙星雁机电贸易有限公司、广州金象电焊机厂承担；(4)案件调处费用由长沙星雁机电贸易有限公司、广州金象电焊机厂承担。

胡五一于 1991 年 7 月 4 日向国家专利局提出该专利的专利申请，该专利于 1997 年 4 月 2 日授权公告。2011 年 7 月 4 日，该专利因保护期限届满而失效。在行政处理决定中，胡五一主张使用 ZL91104618.6 权利要求 1 和权利要求 2 来确定保护范围。权利要求 1 为一种电焊钳导电体，包括导电体，其特征在于，在导电体(1)后端直至前端开设有长槽。权利要求 2 为按权利要求 1 所述的电焊钳导电体，其特征在于，长槽的开口位于焊条接触面(9)的相对侧。

2009 年 3 月 26 日，胡五一称长沙市发现有商家出售侵犯其“一种电焊钳导电体”发明专利产品，为收集证据向湖南省长沙市蓉园公证处申请证据保全公证。湖南省长沙市蓉园公证处就其申请购买被控侵权专利产品的过程进行了公证，并于 2009 年 7 月 2 日出具〔2009〕湘长蓉证字 2297 号公证书。据〔2009〕湘长蓉证字第 2297 号公证书记载，胡五一与公证员黄正华、刘群一于 2009 年 4 月 7 日下午来到长沙市南湖五金机电大市场 14 栋 10 号长沙市芙蓉区人和劳保商行，胡五一以普通消费者的身份购买了电焊钳 6 把，其中金象牌电焊钳 2 把，并在该商行当场取得购物单一张。购物单记载了以下内容：长沙人和劳保商行销售卡，日期：2009 年 4 月 7 日。销售物品为：世克牌电焊钳 2 把、金象牌电焊钳 2 把，大象牌电焊钳 2 把。电话：0731-2240362，手机：×××，联系人：罗勇武、钟淑珍，该销售卡盖有“长沙市芙蓉区人和劳保商行”印章。购买行为结束后，公证员对所购物品进行了封存，封存物品保留于胡五一处。长沙市知识产权局在确认公证物品封存实物的封存状态完整的情况下拆封了被控侵权产品公证实物证据，内有一把黄黑两色的电焊钳。该公证实物的包装盒上标有“金象牌 500 安”、“电焊钳”、侧面标有“广州市金象电焊机厂生产”及“厂营业部：广州市和平东路 70 至 78 号”的信息。该电焊钳结构特征包括：有压杆、手柄、导电体、与导电体固定连接在一起的接线装置；导电体后端直至前端开设有长槽，长槽的开口处位于焊条接触面的相对侧。

胡五一在长沙市芙蓉区三湘南湖大市场建材城五金区 14 栋 10 号门面公证购买被控侵权产品时，该门面的合法经营户是长沙星雁机电贸易有限公司，该公司将门面的一部分租赁给了钟淑珍经营的长沙市芙蓉区人和劳保商行。该商行未经工商注册登记。同时，钟淑珍也承认了销售被控侵权产品的事实。

长沙市知识产权局在涉案专利行政处理过程中，于 2011 年 10 月 19 日、2011 年 10 月 20 日、2011 年 10 月 24 日三次到长沙市芙蓉区三湘南湖大市场五金区的长沙星雁机电有限公司和人和劳保商行调查取证，被调查人人和劳保商行经营者钟淑珍表示长沙市芙蓉区的人和劳保商行与长沙市雨花区的顺顺劳保用品经营部是同一家经营者；以前其与长沙星雁机电贸易有限公司合伙租一个共同的门面经营；对外开发票是以长沙星雁机电有限公司的名义。被调查人长沙星雁机电贸易有限公司法定代表人邬义龙表示，长沙星雁机电贸易有限公司和人和劳保商行对外是以长沙星雁机电贸易有限公司的名义经营，在门面内是各自经营。

长沙市知识产权局于 2011 年 10 月 31 日作出了长知侵处字〔2011〕第 35 号处理决定书。长沙市知识产权局认为，胡五一作为专利号为 ZL91104618.6 发明专利的专利权人，侵权行为发生时该专利合法有效，当时其专利权利应当受法律保护。未经胡五一的许可，长沙星雁机电贸易有限公司销售、广州市金象电焊机厂生产和销售被控侵权产品金象牌电焊钳的行为，属于为生产经营目的的生产、销售行为，构成对胡五一专利权的侵犯，而且不存在法律规定不视为侵权的情形，应当承担侵权责任。对于广州市金象电焊机厂提供的涉案专利申请日前就已经生产和销售与涉案专利权利要求相同和相近似的电焊钳的证据，由于证据不足，长沙市知识产权局不予认定，对其在先使用与公知技术抗辩理由不予支持。对于胡五一要求长沙星雁机电贸易有限公司和广州市金象电焊机厂立即停止侵权与销毁制造侵权产品的专用设备、模具的处理请求，因涉案专利 ZL91104618.6 已于 2011 年 7 月 4 日保护期届满而失效，因此长沙市知识产权局不予支持。

另查明，公证书所记载的“长沙市南湖五金机电大市场 14 栋 10 号”实际应为长沙市芙蓉区三湘南湖大市场建材城五金区 14 栋 10 号。原被告对被控侵权产品侵犯了胡五一的专利权均没有异议。

上述事实，有被告提交的长知侵处字〔2011〕第 35 号专利侵权纠纷处理决定书、第 36094 号发明专利证书、ZL91104618.6 号发明专利说明书、〔2009〕湘长蓉证内字第 2297 号《公证书》、长沙市知识产权局的调查笔录等在案佐证，足以认定上述事实。

原审认为，根据《中华人民共和国行政诉讼法》第五条规定，人民法院审理行政案件，对具体行政行为是否合法进行审查。具体行政行为是否合法包括程序是否合法。本案争议的焦点在于涉案行政处理决定书是否合法，具体表现为以下五个方面：

一、被控侵权产品是否为原告生产。根据《最高人民法院关于产品侵权案件的受害人能否以产品的商标所有人为被告提起民事诉讼的批复》，任何将自己的姓名、名称、商标或者可资识别的其他标识体现在产品上，表示其为产品制造者的企业或个人，均属于《中华人民共和国民法通则》第一百二十二条规定的“产品制造者”和《中华人民共和国产品质量法》规定的“生产者”。根据被控侵权产品的包装上标有“金象牌500安”“电焊钳”及“广州市金象电焊机厂生产”及“厂营业部:广州市和平东路70至78号”等信息，可以认定广州市金象电焊机厂是被控侵权产品制造者。原告关于被控侵权产品为假冒产品的诉讼请求缺乏事实依据和法律依据，该院不予支持。原告提出被告未曾要求其提供证明被控侵权产品为假冒产品的证据，根据被告于2011年4月1日发给原告的答辩通知书，该通知书中明确载明原告应在收到请求书副本之日起15日内提交“答辩书及相关证据”，且第三人胡五一已移交证明原告实施侵权行为的初步证据。故原告应承担举证不能的法律责任。

二、被告对于涉案专利纠纷有无管辖权。根据《中华人民共和国专利法实施细则》第八十一条第一款之规定，当事人请求处理专利侵权纠纷或者调解专利纠纷的，由被请求人所在地或者侵权行为地的管理专利工作的部门管辖。两个以上管理专利工作的部门都有管辖权的专利纠纷，当事人可以向其中一个管理专利工作的部门提出请求。根据长沙市蓉园公证处〔2009〕湘长蓉证内字第2297号《公证书》，原告在长沙地区销售了被控侵权产品，且胡五一向长沙市知识产权局提出了专利侵权纠纷处理请求，故长沙市知识产权局具有管辖权。

三、被告的行政处理程序是否遗漏了被请求人。根据被告于2011年10月19日、2011年10月20日、2011年10月24日出具的调查笔录，长沙星雁机电贸易有限公司的法定代表人邬义龙和长沙市芙蓉区人和劳保商行经营者钟淑珍均承认，两者都是以长沙星雁机电贸易有限公司的名义对外纳税，该公司将门面的一部分租赁给了钟淑珍经营的长沙市芙蓉区人和劳保商行，该商行未经工商注册登记。长沙市知识产权局作出的长知侵处字〔2011〕第35号处理决定，长沙星雁机电贸易有限公司承担了相应的法律责任。至于钟淑珍与长沙星雁机电贸易有限公司之间的法律关系，与本案无关，可以另案处理。

四、关于被告对胡五一已过期的涉案专利进行处理是否合法。涉案专利号为ZL91104618.6的发明专利有效期限为1991年7月4日至2011年7月4日。被告长沙市知识产权局在受理该涉案专利纠纷的时间为2011年4月1日。被告长沙市知识产权局在受理该涉案专利纠纷时，该专利尚处于有效的状态，被告长沙市知识产权局有权受理并作出处理决定。且长沙市知识产权局作出的〔2011〕第35号专利侵权纠纷案件处理决定也仅为责令长沙星雁机电贸易有限公司和广州市金象电焊机厂立即停止销售并销毁在涉案专利有效期内生产的侵权产品。

五、被告处理涉案专利侵权纠纷时所适用的法律是否正确。(1)原告诉称长沙市知识产权局的处理决定涉及2011年,故应当适用修改后的专利法。经查,原被告对被控侵权产品侵犯了胡五一的专利权没有异议。根据国家知识产权局令第五十三号《施行修改后的专利法的过渡办法》第四条之规定,对发生在2009年10月1日之后的涉嫌侵犯专利权行为,适用修改后的专利法。本案中,根据现有证据,被控侵权产品的生产、销售行为均发生在2009年10月1日之前,故被告适用修改前的专利法处理本案并无不妥。(2)原告诉称,在媒体上将侵权事实予以公告的主体应为管理专利工作的部门。该院经审查认为,根据《湖南省专利保护条例》第三十一条规定,对专利侵权、假冒他人专利、冒充专利的违法行为,省、设区的市、自治州人民政府管理专利工作的部门应当将侵权人、假冒人、冒充人的姓名、地址、受害人的情况以及被侵权、假冒、冒充的专利号等在违法行为影响地的新闻媒体上予以公告,公开侵权事实,消除影响,所需费用由侵权人、假冒人、冒充人承担。消除影响等责任系侵权人作为侵权主体因其侵权行为而应承担的侵权责任形式,故该条规定作为政府管理专利工作部门的长沙市知识产权局能公布相关信息,但并不意味着长沙市知识产权局无权责令侵权人作出公告行为,故原告该诉讼请求及理由亦不能成立。(3)原告诉称,管理专利工作的部门只能管辖住所地在本行政区域内或发生在本行政区域内的侵权行为,原告的生产销售行为均发生在广东省广州市,故被告无权决定原告在广东省的新闻媒体上公告侵权事实、消除影响。该院认为,因被控侵权产品生产地在广州,侵权人在广东省的新闻媒体上公告侵权事实并无不当。至于原告所称的在广东省的新闻媒体上公告侵权事实、消除影响是处理结果所涉及的范围,与本案管辖并无关。

综上所述,原审法院认为,原告广州市金象电焊机厂起诉被告长沙市知识产权局的诉讼请求及理由不能成立,依法应予以驳回。依照《最高人民法院关于执行〈中华人民共和国行政诉讼法〉若干问题的解释》第五十六条第(四)项之规定,判决如下:驳回原告广州市金象电焊机厂的诉讼请求。本案案件受理费100元,由原告广州市金象电焊机厂负担。

上诉人广州市金象电焊机厂不服,上诉称:原审判决认定事实不清,适用法律法规错误。其理由是:(1)根据被上诉人长沙市知识产权局提交的2011年7月5日的调查笔录,该金象牌电焊钳系经营者钟淑珍从邵东拿的货,产品来源于邵东县,并不是上诉人在长沙地区销售了被控侵权产品。经过被上诉人的调查,根本不能证明该产品是上诉人生产的。一审法院和长沙市知识产权局认定涉案产品系上诉人生产,属主要证据不足,认定事实错误。(2)被上诉人长沙市知识产权局依据《中华人民共和国专利法》(2000年修正)第十一条、第五十六条第一款、第五十七条第一款,国家知识产权局《专利行政执法办法》第四十一条第一项、第三项、《湖南省专利保护条例》第三十一条之规定，作出“责令被请求人广州市金象电焊机厂立即停止销售并销毁在涉案专利有效期内生产的侵权产品金象牌电焊钳”、“责令被请求人广州市金象电焊机厂将侵权违法行为在广东省的新闻媒体上公告侵权事实，消除影响，所需费用由被请求人承担”的处理决定，属适用法律错误。故请求二审法院撤销长沙市中级人民法院（2012）长中行知初字第0001号行政判决和长沙市知识产权局作出的长知侵处字（2011）第35号《专利侵权纠纷案件处理决定书》。

被上诉人长沙市知识产权局答辩称：（1）被上诉人作出处理决定的程序合法。（2）被上诉人作出处理决定的事实认定无误。请求人胡五一经公证购买的实物包装盒上标有“金象牌500安”、“电焊钳”、侧面标有“广州市金象电焊机厂生产”及“厂营业部：广州市和平东路70至78号”的信息，可以据此认定被控侵权产品的生产厂家是广州市金象电焊机厂。（3）被上诉人作出处理决定适用法律正确。责令请求人自行公告侵权事实，消除影响，承担所需费用，是根据请求人胡五一的请求作出的，该请求属于《中华人民共和国民法通则》和《中华人民共和国侵权责任法》中规定的承担民事责任的方式，该局予以支持。故请求驳回上诉人的诉讼请求，维持该局作出的长知侵处字（2011）第35号《专利侵权纠纷案件处理决定书》。

原审第三人胡五一未提交书面答辩意见。

原审第三人长沙星雁机电贸易有限公司未提交书面答辩意见。

原审采信的证据已随案移送本院，经审查，可以作为认定案件事实的依据。

本院另查明，长沙市知识产权局于2011年7月5日到南湖五金机电市场进行了实地调查。调查中，销售者钟淑珍承认涉案的金象牌电焊钳是从邵东县拿的货。但涉案的金象牌电焊钳是否来源于广州市金象电焊机厂，该局没有查清。长沙市知识产权局于2011年4月1日受理请求人胡五一的专利侵权纠纷处理请求，向请求人发出了书面受理通知书。2011年10月31日，长沙市知识产权局作出长知侵处字〔2011〕第35号《专利侵权纠纷案件处理决定书》。

本院查明的其他案件事实与原审法院审理查明的事实一致。

本院认为，原审第三人胡五一作为专利号为ZL91104618.6发明专利的专利权人，侵权行为发生时该专利合法有效，当时其专利权应当受法律保护。未经专利权人胡五一的许可，长沙星雁机电贸易有限公司销售了被控侵权的金象牌电焊钳。对这一事实，本院予以确认。上诉人广州市金象电焊机厂在长沙市知识产权局的口审程序中提出涉案的金象牌电焊钳不是该厂生产的。原审第三人胡五一只能证明其在三湘南湖大市场建材城五金区14栋10号门面公证购买了涉案的金象牌电焊钳。长沙市知识产权局到南湖机电市场进行了实地调查,但没有查清该电焊钳的来源,只从销售者钟淑珍处查明该产品来源于邵东县,对于涉案的电焊钳是否是上诉人生产的这一基本事实问题没有查清。长沙市知识产权局依据被控侵权产品上标有“广州市金象电焊机厂生产”及“厂营业部:广州市和平东路70至78号”等标识,直接认定被请求人广州市金象电焊机厂为被控侵权产品的生产商,证据不充分。故被上诉人长沙市知识产权局作出处理决定时认定事实不清,证据不足。《湖南省专利保护条例》第十七条规定:“省、设区的市、自治州人民政府管理专利工作的部门处理专利纠纷,应当自立案之日起三个月内作出处理决定。因特殊情况需要延长期限的,延长期限最长不得超过二个月。设区的市、自治州人民政府管理专利工作的部门因特殊情况需要延长期限的,应当报省人民政府管理专利工作的部门批准。”本案中,长沙市知识产权局于2011年4月1日受理请求人胡五一的申请,但直至2011年10月31日才作出处理决定,超过了规定的期限,属于程序违法。被上诉人长沙市知识产权局作出的处理决定的第一、二、三项,与《中华人民共和国专利法》(2000年修正)第五十七条第一款、国家知识产权局《专利行政执法办法》第四十一条第一项、第三项、《湖南省专利保护条例》第三十一条的规定不符,属适用法律错误。

原审法院对被控侵权产品是否是广州市金象电焊机厂生产的这一基本事实没有查明,属认定事实不清。其依据《最高人民法院关于产品侵权案件的受害人能否以产品的商标所有人为被告提起民事诉讼的批复》,直接根据产品外包装标识认定广州市金象电焊机厂是被控侵权产品的制造者,属于适用法律错误。其对长沙市知识产权局责令上诉人和原审第三人长沙星雁机电贸易有限公司自行作出公告侵权事实的行为予以支持,于法无据,属适用法律错误。

综上,被上诉人长沙市知识产权局作出的处理决定认定事实不清,证据不足,违反法定程序,适用法律错误。上诉人请求撤销该行政处理决定的诉讼请求,本院予以支持。原审第三人胡五一在专利保护期限内的专利权应受到法律保护。原审判决认定事实不清,证据不足,适用法律错误,应予撤销。据此,依照《中华人民共和国行政诉讼法》第五十四条第(二)项第1、2、3目、第六十一条第(三)项、《最高人民法院关于执行〈中华人民共和国行政诉讼法若干问题的解释〉第五十九条第(一)项、《诉讼费用交纳办法》第二十九条第一款之规定,判决如下:

一、撤销长沙市知识产权局作出的长知侵处字〔2011〕第35号专利侵权纠纷案件处理决定;

二、判决长沙市知识产权局依法重新作出处理决定;

三、撤销长沙市中级人民法院〔2012〕长中行知初字第0001号行政判决。

一审案件受理费100元、二审案件受理费100元,共计200元,上诉人广州市金象电焊机厂自愿承担。

本判决为终审判决。

审判长 黄一凡
代理审判员 张少波
代理审判员 江 华
二〇一二年十二月十三日
书记员 张 驰

二、本案概要

请求人胡五一认为其专利号为ZL91104618.6,名称为"一种电焊钳导电体"的发明专利受侵害,于2011年3月28日向长沙市知识产权局提出处理请求,请求:(1)责令长沙星雁机电贸易有限公司、广州金象电焊机厂停止侵权,销毁制造侵权产品的专用设备、模具及侵权产品;(2)调解侵犯专利权的赔偿;(3)将侵权违法行为在广东和湖南的新闻媒体上予以公告,公开侵权事实,消除影响,所需费用由长沙星雁机电贸易有限公司、广州金象电焊机厂承担;(4)案件调处费用由长沙星雁机电贸易有限公司、广州金象电焊机厂承担。

长沙市知识产权局于2011年10月31日作出了长知侵处字〔2011〕第35号处理决定书。该处理决定认定:未经专利权人胡五一的许可,长沙星雁机电贸易有限公司销售、广州市金象电焊机厂生产和销售被控侵权产品金象牌电焊钳的行为,属于为生产经营目的的生产、销售行为,构成对胡五一专利权的侵犯,应当承担侵权责任;责令长沙星雁机电贸易有限公司和广州市金象电焊机厂立即停止销售并销毁在涉案专利有效期内生产的侵权产品;责令被请求人广州市金象电焊机厂将侵权违法行为在广东省的新闻媒体上公告侵权事实,消除影响,所需费用由被请求人承担等。

被请求人广州市金象电焊机厂不服,起到到长沙市中级人民法院,请求撤销长沙市知识产权局作出的该处理决定。长沙市中级人民法院判决驳回了诉讼请求,维持了该处理决定。请求人仍不服上诉到湖南高级法院。湖南省高级人民法院经审理认为:对于涉案的电焊钳是否是上诉人生产的这一基本事实没有查清,仅依据被控侵权产品上标有"广州市金象电焊机厂生产"及"厂营业部:广州市和平东路70至78号"等标识,直接认定被请求人广州市金象电焊机厂为被控侵权产品的生产商,证据不充分;长沙市知识产权局作出处理决定时认定事实不清,证据不足;长沙市知识产权局于2011年4月1日受理请求人胡五一的申请,但直至2011年10月31日才作出处理决定,超过了规定的期限,属于程序违法;原审判决认定事实不清,证据不足,适用法律错误,应予撤销。判决撤销长沙市知识产权局作出的长知侵处字〔2011〕第35号专利侵权纠纷案件处理决定;判决长沙市知识产权局依法重新作出处理决定;撤销长沙市中级人民法院(2012)长中行知初字第0001号行政判决。

三、本案解析

(一)责令被请求人广州市金象电焊机厂自己将侵权违法行为在广东省的新闻媒体上公告,公告侵权事实,消除影响,所需费用由被请求人承担是没有法律依据的

《湖南省专利保护条例》(2001年7月30日湖南省第九届人民代表大会常务委员会第二十三次会议通过)第三十一条规定:"对专利侵权、假冒他人专利、冒充专利的违法行为,省、设区的市、自治州人民政府管理专利工作的部门应当将侵权人、假冒人、冒充人的姓名、地址、受害人的情况以及被侵权、假冒、冒充的专利号等在违法行为影响地的新闻媒体上予以公告,公开侵权事实,消除影响,所需费用由侵权人、假冒人、冒充人承担。"《湖南省专利条例》(2011年11月27日湖南省第十一届人民代表大会常务委员会第二十五次会议通过,2012年1月1日起施行)已经去掉了就侵犯专利权的事实在媒体上公告的规定。《专利法》(2008年修正)《专利法实施细则》(2010年修正)《专利行政执法办法》(自2011年2月1日起施行)也没有相关规定。《侵权责任法》(自2010年7月1日起施行)第二条规定:"侵害民事权益,应当依照本法承担侵权责任。"第四条第一款规定:"侵权人因同一行为应当承担行政责任或者刑事责任的,不影响依法承担侵权责任。"

因此,在湖南省内,对于侵犯专利权的行政责任中,现在已经没有针对专利侵权将侵权人的姓名、地址、受害人的情况以及被侵权专利号等在新闻媒体公开的法律依据。至于《民法通则》和《侵权责任法》中所规定的"消除影响、恢复名誉",首先,这是关于民事责任的承担方式,不属于行政责任的承担方式;其次,民事责任的承担方式中包括了"消除影响、恢复名誉"这一方式,但不是所有的民事责任都要用"消除影响、恢复名誉";再次,也是更为重要的是,"消除影响、恢复名誉"的适用前提是以专利权人的名誉受损害为前提的,而在专利侵权中,不存在专利权人名誉受损害的问题。正因如此,在修改后的《湖南省专利保护条例》已经取消了上述公告的内容,《专利法》(2008年修改)没有规定针对专利侵权"消除影响、恢复名誉"。在湖南省内,同样也没有"消除

影响、恢复名誉”专利侵权民事责任。本案中，尽管作出涉案专利侵权处理决定时，旧的《湖南省专利条例》还在适用，但责令被请求人自己在相关媒体上公告是没有法律依据的。

(二)仅依据被控侵权产品上标有“广州市金象电焊机厂生产”及“厂营业部:广州市和平东路70至78号”等标识，就直接认定被请求人广州市金象电焊机厂为被控侵权产品的生产商没有法律依据

对此问题的解析请参考本书案例二十二，对(2014)湘高法行终字第65号判决所记载的长沙市知识产权局专利行政处理的解析(请求人:胡五一，专利名称:“一种电焊钳导电体”专利号为ZL9110××××.6)。

(三)在湖南省专利侵权纠纷行政处理的期限

《湖南省专利保护条例》(2001年7月30日湖南省第九届人民代表大会常务委员会第二十三次会议通过)第十七条规定:“省、设区的市、自治州人民政府管理专利工作的部门处理专利纠纷，应当自立案之日起三个月内作出处理决定。因特殊情况需要延长期限的，延长期限最长不得超过二个月。设区的市、自治州人民政府管理专利工作的部门因特殊情况需要延长期限的，应当报省人民政府管理专利工作的部门批准。”《湖南省专利条例》(2011年11月27日湖南省第十一届人民代表大会常务委员会第二十五次会议通过，2012年1月1日起施行)已经没有关于专利侵权纠纷行政处理期限的规定。因此现在在湖南省内，如其他没有特殊规定的地方一样，适用国务院知识产权局《专利行政执法办法》第二十一条的规定(管理专利工作的部门处理专利侵权纠纷，应当自立案之日起3个月内结案。案件特别复杂需要延长期限的，应当由管理专利工作的部门负责人批准。经批准延长的期限，最多不超过1个月。案件处理过程中的公告、鉴定、中止等时间不计入前款所述案件办理期限)。